Der Erzähler
Walter Benjamin auf Ibiza
1932 und 1933

Vicente Valero

Der Erzähler
Walter Benjamin auf Ibiza
1932 und 1933

Aus dem Spanischen von Lisa Ackermann und Uwe Dehler

parthasverlag

1. Auflage Juni 2008
© 2008 Parthas Verlag GmbH
Alle Rechte vorbehalten

Parthas Verlag GmbH
Stresemannstraße 30, 10963 Berlin
e-mail: info@parthasverlag.de
www.parthasverlag.de

Die Originalausgabe erschien unter dem Titel
Experiencia y pobreza – Walter Benjamin en Ibiza, 1932–1933
© 2001 Vicente Valero, bei Ediciones Península, Barcelona.

This work has been published with
a subsidy from the Directorate General
of Books, Archives and Libraries
of the Spanish Ministry of Culture.

MINISTERIO
DE CULTURA

Die Nutzung der Briefe und Werke von Walter Benjamin
geschieht mit freundlicher Genehmigung des Suhrkamp
Verlages, Frankfurt a. M.

Die Übersetzer danken der Kunststiftung NRW,
dem Europäischen Übersetzer-Kollegium Straelen und
Dr. Gudrun Schwarz vom Walter Benjamin Archiv, Berlin.

Lektorat: Dino Heicker
Umschlag, Gestaltung, Satz: Pina Lewandowsky
Die Vorlage zur Umschlagabbildung wurde
der spanischen Originalausgabe entnommen.
Gesamtherstellung: Friedrich Pustet KG

ISBN 978-3-86601-063-5

Inhalt

Vorwort 7
I. Spelbrink und das Haus Ur 11
II. Noeggerath und die Kunst des Erzählens 36
III. Don Rosello und die Utopie einer Insel 59
IV. Jokisch und das Vagabundieren 83
V. Hausmann und der Blick der Sehnsucht 103
VI. Selz und die Traumstoffe 130
VII. Gauguin und die Masken der Identität 151
VIII. Blaupot und die Engelsliebe 177
IX. Cohn und die letzten Wege 196

Zeittafel 215
Siglenverzeichnis 220
Personenregister 222

Vorwort

Zwei entscheidende Jahre im Leben von Walter Benjamin – 1932 und 1933 – waren erstaunlicherweise mit der Insel Ibiza verbunden. Der Berliner Philosoph und Schriftsteller sah sich in diesen Jahren mit tief greifenden Veränderungen konfrontiert, die sein Leben und Schreiben infrage stellten. Zu einer prekären ökonomischen Situation und dem Mangel an beruflichen Perspektiven gesellten sich schon bald die über Deutschland hereinbrechende Krise, der wirtschaftliche Zusammenbruch und die politische Machtübernahme durch die Nationalsozialisten. Benjamin sah sich, wie viele andere, gezwungen, das Land zu verlassen – er sollte nie wieder zurückkehren.

Die Entscheidung, sich eine Zeit lang auf Ibiza niederzulassen und die Insel als einen der ersten Orte seines Exils zu wählen, kam überraschend und ohne große Vorbereitungen. Dennoch entstanden in dieser Zeit einige seiner herausragendsten Schriften, in denen sich Themen und Stoffe vorbereiteten, die wenige Jahre später in seine Hauptthesen einfließen sollten.[1] Das vorliegende Buch setzt sich vorrangig mit den Gründen auseinander, die Walter Benjamin nach Ibiza führten, und rekonstruiert seine beiden Aufenthalte: den ersten zwischen April und Juli 1932 sowie den zweiten zwischen April und September 1933.

---

1 Zur Biografie Walter Benjamin vgl. Scholem, Gershom: *Walter Benjamin – die Geschichte einer Freundschaft*, Frankfurt/M. 1975 (im Folgenden: *SF*); Witte, Bernd: *Walter Benjamin*, Reinbek bei Hamburg 2000; Tiedemann, Rolf u. a.: »Walter Benjamin 1892–1940«, in: *Marbacher Magazine* 55, 1990; Puttnies, Hans u. Smith, Gary: *Benjaminiana*, Gießen 1991; Fernández Martorell, Concha: *Walter Benjamin. Crónica de un pensador*, Barcelona 1992; Brodersen, Momme: *Spinne im eigenen Netz. Walter Benjamin, Leben und Werk*, Bühl-Moos 1990. Zu Walter Benjamins Gesamtwerk vgl. Benjamin, Walter: *Gesammelte Schriften* I-VII, hg. v. Rolf Tiedemann u. Hermann Schweppenhäuser, Frankfurt/M. 1974–1989 (im Folgenden: *GS*).

Reisende, die die Insel Ibiza zu Beginn der 30er-Jahre besuchten, mussten den Eindruck haben, eine einzigartige Lebenswelt zu entdecken. Diese unerwartete Erfahrung verdankte sich der noch intakten Schönheit der Insel mit ihren primitiv anmutenden ländlichen Wohnhäusern, sowie den unbekannten Gebräuchen ihrer Bewohner. Eine Reise nach Ibiza wirkte damals wie eine Zeitreise. Viele Faktoren hatten dazu beigetragen, dass die Insel ihre Besonderheiten im Laufe der Jahre nicht verloren hatte: das von unterschiedlichsten Kulturen hinterlassene Erbe und eine in sich geschlossene Gemeinschaft, die ihre Traditionen pflegte und von den Segnungen des Fortschritts noch unberührt war. Dieses sonderbare, aber unumstößliche Festhalten an Althergebrachtem versetzte die damit konfrontierten Reisenden jener Zeit in Staunen.

Tatsächlich hatten sehr wenige Besucher der Insel (auch diejenigen mit naturwissenschaftlichen und philologischen Projekten im Gepäck) eine genaue Vorstellung von dem Ort, der sie erwartete. Umso größer waren ihre Faszination und ihr Erstaunen. Deshalb verwundert es nicht, dass in kürzester Zeit diese intakte Welt – die viele hier zu entdecken glaubten – idealisiert und zu einem persönlichen Utopia erklärt wurde. Sie waren es, die den Mythos Ibiza in die Welt setzten, einen Mythos, der eine andere Art zu leben versprach. Umgeben von einer einmaligen Landschaft, weit weg von bürgerlichen Konventionen und Komfort, schufen sie eine neue Gemeinschaft, die auf kreativem Nichtstun und individueller Freiheit basierte. So trafen auf Ibiza zu Beginn der 30er-Jahre zwei ungleiche Welten aufeinander: die der Tradition und die der Moderne.

Unter diesen Inselbesuchern war Walter Benjamin zweifellos der am wenigsten Vorabinformierte. Vielleicht war er aber gerade deshalb so sehr von der landschaftlichen Umgebung und dem Fortbestehen archaischer Bräuche überrascht. Das mag auch der Grund dafür gewesen sein, warum er die Insel nicht nur wie andere als Schreib-*Ort*, sondern auch als Schreib-*Motiv* wählte. Die Zeugnisse und Reflexionen in seinen zahlreichen Arbeiten aus diesem Zeitraum ermöglichen es daher, seine beiden Aufenthalte zu rekonstruieren, vor allem sein ausgedehnter und detailreicher Briefwechsel (natürlich würde sich der Autor noch mehr davon wünschen), aber auch Texte der verschiedensten Form wie Kurzgeschichten, Buchrezensionen, Essays und philosophische Folgen und Stücke.

Das vorliegende Buch stützt sich auf diese Schriften und unternimmt den Versuch, einige unbekannte Stellen zu beleuchten, um das Wissen über die Insel jener Epoche und die Persönlichkeiten, die Benjamin dort antraf und zu seinem näheren Bekanntenkreis zählte, zu erweitern. Seine Aufzeichnungen machen es auch möglich, einige Alltagsdetails des Verfassers auf Ibiza zu erfahren; dazu gehören auch Zeugnisse einiger Leute aus San Antonio – jenem Dorf, in dem er während seines ersten und zweiten Aufenthalts lebte –, die sich noch heute an einen Deutschen mit Schnurrbart und runder Brille namens Walter erinnern, der seine Tage damit zubrachte, zu lesen, spazieren zu gehen und in unglaublich winzige Notizbücher zu schreiben.

Ibiza war für Walter Benjamin allem Anschein nach nicht nur ein ruhiger und einsamer Ort, an dem er über sein eigenes Leben nachdenken, Vergangenes wachrufen und seine unsichere Zukunft versuchsweise planen konnte, sondern auch ein ideales Szenario zur Beobachtung und zum Studium der Themen, die ihn am stärksten beschäftigten: das Verhältnis von Geschichte und Gegenwart. Die Welt schien auf dieser »armen Mittelmeerinsel«[2] die gleiche geblieben zu sein wie immer. Sie

---

2 So nennt Walter Benjamin sie in seinem ibizenkischen Tagebuch *Spanien 1932*, *GS* VI, S. 455.

wurde nur ein klein wenig aufgerüttelt durch die Anwesenheit einiger Reisender, die wie Walter Benjamin aus einer anderen, krisengeschüttelten Welt kamen, einer Welt, in der die Konfrontation mit dem Neuen auf traumatische Art und Weise all jene Erfahrungen verdrängte, die sich aus der Tradition herleiteten. Das vorliegende Buch weist auch nach, dass einige von Benjamins bedeutendsten Essays und Schriften, die gegen Ende seines Lebens in Paris entstanden, bereits auf Ibiza entworfen wurden.

Wenn wir an Walter Benjamin denken, so erscheint vermutlich vor unserem geistigen Auge die Figur eines Einzelgängers, dabei waren nur wenige so sehr auf andere angewiesen wie er. Einsamkeit und Unabhängigkeit schienen in seinem Leben nicht miteinander vereinbar. Sein Leben auf Ibiza machte da keine Ausnahme. Das hat den Aufbau dieses Buchs beeinflusst. Beide Inselaufenthalte Benjamins konnten nur unter Einbeziehung jener Personen dargestellt werden, die ihn damals begleiteten, ihm vorangingen oder ihm – nur dort und dann nie wieder – begegneten. Einige wurden zu Figuren seiner Erzählungen oder inspirierten ihn zu den unterschiedlichsten Schriften. Manchmal halfen sie ihm aber auch einfach nur, das zu finden, nach dem sie alle mehr oder minder erfolgreich suchten: ein letztes Atemholen – kurz bevor sie von den Ereignissen überrollt wurden, die Europa in einen Zweiten Weltkrieg führten.

I. Spelbrink und das Haus Ur

Im Juni 1931 ging ein junger Philologe namens Walther Spelbrink, aus Barcelona kommend, im Hafen von Ibiza-Stadt an Land. Es war seine erste Reise zu den Balearischen Inseln und er erstaunte die schaulustigen Ibizenker, die in jener Epoche noch alle neuen Inselbesucher am Landungssteg persönlich begrüßten, mit seinen – im Fachbereich Romanistik an der Universität Hamburg erworbenen – perfekten Katalanischkenntnissen.

1931 befanden sich nur wenige Ausländer auf Ibiza; es waren so wenige, dass die Einheimischen jeden mit Namen kannten und sehr genau wussten, von wo sie kamen, in welchen Herbergen oder Privatquartieren sie logierten, und eine ungefähre Vorstellung davon hatten, was die Zugereisten zu tun gedachten. Eines der beliebtesten Gesprächsthemen in den Cafés der Stadt und zu Hause bei Tisch war, wann denn nun eigentlich der »erste Fremde« auf die Insel gekommen sei. Diese Frage konnte nie zufriedenstellend beantwortet werden und wird wohl weiterhin unbeantwortet bleiben. Die Diskussion darüber führte jedoch immer wieder zu den köstlichsten Anekdoten über die kleinen Probleme, mit denen sich alle Fremden in einer derart abgelegenen und exotischen Örtlichkeit konfrontiert sahen, wie es die Insel zu jener Zeit war.

Der reservierte, etwas spröde, auch ironische und oft sarkastische Charakter der Inselbewohner schien dem Kommen und Gehen der noch spärlichen Auswärtigen, ihren Sprachschwierigkeiten und erstaunten Mienen ob des Fehlens jeglichen Komforts und materiellen Fortschritts, mehr als angemessen. Ibiza war eine arme Insel – sicherlich die ärmste Insel der Balearen –, das bedeutete für ihre Besucher aber auch, dass sich ihr Aufenthalt dort sehr preiswert gestaltete. Für nicht wenige, die in jenen Jahren auf der Insel eintrafen, übte dieser

Umstand die größte Anziehungskraft aus. Als Walter Benjamin im April 1932 – etwa zehn Monate nach der Ankunft Spelbrinks – die Entscheidung traf, nach Ibiza zu reisen, tat er dies, um dort seine Lebenskosten für einen gewissen Zeitraum auf das »europäische Existenzminimum«,[3] das er auf sechzig bis siebzig Mark pro Monat bezifferte, senken zu können.

Walther Spelbrinks Reise hatte dagegen ein konkretes wissenschaftliches Ziel: eine lexikografische Studie über die traditionellen ibizenkischen Wohnhäuser zu erstellen. Der junge Spelbrink, Schüler des katalanischen Romanisten und Priesters Antoni Griera und ausgebildet in der damals populären wissenschaftlichen Methode der »Wörter und Sachen« Leo Weisgerbers, widmete seinen Inselaufenthalt linguistischen und ethnologischen Studien, um später mit seinen Thesen an der Universität Hamburg promovieren zu können. Ibiza war nicht nur eine arme Insel, sondern schien auch dem Vergessen anheimgefallen zu sein, und – was die Reisenden noch stärker irritierte – es machte den Eindruck, als sei der Lauf der Geschichte an ihr vollständig vorübergegangen. Benjamin erkannte dies schon kurz nach seiner ersten Ankunft und schrieb am 22. April 1932 an seinen Freund Gershom Scholem: »Danach begreift es sich von selbst, daß die Insel wirklich seitab des Weltverkehrs und auch der Zivilisation liegt, so daß man auf jede Art von Komfort verzichten muß.«[4]

---

[3] Brief an Gershom Scholem vom 19. April 1933 aus San Antonio (Ibiza): »Nachdem ich das Letzte, was mir zu tun blieb, durchgeführt habe – nämlich durch meine Reise hierher meine Lebenskosten auf das europäische Existenzminimum, etwa 60 bis 70 Mark im Monat reduzierte – kann ich im Augenblick nicht allzu viel Aktivität entfalten.« Benjamin, Walter: *Gesammelte Briefe*, Bd. I-VI, hg. v. Christoph Gödde u. Henri Lonitz, Frankfurt/M. 1995–2000 (im Folgenden: *GB*), Bd. IV, S. 182.

[4] *GB* IV, S. 84. Zu Gershom Scholem (Berlin 1897–Jerusalem 1982): In den 20er-Jahren emigrierte Scholem nach Palästina, wo er später eine Professur

Es war diese Weltvergessenheit – als ob Ibiza für einige Jahrhunderte von der Landkarte verschwunden wäre, so wie in Legenden Inseln untergehen und wieder auftauchen –, die Ende der 20er- Anfang der 30er-Jahre nicht wenige Forscher anzog. Sie fanden vollkommen unberührte Gebiete vor, die nur darauf zu warten schienen, von ihnen wissenschaftlich erfasst und untersucht zu werden. Mitteleuropäische Zoologen, wie zum Beispiel Wilhelm Schreitmüller und Otto Koeller, durchstreiften die Insel zwischen 1928 und 1932. Der Archäologe Adolph Schulten, der schon 1920 auf Ibiza geforscht hatte, kehrte Anfang der 30er-Jahre erneut zurück, angezogen von den zahlreichen Spuren punischer Geschichte. Auch Fotografen ließen nicht lange auf sich warten: José Ortiz Echagüe kam 1932 und Mario von Bucovich 1933. Ihre Kameras fingen beachtliche Zeugnisse der Folklore, aber auch den realen Alltag der bäuerlichen Inselgemeinschaften ein.[5] Es war jedoch die traditionelle Architektur Ibizas, die die meisten Besucher und Fachleute für sich einnahm. Ab 1932 begannen die jungen Architekten der GATCPAC (Grup d'Arquitectes i Tècnics Catalans per el Progrés de l'Arquitectura Contemporània, dt. Gruppe katalanischer Architekten und Techniker für den Fortschritt in der zeitgenössischen Architektur) die Insel für sich zu entdecken.

---

an der Hebräischen Universität in Jerusalem innehatte. Er wurde zu einem der angesehensten Experten für die jüdische Mystik und die Kabbala. Scholem war seit ihrer beider Jugend mit Benjamin befreundet und sein hauptsächlicher Briefadressat. Vgl. *SF*
5 Schreitmüller, Wilhelm: »Pflege der Pityuseneidechsen«, in: *Wochenschrift für Aquarien- und Terrarien-Kunde* 36, 1929; Koeller, Otto: *Die Säugetierfauna der Pityusen (Spanien)*, 1932; Schulten, Adolf: *Ibiza. Tagebuchblätter aus dem Winter 1919–1920*, 1944. Zu José Ortiz Echagüe und Mario von Bucovich auf Ibiza vgl. Davies, Martin/Derville, Philippe (Hg.): *Ibiza. Hundert Jahre Licht und Schatten*, Ibiza 2000.

Bis zu diesem Zeitpunkt wurde Ibiza von eher pittoresken Reisenden, wie dem Franzosen Gaston Vuillier[6] oder der Engländerin Margaret d'Este, mit einem meist romantischen Habitus verklärend beschrieben.[7] Verwaltungsbeamte, wie der Valencianer Victor Navarro,[8] und die renommierten Schriftsteller und Maler Vicente Blasco Ibáñez[9] und Santiago Rusiñol rundeten das Bild ab.[10] Den Anfang machte jedoch der Erzherzog Ludwig Salvator von Österreich mit seinem 1869 in Leipzig erschienenen Buch *Die Balearen, geschildert in Wort und Bild*.[11] Walter Benjamin notierte sich diesen Titel in sein ibizenkisches Tagebuch *Spanien 1932*, nachdem ihn jemand darauf hingewiesen hatte. Nur ein Jahr später, im Juli 1933, wird er während eines Kurzaufenthalts auf Mallorca – von Ibiza kommend, um einen neuen Pass vom deutschen Konsulat in Palma zu beantragen – den Palast besichtigen, in dem der Erzherzog lange Zeit gelebt hatte.

Walther Spelbrink verbrachte den gesamten Sommer 1931 auf Ibiza und kehrte erst im Oktober wieder nach Hamburg zurück. Während dieser fünf Monate erkundete der junge Philologe die Insel akribisch und ließ dabei auch die entlegensten Gegenden nicht aus. Er besuchte und fotografierte unzählige Häuser und unterhielt sich mit ihren Bewohnern. Seine Arbeit erforderte reichlich Geduld und die Fähigkeit, mit Feingefühl das Vertrauen der Bauern zu erlangen und Einlass in

---

6 Vuillier, Gaston: *Les îles oubliées*, Paris 1893.
7 d'Este, Margaret: *With a Camera in Majorca*, New York, London 1907.
8 Navarro, Victor: *Costumbres de las Pitiusas*, Madrid 1901.
9 Blasco Ibáñez, Vicente: *Los muertos mandan*, Valencia 1909.
10 Santiago Rusiñol besuchte 1912 die Insel und veröffentliche verschiedene Artikel in der katalanischen Presse, die 1999 in Barcelona als Sammlung unter dem Titel *L'Illa blanca* im Buch *Des de les Illes* erschienen.
11 Erzherzog Ludwig Salvator: *Die Balearen, geschildert in Wort und Bild*, 7 Bde., Leipzig 1869-1891.

ihre Häuser zu erhalten, um die verschiedenen Bezeichnungen der dort angetroffenen Gegenstände erfragen zu können: Alltagsgegenstände, Dekorationsstücke, Möbel, architektonische Details, Arbeitsgeräte, alle vorhandenen Utensilien – einige darunter hatte er mit Sicherheit noch nie zuvor gesehen. Die Landbevölkerung Ibizas wohnte noch immer auf dieselbe Art und Weise und mit den selben Bräuchen wie Generationen zuvor, ohne dass etwas darauf hingewiesen hätte, dass sie jemals von den Errungenschaften der Neuzeit gestört worden wäre. Die von Spelbrink untersuchten Wohnhäuser waren lebendige Zeugnisse einer über Jahrhunderte ununterbrochenen Tradition, und obwohl der Hamburger kein ausgewiesener Kenner der Baukunst war, kreierte er eine Herkunftsbezeichnung, um sie zu charakterisieren: »das berberische Haus« (la casa bereber).[12]

Beinahe täglich bei Einbruch der Dunkelheit, nach einem langen und sehr heißen Arbeitstag, an dem Walther Spelbrink Informationen sammelnd von einem Ort zum anderen wanderte, begab er sich zur Wohnung des Kanonikus und lokalen Forschers Isidoro Macabich. Ihm hatte er sich schon gleich nach seiner Ankunft vorgestellt und ein Empfehlungsschreiben des Priesters Antoni Griera vorgelegt. Mit Macabich diskutierte er seine Studien und erhielt wichtige Hinweise.[13] Spelbrink suchte jedes bewohnte Dorf der Insel auf – inklusive der Dörfer Formenteras. Damals bestanden diese Ortschaften jedoch aus nicht mehr als einer Kirche, einigen Bars und Cafés

---

12 Andere deutsche Version: das Haus der Berber.
13 Isidoro Macabich (Ibiza 1883–Ibiza 1973). Auf Seite 328 seines Buches *Historia de Ibiza* (IV, Art-85, Barcelona 1985) bezieht er sich auf Walther Spelbrink: »Er blieb hier einen langen Zeitraum, und es gab nur wenige Tage, an denen seine Arbeit ihn nicht außerhalb der Stadt führte (er war auch auf Formentera) und er eine kleine Weile bei mir zu Hause vorbeischaute. Er war praktizierender Katholik, und, wie es schien, sehr wohlgesittet.«

und ein paar Häusern. Die Inselbevölkerung lebte über das ganze Land verstreut, auf meist kleinen Fincas (Bauernhöfen).

Auf diesen »Fincas« – ein Wort, das Walter Benjamin in seinen Briefen immer im Original verwendete – wurden alle Bedürfnisse eines selbstgenügsamen, auf Traditionen der Subsistenz basierenden Lebens erfüllt. Die Inselfremden zeigten sich erstaunt über die Vielzahl und Komplexität der anfallenden Arbeiten für die ibizenkische Landbevölkerung. Feldarbeit und Viehwirtschaft, die Produktion von Brot und Wein, das Schlagen von Holz und die Gewinnung von Holzkohle: Der Ibizenker war zugleich Jäger, Zimmermann, Fuhrmann und Bauer. Jedes Ding hatte seinen Aufbewahrungsort, und jeder Ort und jeder Gegenstand einen eigenen Namen. Das Haus repräsentierte die Welt. Diese namen- und wortreiche Welt lernte Walther Spelbrink als eine bedeutend vielschichtigere Alltagswelt kennen, als er sie sich vor seiner Ankunft hätte träumen lassen: eine Welt, in der die Zeit stillzustehen schien.

Laut einem Reiseführer von 1929, den Spelbrink damals wohl benutzte, hat die Insel Ibiza »die Form eines Parallelogramms und erstreckt sich von Nordost nach Südwest. Ihre größte Ausdehnung beträgt in der Länge 41 Kilometer und in der Breite 20 Kilometer, bei einer Fläche von 572 Quadratkilometern. Die Insel Ibiza, gelegen am Golf von Valencia, ist 52 Meilen von der valencianischen Küste, 45 Meilen von der mallorquinischen, 140 Meilen von der Barcelonas und 138 Meilen von der afrikanischen Küste entfernt. Die Distanz von Hafen zu Hafen beträgt: 98 Meilen zum valencianischen, 70 Meilen zu dem Palmas und 160 Meilen zum Hafen Barcelonas. Mallorca ist 34 Meilen von Menorca, der östlichsten Insel der Balearen, entfernt.«[14]

---

14 Enseñat, Juan B. u. a.: *Ibiza y Formentera*, Barcelona 1929.

»Zwei Gebirgsketten durchziehen die Insel Ibiza«, so der Reiseführer weiter, »deren höchste Erhebung, mit 475 Metern über dem Meer, ›Atalaya de San José‹[15] genannt wird. Die Einwohnerzahl der gesamten Insel liegt bei ungefähr dreißigtausend. Außer Formentera grenzen an Ibiza noch einige weitere kleinere Inseln an. Erwähnenswert sind: El Espalmador – von Sportfischern sehr geschätzt –, auf der nur eine einzige Familie lebt, El Espardell, zwischen Ibiza und Formentera gelegen, La Conillera, mit seinem Leuchtturm gegenüber dem Hafen von San Antonio, Tagomago im Nordosten, mit einem weiteren Leuchtturm und El Vedrá im Südwesten. [...] Das Klima ist im Allgemeinen angenehm, da das Thermometer selten unter 12 bis 13 Grad Celsius im Winter oder über 30 Grad im Sommer anzeigt. Dort lebende gefährliche Wildtiere sind nicht bekannt. Diese und andere Umstände begünstigen eine hohe Lebenserwartung der Einwohner, die vor allem auf Formentera höher liegt als auf dem spanischen Festland oder in vielen anderen Ländern.«

Der Führer erwähnt auch, dass »um vom europäischen Kontinent nach Ibiza zu gelangen, der Reisende sich sonntags um zwölf Uhr Mittag in Alicante, mittwochs zur gleichen Zeit in Valencia und dienstags um fünf Uhr nachmittags in Barcelona an Bord der Fähren der Linie Trasmediterránea begeben kann.«

Während Spelbrink Wohnhäuser und Begriffe des Alltags analysierte und so die Insel Ibiza durchstreifte, sah sich Walter Benjamin um diese Zeit – noch ohne zu ahnen, dass er einige Monate später selbst mit einem für ihn ungewöhnlichen Enthusiasmus die abgelegenen Wege der Insel entlangwandern würde – mit einer seiner schwersten Lebenskrisen konfron-

---

15 Atalaya = Turmwächter, Aussichtsturm.

tiert. Niedergeschlagen und deprimiert suchte er an erster Stelle nach einem Ort der Erholung von seinem annähernd ein Jahr dauernden aufreibenden Scheidungsprozess von Dora Kellner, der 1930 begann. Mit ihr, der Mutter seines einzigen 1918 geborenen Kindes Stefan Rafael, war er fünfzehn Jahre verheiratet gewesen, davon hatten sie jedoch zehn Jahre getrennt verbracht.

Zu Beginn dieses Sommers 1931 entschloss sich Benjamin nach Frankreich zu reisen, sicherlich in der Absicht, seiner krisenhaften Situation zu entkommen. Er suchte Sanary, Juan-les-Pins, Saint Paul de Vence, Le Levandou und Marseille auf, bevor er schließlich in Paris ankam.[16] Unterwegs nahm er jede Gelegenheit wahr, sich mit einigen seiner Freunde – wie den Schriftstellern Bertolt Brecht und Wilhelm Speyer – zu treffen, und führte mit ihnen lange und ergiebige Gespräche über Literatur, die er als Notizen in seinen Tagebüchern jener Zeit versammelte.

Zur selben Zeit machte Walter Benjamin erste Aufzeichnungen über die Möglichkeit seines Suizids – ein Gedanke, der ihn nicht wieder loslassen sollte. Am 7. August 1931 schrieb er: »Unfähig, etwas zu unternehmen lag ich auf dem Sofa und las. Oft verfiel ich, am Ende der Seiten, in so tiefe Abwesenheit, daß ich umzublättern vergaß; meist mit meinem Plan beschäftigt, ob er unumgänglich sei, ob besser hier im Atelier oder im Hotel ins Werk zu setzen u.s.w.«[17]

Kurz vor dem 15. Juli, seinem neununddreißigsten Geburtstag, notierte er, er sei müde vom Kampf.[18] Er betrieb aber wei-

---

16 Benjamin erzählt in seinem Tagebuch *Mai-Juni* 1931 von seinen Reisen und Begegnungen. Vgl. *GS* VI, S. 422–441.
17 *Tagebuch vom siebenten August neunzehnhunderteinunddreißig bis zum Todestag*, *GS* VI, S. 441.
18 »Das Wichtigste aber: ich bin müde. Müde vor allem den Kampf [,] den Kampf um das Geld, von dem ich nun noch einmal einige Reserven gesam-

terhin, wenn auch ohne große Überzeugung, die Publikation seiner gesammelten literarischen Essays im Rowohlt Verlag, der schon 1928 zwei seiner Bücher, *Einbahnstraße*[19] und *Ursprung des deutschen Trauerspiels*,[20] veröffentlicht hatte. Bald jedoch wird der Berliner Philosoph dank eines weiteren literarischen Projekts einen Teil seiner verloren geglaubten Zuversicht wiedererlangen. Er will eine Chronik seiner Kindheit und Jugend schreiben, die mit einem Ort eng verknüpft war: der Stadt Berlin. Dieses Vorhaben ermöglichte ihm, mithilfe Berlins seine eigene *Geschichte der Empfindlichkeit* auszuarbeiten, aber auch eine »Ausgrabungsarbeit«[21], um zu den Anfängen seiner Identität zu gelangen.

Entwickelte sich aus dieser in Berlin nur entworfenen und zum Großteil auf Ibiza niedergeschriebenen Arbeit ein »Medium«[22] zur Lösung seiner persönlichen Krise, nach dem er in diesen Tagen unter großen Anstrengungen gesucht hatte? Gesichert ist, dass Walter Benjamin sich annähernd zwei Jahre,

---

melt habe, um hier sein zu können. Müde aber auch der [?] Aspekte meines persönlichen Lebens [...]. Sodann diese Müdigkeit: sie läßt nicht nur manches Vergangene auftauchen; es ist vor allem, daß in solchen Dingen meiner Vergangenheit, die mir jetzt hin und wieder vor Augen stehen, das, was sie zu Momenten gerade meines Lebens machte, sie mir zueignete, deutlich wird, während gerade darauf früher mein Blick nie fiel. Endlich verbindet sich diese Müdigkeit auf seltsame Weise mit dem, was mir die Unzufriedenheit mit meinem Dasein hervorruft. Es ist eine wachsende Abneigung, auch Mangel an Vertrauen hinsichtlich der Wege, die ich die Menschen meiner Stellung und meiner Art in Deutschland einschlagen sehe, um der trostlosen geistespolitischen Lage Herr zu werden. Was mich quält ist die Undeutlichkeit und die Unexaktheit der Parteiungen unter den wenigen mir nahe stehenden Leuten, was meinen innern Frieden, der auch Friedfertigkeit ist, verletzt ist das Mißverhältnis zwischen der Schärfe, mit welcher solche Meinungsverschiedenheiten vor mir – wenn auch längst nicht immer an sich – ausgefochten werden und den oft sehr geringen sachlichen Differenzen.« *GS* VI, S. 422.

19 *GS* IV, S. 83ff.
20 *GS* I, S. 203ff.
21 *Ausgraben und Erinnern*, *GS* IV, S. 400f.
22 Ebd.

von Anfang 1932 bis Ende 1933, der Rekonstruktion seiner Kindheit anhand von Begriffen widmete, was zuerst in der *Berliner Chronik*, später in *Berliner Kindheit um Neunzehnhundert*[23], seinen Ausdruck fand. Beide sind eng mit der Insel Ibiza und ihren archaischen Bauernhäusern verbunden, wobei die *Berliner Chronik*[24] in einer dieser charakteristischen Unterkünfte fertiggestellt wurde.

Die ländliche Baukunst machte den stärksten Eindruck auf die Reisenden, die zum ersten Mal auf die Insel kamen. Das traditionelle ibizenkische Wohnhaus zeigt sich als kompakte, geschlossene Konstruktion, mit wenigen, kleinen Fenstern. Der zentrale Raum mit rechtwinkligem Grundriss, um den sich die übrigen Räume gruppieren, wird als »porxo« (Hauptzimmer) bezeichnet. Die Häuser bestehen aus freistehenden Kuben mit Flachdächern. Einem neueren Ansatz zufolge hatten sich im Laufe der Geschichte eine begrenzte Anzahl von Lösungen durch tradierte Lebenserfahrungen in einem gleichzeitig respektierten und perfektionierten Ökosystem materialisiert und weiter ausgedehnt. Die Wohnbauten bildeten so eine perfekte Symbiose zwischen der bäuerlichen Produktionsweise und den vorgefundenen Naturressourcen.[25] Während Walther Spelbrink eine Lexikografie der Wohnhäuser Ibizas erarbeitete, bereitete der spanische Architekt Germán Rodríguez Arias, der die Insel 1928 kennengelernt hatte, einen kurzen Artikel vor mit dem Titel *Ibiza, die Insel, die keine architektonische Erneuerung braucht*. Sein Artikel wurde zu einem Grundlagentext und wies der Forschung einen entscheidenden Weg.

Der Bericht von Rodríguez Arias bestand in Wirklichkeit aus nicht mehr als acht, mit kurzen Kommentaren versehenen

---

23 *GS* IV, S. 235ff.
24 *GS* VI, S. 465ff. Zu Lebzeiten des Autors nicht veröffentlicht.
25 Vgl. Joachim, Ferdinand u. a.: *Ibiza, le palais paysan*, Brüssel 1984.

Fotos und erschien 1932 in der Zeitschrift *A.C.*, dem Sprachrohr der GATCPAC. Die rationalistischen und funktionalen Eigenschaften der ibizenkischen Wohnbauten stachen in den Fotografien besonders ins Auge, die versuchten, den anderen jungen Architekten der Gruppe – wie Josep Lluís Sert oder Torres Clavé und Sixto Illescas – Anschauungsmaterial bereitzustellen. Die Häuser erwiesen sich als eine unschätzbare Tradition, auf die sich ihre nicht unumstrittenen modernen architektonischen Entwürfe beziehen konnten.

Diese überraschende Entdeckung führte manchen zu einer baldigen Übersiedlung auf die Insel, um so viel wie möglich darüber in Erfahrung zu bringen. Diese archaischen Wohnhäuser schienen durch ihre Strenge und Klarheit, ihre Anpassung an die Umwelt, ihrem zweckmäßigem Nebeneinander und ihre Funktionalität die moderne Architektur auf den Punkt zu bringen.

So sah es auch der Ethnograf und Architekt Alfredo Baeschlin in seinem in den *Cuadernos de arquitectura popular* veröffentlichten Artikel von 1934: »Die ibizenkischen Bauernhöfe ähneln am stärksten den modernen Landhäusern der französischen und deutschen Architektur-Avantgarde.« Die Begeisterung der GATCPAC-Architekten für die Bauten und die Landschaft Ibizas schlug sich in verschiedenen Artikeln und Fotografien ihrer Zeitschrift *A.C.* nieder, doch wurde ihre Bindung an die Insel erst nach folgender Einsicht unzertrennlich: »Ibiza ist für den modernen Architekten der ideale Ort der Meditation und Ruhe.«[26] Inzwischen errichtete Rodrí-

---

26 In: *A.C.* 6, 2. Vierteljahr 1932, S. 30. Anlässlich eines Symposiums im Museo de Arte Contemporáneo in Ibiza-Stadt am 25. Mai 1973 sagte Josep Lluís Sert, er habe Ibiza zum ersten Mal 1932 besucht. Vgl. *Arquitecturas en Ibiza. Delegación en Ibiza y Formentera del Colegio de Arquitectos de Baleares*, 1983. Ebenfalls 1932 traf sich Le Corbusier in Barcelona mit Sert und den anderen GATCPAC-Architekten.

guez Arias, der einige Jahre später das Haus des Dichters Pablo Neruda auf der Isla Negra in Chile entwerfen wird, sein eigenes Anwesen im Dorf San Antonio auf Ibiza, wobei er die funktionale Rationalität aufnahm, die sich ja erstaunlicherweise in der bäuerlichen ibizenkischen Tradition erhalten hatte.

Diese Architektur ohne Baustil und Baumeister,[27] wie Josep Lluís Sert sie gerne bezeichnete, entstand aus einem handwerklichem »Wissen«, aus einem Formenerbe, dessen Ursprung bis heute unbekannt ist und von Kennern wie Laien für ihre Raumanordnung bewundert wird. Hügel mit Terrassenfeldern, Natursteinmauern, schmalen Pfaden, Mandel-, Johannisbrotbäumen und Olivenhainen: Das Haus war darin nur ein weiteres Element der Landschaft und ihr Zusammenspiel offerierte den Betrachtern einzigartige, nicht gekannte und zeitlose Schönheit.

Der belgische Maler Médard Verburgh, der wie Walther Spelbrink 1931 auf die Insel kam, wusste die heitere und reine Kraft der Landschaft, die Gesichter ihrer Bewohner, die Stadt und den Hafen zu schätzen. Er übertrug sie mit großer Sensibilität und Schönheit auf seine Ölbilder und Aquarelle – über hundert Stück in vier Jahren. Schon im darauffolgenden Jahr, 1932, stellte er einige der Bilder in der Galerie Marie Sterner in New York aus.

Im Herbst 1933 zog es auch den deutschen Architekten Erwin Broner nach Ibiza. Am Strand von Talamanca, unweit der Stadt, errichtete Broner die ersten Badeanstalten der Insel. Es überrascht nicht, dass auch er sich bald von der Kraft und der Anmut der ibizenkischen Bauten hinreißen ließ. In einem 1936 ebenfalls in der Zeitschrift *A.C.* veröffentlichten Artikel drückte er sich wie folgt aus: »Diese ländlichen Häuser beein-

---

27 Oder »Architektur ohne Architekt« nach Le Corbusier

drucken vor allem durch ihre formale Schönheit, wie alles was ›gut‹ ist und sich rein nach dem Zweckmäßigen richtet; und obwohl sie von einfachen Bauern errichtet wurden, umfassen sie alle notwendigen Elemente eines anspruchsvollen Wohnens. Die Imagination entwickelt sich als ein allgemein Menschliches.«[28]

In derselben Ausgabe von *A.C.* zeichnete Raoul Hausmann, der facettenreiche deutsche Dadaist, einen weiteren Beitrag zu ibizenkischen Wohnbauten. Hausmann bewohnte in dem kleinen Dorf San José im Inselinneren seit Frühjahr 1933 eines der Häuser, die so viel Aufmerksamkeit erregten. Weder Erwin Broner noch Raoul Hausmann brachten Kenntnisse über die architektonischen Besonderheiten Ibizas mit – beide wählten die Insel aus ganz anderen Gründen –, aber bald widmeten sie diesem Thema einen Großteil ihrer Studien.

Walter Benjamin hatte, als er am Morgen des 19. April 1932 im Hafen von Ibiza-Stadt an Land ging, ebenfalls keine Vorstellung von der Kultur der Insel, doch erregte das Vorgefundene seine intellektuelle Neugierde. In seinem Brief an Scholem vom 22. April schilderte er mit Staunen eine außergewöhnliche Insellandschaft und die Weise, wie die traditionellen Häuser mit ihr korrespondieren: »Danach begreift es sich von selbst, daß die Insel wirklich seitab des Weltverkehrs und auch der Zivilisation liegt, so daß man auf jede Art von Komfort verzichten muß. Man kann es mit Leichtigkeit, nicht nur der inneren Ruhe wegen, die die ökonomische Unabhängigkeit sondern auch der Verfassung wegen, die diese Landschaft einem mit gibt; die unberührteste, die ich jemals gefunden habe.«[29] Er

---

28 Zitate in: *A.C.*, 1936. Zu Erwin Broner vgl. *Erwin Broner (1898–1971)*, Col. legi oficial d'Arquitectes de Balears, Palma de Mallorca 1994. Zu Médard Verburgh vgl. de Heusch, Goyens: *Médard Verburgh*, Tielt (Belgien) 1994.
29 *GB* IV, S. 84.

beobachtete und notierte auch: »Wie Ackerbau und Viehzucht hier noch archaisch betrieben werden [...] und die Bewässerung der Felder wie vor Jahrhunderten durch Schöpfräder geschieht, die von Maultieren in Betrieb gesetzt werden«.[30]

Bereits während der ersten vier Tage seines Aufenthalts erhielt Benjamin die Gelegenheit, eines der typischen Häuser zu betreten, oder zumindest, da die Eingangstür nie verschlossen war, einen Blick hineinzuwerfen. Den Eindruck, den das »porxo«, der zentrale Raum des Hauses, um den die restlichen sich gruppieren, auf ihn machte, beschrieb er in dem Brief: »so sind auch die Interieurs archaisch: drei Stühle an der Zimmerwand gegenüber dem Eingang treten dem Fremden sicher und gewichtig entgegen als seien es drei Cranachs oder Gauguins an der Wand; ein Sombrero über einer Stuhllehne macht sich großartiger als eine Draperie kostbarer Gobelins.«[31] Dieser erste flüchtige und knapp gehaltene Eindruck, den das »porxo« als leerer, nackter Raum, bar jeglichen Zierrats, bei ihm hinterließ, wird in einem ersten Text seines ibizenkischen Tagebuchs *Spanien 1932* weiter ausgeführt:

> Die ersten nachzudenkenden Bilder in San Antonio: die Interieurs, die in offnen Türen, deren Perlvorhänge gerafft sind, sich auftun. Noch aus dem Schatten schlägt das Weiß der Wände blendend hervor. Und vor der rückwärtigen stehen gewöhnlich streng ausgerichtet und symmetrisch in der Stube zwei bis vier Stühle. Wie sie so dastehen, anspruchslos in der Form, aber mit auffallend schönem Geflecht und überaus repräsentabel, lässt sich manches von ihnen ablesen. Kein Sammler könnte kostbare Teppiche oder Bilder mit größerem Selbstbewußtsein an den Wänden seines Vesti-

---

30 Ebd.
31 Ebd.

büls ausstellen als der Bauer diese Stühle im kahlen Raum. Sie sind aber auch nicht nur Stühle; im Augenblick haben sie ihre Funktion geändert, wenn der sombrero über der Lehne hängt. Und in diesem neuen Arrangement wirkt der geflochtene Strohhut nicht weniger kostbar als der Stuhl. So wird es denn wohl überhaupt so sein, daß in unseren wohlbestellten, mit allen erdenklichen Bequemlichkeiten versorgten Räumen kein Platz für das wahrhaft Kostbare ist weil kein Platz für Gerätschaften. Kostbar können Stühle und Kleider, Schlösser und Teppiche, Schwerter und Hobel sein. Und das eigentliche Geheimnis ihres Wertes ist jene Nüchternheit, jene Kargheit des Lebensraumes, in dem sie nicht nur die Stelle, an die sie gehören, sichtbar einnehmen können, sondern den Spielraum haben, die Fülle von verborgenen immer wieder überraschenden Funktionen erfüllen zu können, um derentwillen das Kostbare dem gemeinen Ding überlegen ist.[32]

Benjamin hebt in seiner Eintragung vor allem die Nüchternheit des traditionellen Raums hervor, seine strenge Schlichtheit ohne dekorative Beigaben, und setzt ihn damit in Kontrast zur prätentiösen Anhäufung von Dingen in bürgerlichen Behausungen. Alles ist funktional; die Gebrauchsgegenstände kommen zur Geltung und entbehren nicht der Schönheit. Wie die begeisterten jungen GATCPAC-Architekten zeigte sich auch Benjamin überrascht von den einfachen und praktischen Lösungen einiger Konstruktionsfragen des traditionellen ibizenkischen Hauses. Im Unterschied zu ihnen stellten für ihn diese Lösungen jedoch keine mögliche Anregung für eine neue Richtung in der modernen Architektur dar. Ganz im Gegenteil. Für ihn war die traditionelle Bauweise ein treffendes

---

32 *GS* VI, S. 446f.

Beispiel für eine genaue Bestimmung der Unterschiede zwischen vorindustrieller und zeitgenössischer Architektur. Die Unterschiede sind beträchtlich, wenn man nicht nur in Bezug auf Gestalt und Materialien – hier: eine herkömmliche, traditionelle Steinfassade; dort: Verwendung von Stahl und Glas in avantgardistischer Architektur –, sondern darüber hinaus auch auf Anordnung und Funktion der Räume einen genauen Blick wirft.

Die jungen katalanischen Architekten suchten in der traditionellen ibizenkischen Bauweise Anregungen und Bezugspunkte für zukünftige Projekte, die auf rationaler Funktionalität und dem klassischen Geist des Mittelmeerraums basieren sollten. Walter Benjamin widmete sich denselben Bauten unter anderen Vorzeichen, für ihn zeigte sich hier eine Anmut, die in der modernen Architektur wie auch in den bürgerlichen Lebensentwürfen schon längst verschwunden war. Obwohl der Blick auf die Objekte verschieden war, gab es doch bei beiden zuweilen Überschneidungen. Die GATCPAC befand sich auf der Suche nach einer mediterranen Version moderner Architektur, die sich nicht auf Glas und Stahl begründen sollte, da sie diese Materialien stilistisch als »nordisch« und darüber hinaus nicht für ein südliches Klima geeignet ansah. Benjamin hatte aus anderen Gründen bereits zuvor eine Kritik an diesen Werkstoffen der Moderne entwickelt; auf Ibiza wird er seine Kritik noch weiter ausweiten.

In einem Brief, den er Mitte Mai 1932 an seine Freundin Gretel Karplus richtete, schilderte er die »kluge Raumanordnung und beinahe meterdicke Wände, die keinen Ton (und keine Hitze) durchlassen.«[33] In der letzten Fassung seines Texts mit dem sprechenden Titel *Raum für das Kostbare* – einer der neun

---

33 *GB* IV, S. 95. Gretel Karplus hatte in Philosophie promoviert und war seit 1928 mit Benjamin befreundet. Sie heiratete später Theodor W. Adorno.

Beiträge, die die *Ibizenkische Folge* bilden – benennt er Arbeitsgeräte, die im erwähnten »porxo« angetroffen werden können, um zu zeigen, welche Wirkung ihre ständig sich verändernde Anordnung auszulösen vermag.

So mögen Fischernetz und Kupferkessel, Ruder und tönerne Amphora sich zusammenfinden und hundertmal am Tag sind sie beim Anstoß des Bedarfs bereit, den Platz zu wechseln, neu sich zu vereinen. Mehr oder minder sind sie alle kostbar. Und das Geheimnis ihres Wertes ist die Nüchternheit – jene Kargheit des Lebensraums, in dem sie nicht allein die Stelle, die sie gerade haben, sichtbar haben, sondern Raum, die immer neuen Stellen einzunehmen, an die sie gerufen werden.[34]

So verwandelte sich das archaische »porxo« des ibizenkischen Hauses unter dem wachen Blick des erst kürzlich eingetroffenen Reisenden Walter Benjamin in einen Raum, der – im Gegensatz zu den komfortablen bürgerlichen Wohnungen – geschaffen wurde, um das wirklich Nützliche zu bergen: »In unseren wohlbestellten Häusern aber ist kein Raum für das Kostbare, weil kein Spielraum für seine Dienste.«[35] Bemerkenswert ist auch, dass die jungen katalanischen Architekten sich hauptsächlich mit dem Äußeren der Bauernhäuser auf Ibiza beschäftigten, während sich Benjamin vornehmlich auf ihre Innenräume konzentrierte.

Walter Benjamin entdeckte 1932 auf Ibiza nicht nur die durch ihre archaische Formensprache einzigartigen Häuser, sondern

---

34 *GS* IV, S. 404. Die *Ibizenkische Folge* wurde am 4. Juni 1932 erstmals in der *Frankfurter Zeitung* veröffentlicht.
35 *GS* IV, S. 404.

überraschenderweise auch ein intellektuelles Milieu in ihrem Umfeld. Unter den wenigen Zugereisten, die damals auf der Insel lebten, Spaniern wie Nichtspaniern, wurde von beinahe nichts anderem gesprochen. So wie die Landschaft schienen auch die Häuser das Siegel des Urgeschichtlichen zu tragen. An ihrer »Entdeckung« teilzunehmen, war eine faszinierende Erfahrung.

In einer Rezension von Julien Greens erstem Roman *Mont-Cinère* schrieb Walter Benjamin 1930 unter der Überschrift *Feuergeiz-Saga*: »Wohnen – noch immer ist es also ein Hausen, ein Geschehen voller Angst und Magie, das vielleicht niemals verzehrender war, als unter der Decke des zivilisierten Daseins und der bürgerlich-christlichen Kleinwelt?«[36] Seiner Ansicht nach taten die »neuen Architektenschulen« nichts Geringeres, als diese Erfahrung zunichtezumachen, »wenn sie uns aus Bewohnern in Benutzer der Häuser, aus stolzen Besitzern in praktische Verächter verwandeln wollen«.[37] Die neue Architektur verwandelte den Wohnraum, in dem sie ihn »entmenschte«. Glas wie Stahl bildeten die Grundmaterialien dieser Transformation. In all seinen Schriften, die sich direkt oder indirekt mit dieser Frage auseinandersetzen, versuchte Benjamin immer die »Schärfe« und »Echtheit« der Motive in dem aufzuspüren, was für ihn paradoxerweise verantwortlich war für den folgenschweren und unwiederbringlichen Verlust der »Aura«.[38]

Die Idee der Aura ist aufs Engste verbunden mit Begriffen wie Erfahrung, Schönheit, Einzigartigkeit und auch mit dem

---

36 *GS* III, S. 145. Zuerst veröffentlicht in: *Neue Schweizer Rundschau* 23, 1930, S. 259ff.
37 *GS* III, S. 145.
38 »Die Dinge aus Glas haben keine ›Aura‹. Das Glas ist überhaupt der Feind des Geheimnisses. Es ist auch der Feind des Besitzes.« *Erfahrung und Armut*, *GS* II, S. 217.

der Tradition. Einige der wichtigsten Essays Walter Benjamins
– wie *Das Kunstwerk im Zeitalter seiner technischen Reproduzierbarkeit* – umkreisen genau diesen Punkt: den Verfall der Aura
in der modernen Welt. Für ihn war dieser Verfall der Preis, der
für den Eintritt in die Moderne bezahlt werden musste, denn
nur aus der einzigartigen, einmaligen, nicht wiederholbaren
Erfahrung von Individuen – in der Konfrontation mit den
Dingen – erscheint deren Aura. Die Singularität von Erfahrung wird jedoch durch die zwei herausragenden Merkmale
des Lebens in der Moderne – Technik und Großstadt – verhindert. Architektur war für Benjamin ein ausgezeichnetes Forschungsgebiet zur Untersuchung des Verhältnisses zwischen
Individuum und Gesellschaft.

Auf Ibiza setzte er sich mit diesen Fragen auseinander und
formulierte einige seiner Thesen. In dem Fragment *Spurlos
wohnen*, aus der Serie *Kurze Schatten II*[39] breitete er seinen Stoff
aus. In der zeitgenössischen Architektur ist nach Benjamins
Urteil abzulesen, dass die Moderne jeden Erfahrungsbegriff
ablehnt. Was die neuen Architekten entwarfen und in Glas und
Stahl formten, führte zu einem Wohnen in Räumen, »in denen
es schwer ist, Spuren zu hinterlassen«,[40] einem Wohnen frei
von Gewohnheiten. Der Essay versteht sich auch als Kommentar zu Paul Scheerbarts rund zwanzig Jahre zuvor geschriebenen Buch *Glasarchitektur*, worin dieser zu dem Schluss
kommt: »Das neue Glas-Milieu wird den Menschen vollkommen umwandeln.«[41] Während seines zweiten Inselaufenthalts

---

39 *Denkbilder, GS* IV, S. 427. Eine erste Serie wurde 1929 in der *Neuen Schweizer Rundschau* veröffentlicht. Die zweite, an der Benjamin auf Ibiza arbeitete, erschien am 25. Februar 1933 in der *Kölnischen Zeitung*.
40 »Das haben nun Scheerbart mit seinem Glas und das Bauhaus mit seinem Stahl zuwege gebracht: sie haben Räume geschaffen, in denen es schwer ist, Spuren zu hinterlassen.« *GS* II, S. 218.
41 Zit. n. ebd.

1933 griff Benjamin Scheerbarts These in seinem Essay *Erfahrung und Armut* noch einmal auf und ergänzte seine Ausführungen über das »Spurlos wohnen« in weiten Teilen. Darin gibt Benjamin seiner Überzeugung Ausdruck, dass die modernen Architekten – zu denen er unter anderen Le Corbusier zählte – ihre »Glashäuser«, die eine »neue Armut«, sprich »Erfahrungsarmut« repräsentieren, geschaffen hätten, um die Spuren der Gewohnheit zu verwischen. Es handele sich um die »neue Armut« einer Generation, die nach unaussprechlichen, nicht vermittelbaren Erfahrungen des Ersten Weltkriegs weiterleben musste, »die erst einmal reinen Tisch« machte und dabei auf »guten« (autoritären) Rat, althergebrachten Erfahrungen und Tradition verzichtete, um »einen neuen, positiven Begriff des Barbarentums einzuführen.«[42] Das neue, unvermeidliche »Barbarentum« hätte sich – demnach – zu einem ausgezeichneten Sinnbild für eine Kultur der Moderne gewandelt. Dennoch mag aber auch der Werkstoff Glas die neue Zeit verkörpert haben: »Im Glashaus zu leben ist eine revolutionäre Tugend par excellence«,[43] schrieb Walter Benjamin 1929, kam aber nicht umhin festzustellen: »Die Dinge aus Glas haben keine ›Aura‹. Das Glas ist überhaupt der Feind des Geheimnisses.«[44]

Wenn jedoch tatsächlich die Aura eines Hauses mit Erfahrung und Tradition in Zusammenhang steht, wenn wohnen sich, wie in Greens *Mont-Cinère*, im Kaminfeuer als ein »Geschehen voller Angst und Magie«, im Bett als »wirklich noch Thron, den die Träumenden beziehen oder die Sterbenden«, in

---

42 *Erfahrung und Armut, GS* II, S. 215. »Denn wohin bringt die Armut an Erfahrung den Barbaren? Sie bringt ihn dahin, von vorn zu beginnen; von Neuem anzufangen; mit Wenigem auszukommen; aus Wenigem heraus zu konstruieren und dabei weder rechts noch links zu gucken.« Ebd.
43 *Der Sürrealismus, GS* II, S. 295ff. Dieser Essay wurde zum ersten Mal 1929 in der *Literarischen Welt* veröffentlicht. Zu Walter Benjamin Verhältnis zur Glasarchitektur vgl. Missac, Pierre: *Passage de Walter Benjamin*, Paris 1987.
44 *Erfahrung und Armut, GS* II, S. 217.

den »primitivsten Verrichtungen« zeigt, dann kann mit Recht angenommen werden, dass das ibizenkische Bauernhaus, welches weder Glas noch Stahl kennt, Benjamin während seiner beiden Aufenthalte 1932 und 1933 dazu anregte, seine eigenen Reflexionen über Moderne und die mit ihr einhergehenden unwiederbringlichen Zerstörungen und Verluste zu entwickeln.[45]

Vom ersten Moment an erwies sich die kleine Insel Ibiza als ein Ort, an dem das Altertum noch in den von Leben umgebenen Dingen vorhanden zu sein schien und nicht als eine Anhäufung (vorgefundener) Trümmer. Die meisten damaligen Besucher teilten diesen Eindruck. Sie waren sich sicher, ein Gebiet vor sich zu haben, in dem sich viele archetypische Elemente des Mediterranen erhalten hatten und von – auch kultureller – Vermischung bewahrt geblieben waren. Diese Wahrnehmungen und Erfahrungen prägten alle »ibizenkischen Schriften« Benjamins – nicht nur seine Essays, sondern auch seine Erzählungen, Kritiken und Rezensionen.

Seine ersten Eindrücke von der Insel führten ihn zur Beschäftigung mit den traditionellen Landhäusern Ibizas und fielen zusammen mit den frühen, mehr oder weniger präzisen Studien der jungen Architekten der GATCPAC oder den detaillierteren Untersuchungen Baeschlins oder Raoul Hausmanns. Die Begeisterung der Ersteren erreichte im Sommer 1933 auf dem IV. Internationalen Kongress für Neues Bauen in Athen – zu dem Zeitpunkt hielt sich Benjamin auf der Insel auf – ihren Höhepunkt, als Le Corbusier unter Bezugnahme darauf eine »außerordentlich interessante mediterrane Anregung«[46] für

---

45 *Feuergeiz-Saga, GS* III, S. 145f.
46 Zit. n. Rovira, Josep. M.: *Urbanización en Punta Martinet, Ibiza* 1966–1971, Archivos de Arquitectura, Colegio de arquitectos de Almería 1996.

die theoretische Suche nach den gemeinsamen Wurzeln der modernen Architektur anerkennen musste.

In diesem Kontext nimmt Walther Spelbrinks lexikographische Arbeit – als Ausdruck einer bestimmten Epoche und zeitgenössischen philologischen Richtung – sicher einen einmaligen Platz ein. Seine Dissertation mit dem Titel *Die Mittelmeerinseln Eivissa und Formentera: eine kulturgeschichtliche und lexikographische Darstellung* wurde am 23. Juni 1938 von der Universität Hamburg angenommen. Vorab war sie bereits auf Deutsch und 1936 und 1937 in einer katalanischen Fassung im *Butlletí de Dialectologia Catalana* in zwei Teilen erschienen. Spelbrinks Wahl von Ibiza und Formentera als Gegenstand seiner Doktorarbeit wurde hauptsächlich durch den katalanischen Philologen Antoni Griera angeregt, dessen wissenschaftliches Interesse ebenfalls der Lexikologie des Hauses galt und der zur gleichen Zeit ein Buch zu diesem Thema vorbereitete. Er veröffentlichte es nur zwei Jahre später, 1933, unter dem Titel *La casa catalana*.[47]

Ohne dass Walter Benjamin sich dessen bewusst gewesen wäre, führte ihn sicher auch indirekt der Einfluss nach Ibiza, den die volkstümliche Architektur der Insel ausübte. Möglicherweise trugen dazu auch die Initiativen Antoni Grieras bei, der schon 1912 die Insel besucht hatte und dabei, zu seiner großen Verwunderung, die Einzigartigkeit dieser »präromanischen« Architektur feststellen konnte.

---

47 Griera, Antoni: »La casa catalana«, in: *Bulletí de Dialectologia Catalana* 20, 1933, S. 13–329. Im Vorwort schreibt der Autor: »Der Mann lebt im Haus mit der Familie zusammen – und allem, was diese Welt umfaßt. Die Frau stellt gleichzeitig eine Art geheiligten Hort der Familie dar. Und nichts anderes gibt eine dermaßen exakte Vorstellung vom Zusammenleben des Menschen mit dem Haus, als das Vokabular, das sich auf die häuslichen Gegenstände bezieht.« Zu Grieras Ibizabesuch im Jahr 1912 sowie zu seinen Aufenthalten an deutschen und Schweizer Universitäten vgl. Griera, Antoni: *Memòries*, Instituto Internacional de Cultura Románica 1963.

In Deutschland hatten sich Grieras Untersuchungen jedoch vor allem auf die Linguistik konzentriert, seit er 1908 an der Universität Halle Wissenschaftsmethodik im Fachbereich Romanistik studiert hatte, um sie auf die Katalanistik anwenden zu können. Die Universität in Halle bot zu diesem Zeitpunkt als einzige Universität in Deutschland katalanische Sprache als Studienfach an. Der Philologe Bernhard Schädel hatte dieses Unterrichtsangebot mit der politischen Unterstützung Prat de la Ribas, damals Präsident der katalanischen Landesregierung, ins Leben gerufen. Als aus verschiedenen Gründen diese Initiative nicht weitergeführt werden konnte, erreichte Antoni Griera, dass an anderen deutschen Universitäten Katalanistikseminare eingeführt wurden, wobei ihm die Popularität der Romanistik half. Antoni Griera und anderen ist es zu verdanken, dass vor allem im Laufe der 20er-Jahre viele junge Deutsche die katalanische Sprache erlernten und nach Katalonien oder in andere Regionen des katalanischen Sprachraums reisten, zu dem auch die Balearischen Inseln zählen. Walther Spelbrink war einer von ihnen.

Anfang März 1932, nur wenige Monate nach der Abfahrt Spelbrinks, traf ein weiterer junger deutscher Philologe, der ausgezeichnet katalanisch sprach, auf Ibiza ein. Er hatte ebenfalls ein Empfehlungsschreiben von Antoni Griera, das er dem ortsansässigen Forscher Isidoro Macabich vorlegte. Es handelte sich um Hans Jakob (Jean Jacques) Noeggerath, der gemeinsam mit seinem Vater Felix Noeggerath und dessen dritter Frau Marietta, geborene Gräfin von Westarp, reiste.[48] Sie bezo-

---

48 Benjamin schrieb in seinem Brief an Scholem vom 22. April 1932 von einer Schwiegertochter Felix Noeggeraths. Niemand im Ort erinnert sich aber daran, dass Hans Jakob Noeggerath in Begleitung einer Frau auf die Insel kam. Außerdem scheint er nie verheiratet gewesen zu sein. Zu Felix Noeggerath vgl. Scholem, Gershom: »Walter Benjamin und Felix Noeggerath«, in: *Merkur* 2,

gen ein bescheidenes Haus an der malerischen Bucht von San Antonio, einem kleinen und ruhigen Ort an der Westküste der Insel. Seine Untersuchungen, gefördert durch Ernst Gamillscheg, Professor der Romanistik in Berlin und enger Freund Antoni Grieras, galten den mündlichen Überlieferungen der ibizenkischen Bauern, ihren Liedern, Erzählungen, Märchen, Legenden und Sprichwörtern.

Felix Noeggerath, Doktor der Philosophie und Vater des jungen Wissenschaftlers, war bereits seit 1916 mit Walter Benjamin befreundet. Sie hatten sich während eines mehrmonatigen Aufenthalts Benjamins in München kennengelernt und gemeinsam einer außerordentlichen Universitätsveranstaltung beigewohnt, die Kultur und Sprache des alten Mexikos zum Gegenstand hatte und nur auf Einladung zugänglich war.[49] Die Teilnahme an dem Seminar, das auch der Dichter Rainer Maria Rilke besuchte, stand am Anfang einer Freundschaft, die auf gegenseitiger Bewunderung beruhte. Benjamin nannte Noeggerath von nun an »das Universalgenie«,[50] weil er mit Enthusiasmus und Gewissenhaftigkeit Theologie, Psychologie, Geschichte, aber auch Philosophie, Linguistik und Mathematik studierte.

Obwohl beide nach dieser kurzen Episode wieder in Berlin lebten, hatten sie sich seit den gemeinsamen Monaten in München kaum gesehen. Bei einem zufälligen Zusammentreffen im Februar 1932 erzählte Felix Noeggerath Benjamin von der Doktorarbeit seines Sohns Hans Jakob und von ihrer unmittelbar bevorstehenden Abreise nach Ibiza. Für Walter Benja-

---

1981. Vgl. a. Scholem, Gershom: »Walter Benjamin und Felix Noeggerath«, in: Ders.: *Walter Benjamin und sein Engel. Vierzehn Aufsätze und kleine Beiträge*, Frankfurt/M. 1983 (im Folgenden: *WBE*).
49 Vgl. Benjamin, Walter/Scholem, Gershom: *Briefwechsel*, Frankfurt/M. 1985, S. 15, Anm. 5 (im Folgenden: *SB*).
50 Brief an Fritz Radt vom 21. November 1915, *GB* I, S. 291.

min war das ein unerhörter Glücksfall, befand er sich doch zu diesem Zeitpunkt in einer tiefen Krise und war jederzeit bereit, seine Koffer zu packen, um Berlin hinter sich zu lassen. Anfang April 1932 gelang es ihm, genug Geld aufzutreiben, um daraufhin einige Bücher und sein Notizbuch, in dem bereits die ersten Aufzeichnungen zur *Berliner Chronik* notiert waren, in einen Koffer zu verstauen und sich auf den Weg nach Ibiza zu machen, wo ihn bereits die Familie Noeggerath erwartete.

II. Noeggerath und die Kunst des Erzählens

Warum die Kunst des Geschichtenerzählens an ihrem Ende angelangt zu sein schien, diese Frage stellte sich Walter Benjamin spätestens 1929 in einem Brief an den von ihm geschätzten Dichter Hugo von Hofmannsthal.[51] In San Antonio, dem kleinen Fischer- und Bauerndorf, konzentrierte er sich erneut mit aller Kraft darauf und entwickelte sie von nun an zu einem seiner Hauptthemen.

Der Aufenthalt auf Ibiza sollte ihm unerwarteterweise einige der gesuchten Antworten bereitstellen. Benjamin traf dort bald auf die Eigenbrötler und Einzelgänger, die mit Freude ihre Geschichten zum Besten gaben, die wahren Weltenbummler, die nach ihren ausgedehnten Reisen meinten, in Ibiza einen ruhigen Rückzugsort gefunden zu haben. Hans Jakob Noeggerath, zu Hause Jean Jacques gerufen, der Sohn seines Freundes Felix, sammelte zu der Zeit Material für seine geplante Doktorarbeit. Er trug die volkstümlichen Erzählungen, Märchen, Lieder und Sprichwörter der Bauernhaushalte zusammen. Während der elftägigen Schiffsreise mit der Catania von Hamburg nach Barcelona hatte auch Benjamin die Gelegenheit genutzt, jene Geschichten aufzuzeichnen, die ihm einige der Besatzungsmitglieder erzählt hatten.

Die Umstände waren somit günstig, um seine Reflexionen über die Kunst des Erzählens wieder aufzunehmen, »mein altes Thema, das mich immer noch und immer mehr beschäftigt«.[52] Erzählen ist eine Kunst, die schon immer auf der mündlichen Weitergabe von Erfahrungen beruhte. So wie moderne Architektur sich gezwungen sah, mit der Praxis der traditionellen Bauweise zu brechen, das bisherige »Wohnkonzept« grund-

---

51 Vgl. Brief vom 26. Juni 1929, *GB* III, S. 473f.
52 Brief an Gretel Karplus vom ca. 26. Mai 1933, *GB* IV, S. 218.

sätzlich zu widerrufen, so räumte der moderne Roman in gleichem Maße mit den Grundlagen traditioneller »Erzählkunst« auf. Benjamin beschränkte sich interessanterweise in seiner Auseinandersetzung mit diesem Motiv nicht nur auf theoretische Antworten – wie in einigen seiner Essays, wie zum Beispiel in *Erfahrung und Armut* –, sondern entwickelte während seines Ibizaaufenthaltes in seiner Erzählpraxis eine beachtliche Aktivität und einen eigenen Ausdruck.[53]

Am 7. April 1932 verließ Walter Benjamin Hamburg an Bord des Frachters Catania – es war dasselbe Schiff, mit dem er bereits 1925 seine erste Reise nach Spanien unternommen hatte[54] – und erreichte nach elf Tagen Barcelona. Seine Entscheidung, die Reise nach Ibiza anzutreten, wurde maßgeblich von seinem Freund Felix Noeggerath beeinflusst, der ihm von der wundervollen Ruhe und – vor allem – von den lächerlich geringen Lebenshaltungskosten auf der Insel vorgeschwärmt hatte. Benjamins Entschluss wurde wohl in großer Eile getroffen, wie aus seinem eine Woche vor der Abfahrt geschriebenen Brief an Theodor W. Adorno hervorgeht: »Ich habe Prospekte eingefordert, denen zufolge man auf eine halbwegs menschenwürdige Art – wenn auch natürlich dritter Klasse – eine vierzehntägige Seereise über Holland und Portugal für 160 Mark machen kann. Und demgemäß ist es sehr wahrscheinlich, daß ich am 9. April von Hamburg nach den Balearen abfahre«.[55]

---

53 Benjamin schrieb 1932 während seines ersten Aufenthalts auf Ibiza vier Erzählungen: *Die Fahrt der Mascotte*, *Das Taschentuch*, *Der Reiseabend* und *Die Kaktushecke*. 1933 verfasste er auf der Insel *Geschichten aus der Einsamkeit*, und sehr wahrscheinlich auch *Gespräche über dem Corso. Nachklänge vom Nizzaer Karneval* und *Die glückliche Hand. Eine Unterhaltung über das Spiel*, GS IV, S. 738ff.
54 Auf seiner ersten Spanienreise im September 1925 besuchte er die Städte Barcelona, Córdoba und Sevilla.
55 Brief vom 31. März 1932, *GB* IV, S. 80.

Der Berliner Philosoph und Literaturkritiker war finanziell auf kleinere Arbeiten angewiesen, die er im Feuilleton und Rundfunk unterbringen konnte. Das schränkte nicht nur seine Bewegungsfreiheit ein, sondern auch in starkem Maße seine literarischen Vorhaben. Diese ökonomische Situation, in der er sich als fast Vierzigjähriger befand, begann ihn immer stärker zu belasten, ja zu bedrücken. In einem Brief an Gershom Scholem vom 28. Februar klagte er, er wisse »vor Schreiberei bezw. den Schwierigkeiten, denen ich leider mit eben dieser Schreiberei begegnen muß, in den letzten Wochen nicht aus noch ein«. Es sei sein »einziger Trost bei dieser Tätigkeit nach zehnfacher Richtung [...], daß ich es immer mehr lerne, Feder und Hand mir für die paar wichtigen Gegenstände zu reservieren und das laufende Zeug für Rundfunk und Zeitung in die Maschine quatsche.«[56]

Nur wenige Tage nach diesem Brief flatterte ihm – dank des hundertsten Todestags von Goethe – einer dieser feuilletonistischen Aufträge ins Haus. Die *Frankfurter Zeitung* erwartete von ihm für ihre Literaturseiten eine kommentierte Übersicht der Sekundärliteratur zu Johann Wolfgang von Goethe. Diese wurde ohne Nennung ihres Autors am 20. März 1931 unter der Überschrift *Hundert Jahre Schrifttum um Goethe* veröffentlicht.[57] Einen Monat später erwähnte er in seinem ersten Brief an Scholem jene Faktoren, die dazu beigetragen hatten, die vorher nicht geplante Reise antreten zu können: »Kurz die merkantile Konjunktur des Goethejahrs gab mir unvorhergesehene etliche Hunderte zu verdienen und gleichzeitig kam die Nachricht von dieser Insel mir durch Noeggerath zu, der samt Familie einen Exodus dahin plante.«[58]

---

56 *GB* IV, S. 77.
57 Benjamins Beitrag erschien am 20. März 1932 in der *Gedenknummer zum 100. Todestag Goethes* der *Frankfurter Zeitung*.
58 Brief an Gershom Scholem vom 22. April 1932, *GB* IV, S. 83.

Benjamin führte an Bord des Handelsschiffs Catania ausgedehnte Gespräche mit Kapitän und Offizieren und fühlte sich auf seiner elftägigen Schiffspassage dadurch »ein wenig heimisch.«[59] Besonderes Interesse zeigte er an dem Frachter selbst und der Geschichte seiner Reederei. Alle Ereignisse dieser Fahrt versammelte er einige Wochen später auf Ibiza in einem seiner Notizbücher.

Dieses handschriftlich verfasste »Tagebuch«, dem er den Titel *Spanien 1932* gab, war ein 78seitiges und in braunes Leder gebundenes Heft. Den größten Teil, insgesamt 59 Seiten, nahm die autobiografische Schrift *Berliner Chronik* ein. Auf den verbleibenden Seiten befanden sich sowohl Eintragungen über seine Reise auf der Catania als auch detaillierte Beobachtungen über die Insel Ibiza. Einiges daraus wird unmittelbar in seine Erzählungen, aber auch in andere Arbeiten, einfließen. Jean Selz, ein wichtiges Mitglied des Benjamin in Ibiza »bekannten Kreis[es]«[60], erinnerte sich dessen und weiterer Büchlein: »Manchmal ließ er mich auch wissen, was er in seine kleinen Notizheftchen eintrug, mit seiner Schrift, die so klein war, daß ihm keine Feder fein genug war, was ihn dazu zwang, beim Schreiben den Federhalter immer verkehrt zu halten. Von seinen unzähligen Heftchen verwendete er eines für seine Notizen, in ein anderes schrieb er die Titel der Bücher, die er gelesen hatte, und ein drittes war für Auszüge aus seiner Lektüre, die er einmal als Motto verwenden wollte, bestimmt.«[61]

---

59 *Spanien 1932, GS* VI, S. 457.
60 Brief an Alfred Cohn von Ende November 1934, *GB* IV, S. 535.
61 Adorno, Theodor W. (Hg.): *Über Walter Benjamin. Mit Beiträgen von Theodor W. Adorno, Ernst Bloch, Max Rychner, Gershom Scholem, Jean Selz, Hans Heinz Holz und Ernst Fischer*, Frankfurt/M. 1968, S. 42 (im Folgenden: *ÜWB*). Das »ibizenkische Tagebuch« Walter Benjamins wurde zu seinen Lebzeiten nicht veröffentlicht, es befindet sich unter dem Titel *Spanien 1932* in: *GS* VI, S. 446–464. Der größte Teil der Fragmente seines Tagebuchs besteht aus Textskizzen, die später vom Autor ausgeweitet und auch publiziert wurden.

Das »ibizenkische Tagebuch« war kein konventionell geführtes Tagebuch; als solches war es nicht intendiert und wurde von seinem Autor auch niemals so genannt. Es hatte den Anspruch, ein herkömmliches Tagebuch zu ersetzen. Vieles weist darauf hin, dass Walter Benjamins Absicht darin bestand, seine Reise in einer neuartigen Form zu verarbeiten. Sie sollte sich von traditionellen Reisebeschreibungen und -tagebüchern und seiner bisherigen Schreibtechnik, aber auch vom Erzählten her unterscheiden. Die ersten Selbsteinschätzungen seiner neuen Versuche geben davon Zeugnis. In einem Brief an Gershom Scholem vom 10. Mai 1932 legte Benjamin ihm seine Überzeugung dar, seine neuen Schriften über Ibiza seien »wenigstens von allen Reise-Impressionen und -Synthesen gereinigt«.[62]

In einem der Fragmente des Tagebuchs reflektierte er über die zu vermeidende »sonderbare Marotte« der Reiseschriftsteller, die »sich auf das Schema der ›Erfüllung‹ festgelegt haben, jedem Lande den Dunst, den die Ferne darum gewoben hat, jedem Stande die Gunst, die die Phantasie des Müßiggängers ihm leiht, erhalten zu wollen.«[63]

Benjamin, der bereits als Autor von Reiseskizzen in Erscheinung getreten war und mit den verschiedensten Formen von Reisebeschreibungen experimentiert hatte,[64] beschäftigte sich

---

Als Benjamin nach Ibiza kam, begann er kurze Stücke im Stil der einige Jahre früher veröffentlichten *Einbahnstraße* zu schreiben. Alle seine 1932 und kurz zuvor verfassten Schriften sind publiziert in: *GS* IV, S. 305ff. Unter der Überschrift *Denkbilder* sind das: *Ibizenkische Folge, Selbstbildnisse des Träumenden, Kurze Schatten II, Denkbilder*. Nicht alle Einzelstücke dieser »Folgen« wurden auf Ibiza geschrieben. Im Tagebuch befinden sich auch die skizzierten Erzählfassungen von *Das Taschentuch, Der Reiseabend, Die Fahrt der Mascotte* sowie die ersten Entwürfe für die Hauptfigur der *Kaktushecke*.

62 *GB* IV, S. 89.
63 *Spanien* 1932, *GS* VI, S. 453.
64 Vgl. *Moskauer Tagebuch*, *GS* VI, S. 292–409. Zu seinen Reisen nach Neapel, Marseille, Paris, Moskau und Norwegen vgl. a. *Denkbilder*, *GS* IV, S. 305ff.

von nun an mit neu entwickelten Ausdrucksweisen. Sein »Tagebuch« – um das es hier geht – bildete dabei nicht mehr als einen Versuch, einen Entwurf. Die Überfahrt an Bord der Catania und seine Gespräche mit der Schiffsbesatzung inspirierten ihn zu einer neuen Form von täglichen Notizen: unkonventionell im Stil und offen für mehr Ausdrucksmöglichkeiten, dabei aber zugleich möglichst objektiv.

In seinem 1936 in Paris geschriebenen Essay *Der Erzähler*[65] spielte er an auf die – leicht abgeänderte – populäre Redewendung: »Wenn einer eine Reise tut, so kann er was erzählen«.[66] Unter diesem Motto und anhand der Erzählungen des russischen Schriftstellers Nikolai Lesskow stellte Walter Benjamin seine eigenen Betrachtungen über die Kunst des Erzählens an, ihren Verfall und die möglichen Ursachen dafür. In seiner Schrift bezieht er sich auf den »namenlosen Erzähler«, der hervorgeht aus jenen »archaischen Stellvertretern« zweier Gruppen, verkörpert im sesshaften Bauern und dem Matrosen der Handelsschifffahrt. »Die reale Erstreckung des Reiches der Erzählungen in seiner ganzen historischen Breite ist nicht ohne die innigste Durchdringung dieser beiden archaischen Typen denkbar.«[67]

An Bord der Catania lauschte Benjamin mit Vorliebe den Geschichten des Kapitäns V... Dieser erfüllte nahezu alle Erwartungen desjenigen, der, wie Benjamin, noch nach den romantischen Spuren im Handwerk des Seemanns suchte. Der

---

65 *Der Erzähler. Betrachtungen zum Werk Nikolai Lesskows*, GS II, S. 438–468. Benjamins Essay wurde erstmalig 1936 in *Orient und Occident. Staat – Gesellschaft – Kirche. Blätter für Theologie und Soziologie* veröffentlicht. Einige Reflexionen dieses Essays lassen sich auch in früheren Schriften finden, wie beispielsweise in der Erzählung *Das Taschentuch*, im Essay *Erfahrung und Armut* (dieser wurde am 7. Dezember 1933 erstmalig in Prag in *Die Welt im Wort* publiziert), in einigen kurzen Texten der *Denkbilder* oder in *Kleine Kunst-Stücke*.
66 Ebd., S. 440.
67 Ebd.

Berliner Schriftsteller und Philosoph beschrieb ihn in seinem Tagebuch:

> Hier aber hätten mir wenige willkommener als der Kapitän sein können, auf dessen Schiff ich ein wenig heimisch geworden war, und das erste Exemplar meiner Geschichtensammlung glücklich eingebracht hatte. Daß es mit diesem Kapitän eine besondere Bewandtnis, und nicht die fröhlichste habe, das war mir schon bald nach Hamburg deutlich geworden. Er hatte so ein Verhältnis zu Tom – ein Hund, den er von einem Deutschen in Genua sich geliehen hatte, wie man es nur bei Sonderlingen trifft. Und was konnte man sich von seinem Tag für ein Bild machen, da er die Abendmahlzeit und das Frühstück ausließ, so daß sein Arbeitstag sich eigentlich von Mittag bis Mittag hinzog, denn die Nachtruhe ist ja für einen Kapitän, wenn die See bewegt ist, etwas Prekäres. Und wir hatten von Hamburg ab über vier Tage Sturm. Im übrigen war er bei aller Zurückhaltung niemals unfreundlich und nachdem er die obligaten Seemannsscherze noch in der Elbmündung (vor einem ziemlich undankbaren Publikum, denn unter den drei Passagieren war nur einer Neuling) angebracht hatte, kam es ihm auch gelegentlich auf fünf Minuten einer ernsthafteren Plauderei nicht an.[68]

Die neue Art von Reisenotaten, die Benjamin zu entwerfen gedachte, mussten in ihrer Form »Geschichten und Erzählungen« beinhalten. Eine auffallende Veränderung, nicht nur im Hinblick auf seinen bisherigen Tagebuchstil. Geschichten zu hören und zu erzählen, bildete ein weiteres Glied in der Kette mündlicher Überlieferungen. Es war der Versuch, sich dem Ort der Reise zu nähern, um ihn anhand der tradierten

---

68 *GS* VI, S. 457.

Erzählungen – die von ihm handelten oder ihn umgaben – zu begreifen. Alle Erzählungen, die Walter Benjamin aus Anlass seiner Reise nach Ibiza niederschrieb, weisen eine verblüffende Übereinstimmung in ihrer Erzählstruktur auf und folgen der gleichen Intention.

Diese Struktur bestimmt niemand anderes als der Erzähler selbst, der weitergibt, was ihm ein anderer erzählte. Bei diesem anderen handelt es sich immer um eine reale Person, die Benjamin auf seiner Reise kennenlernte. Seine Ausdrucksabsicht bleibt immer die gleiche: Die maximale Ansammlung von Informationen über einen Ort, über Personen oder ein Schiff, auf dem die Reise stattfindet, alles, was seine besondere Aufmerksamkeit erregt hatte, wollte er in wenigen Sätzen komprimiert wissen. Sowohl die Handlungsfiguren als auch die konkreten Gegebenheiten eines vorgefundenen Orts sind umrahmt von reiner Fiktion; Benjamin ersann immer ein Motiv, das als roter Faden durch die Geschichte führte, um es am Ende, im weiteren Handlungsverlauf, zu einem unerwarteten Ausgang zu bringen. Was er solcherart mit seinem Erzählverfahren zu suchen schien, war nichts anderes als »das Vermögen, Erfahrungen auszutauschen«[69] – selbst – wieder zu erlangen. Ein Vermögen, das, wie er in seinem Essay *Der Erzähler* bekräftigte, seit eh und je ein Fundament der Kunst des Erzählens war, sich gegenwärtig jedoch in einem unvermeidbaren Niedergang befand.

Der Kapitän der Catania wurde zum Protagonisten seiner ersten ibizenkischen Erzählung mit dem Titel *Das Taschentuch*.[70] Hierin schildert Walter Benjamin eine wunderschöne Geschichte, die, wie alle anderen Erzählungen, in denen er seine Inseleindrücke verarbeitete, eine überraschende Wende

---

69 *Der Erzähler*, GS II, S. 439.
70 *Das Taschentuch*, GS IV, S. 741–745.

nimmt. Sie beginnt mit der zentralen Frage, die ihn während seines gesamten Inselaufenthalts nicht mehr losließ: »Warum es mit der Kunst, Geschichten zu erzählen, zu Ende geht – diese Frage war mir schon oft gekommen, wenn ich mit anderen Eingeladenen einen Abend lang um einen Tisch gesessen und mich gelangweilt hatte.« Einige Antworten, die er hier zu geben versucht, stimmen mit denen überein, die er wenige Jahre später in seinem Essay *Der Erzähler* entwickeln wird. Für Benjamin gilt: »wer sich nie langweilt, kann nicht erzählen«, weshalb der Kapitän des Handelsschiffs, der in der letzten Fassung »Kapitän O...« genannt wird, für ihn nicht nur einen guten Erzähler verkörpert, sondern auch: »den ersten und vielleicht letzten Erzähler, auf den ich in meinem Leben gestoßen bin.« Denn an wenigen Arbeitsplätzen – wie z. B. auf einer Schiffsbrücke – herrscht eine ähnlich stimmige Kombination zwischen einem altehrwürdigen Beruf und der Langeweile, die er mit sich bringt. »Die Langeweile aber hat in unserem Tun keine Stelle mehr. Die Tätigkeiten, welche sich geheim und innig mit ihr verbunden haben, sterben aus. Und auch darum geht es mit der Gabe, Geschichten zu erzählen, zu Ende: es wird nicht mehr gewoben und gesponnen, gebastelt und geschabt, während man ihnen lauscht.«[71]

In seinen Schriften jener Epoche – besonders in denen nach seinem Ibizaaufenthalt verfassten – brachte Benjamin ein ums andere Mal seine Überzeugung zum Ausdruck, der Auflösung einer Welt beizuwohnen, die nie wieder zurückkehren wird. Die Welt befand sich in den Händen einer Generation, die sich – wie es scheint – zwangsweise in ihrer »Erfahrungsarmut«[72] einrichten musste. Die Schriftstellerin Susan Sontag zeichnete

---

71 Alle Zitate dieses Abschnitts ebd., S. 741.
72 »[U]nsere Erfahrungsarmut ist nur ein Teil der großen Armut, die wieder ein Gesicht – von solcher Schärfe und Genauigkeit wie das der Bettler im Mittelalter – bekommen hat. [...] Diese Erfahrungsarmut ist Armut nicht nur

von Walter Benjamin ein treffendes Porträt, demzufolge er »tatsächlich spürte [...], dass er in einer Zeit lebte, in der alles Kostbare das letzte seiner Art war.«[73] Während der drei Monate, die er 1932 auf der Insel verbrachte, erfuhr er dieses am eigenen Leib. Er konnte sich einer im Schwinden begriffenen alten Welt, die noch einmal aufschien und sich mittels ihrer Architektur, ihrer Bräuche und Landschaften ein letztes Mal in ihrer ganzen Vielfalt zeigte, nur hingeben, indem er sie noch einmal beschrieb, um über ihre Erscheinung »als letzte ihrer Art« zu meditieren. Auch die Reise an Bord des Frachters Catania von Hamburg nach Barcelona war so nicht mehr wiederholbar.

Benjamins Erzählungen wollten die Atmosphäre – vielleicht kann man sagen, die »Aura« als »einmalige Ferne, so nah sie sein mag« – der alten mündlichen Traditionen vermitteln: Einer erzählt von dem, was ein anderer ihm zuvor berichtet hatte. Wie in *Das Taschentuch*, worin der Erzähler eine Geschichte wiedergibt, die er zuvor vom Kapitän O... erfahren hatte: Während einer seiner Fahrten macht der Kapitän die Bekanntschaft einer mysteriösen schönen Frau, die zur Hauptdarstellerin eines Vorfalls an Bord seines Schiffes werden wird: Während der Dampfer versucht, im Hafen anzulegen, stürzt sich die Frau ins Meer. »Da ereignete sich das Unwahrscheinliche«, so der Kapitän, es »fand sich einer, der den ungeheuerlichen Versuch unternahm. Man sah ihn, jeden Muskel angespannt, die Augenbrauen in eins gezogen, als wenn er zielen wollte, von der Reling springen, und während – zum Entsetzen aller Beiwohnenden – der Dampfer seiner ganzen Länge nach steuerbords beilegte, kam an Backbord, das so verlassen war, daß man ihn

---

an privaten sondern an Menschheitserfahrungen überhaupt.« *Erfahrung und Armut*, GS II, S. 215.
73 »Indeed, he felt that he was living in a time in which everything valuable was the last of its kind.« Sontag, Susan: *Under the Sign of Saturn*, New York 1980, S. 133.

anfangs nicht einmal bemerkte, der Retter, in seinem Arm das Mädchen, in die Höhe.«[74]

Das Taschentuch wartet mit einer Handlung auf, die sehr häufig in der mündlichen Erzählung vorkommt. Der Erzähler der Geschichte – einer Geschichte, in der sich wahres Heldentum und Liebe, Schönheit und Geheimnis verbinden und ein besticktes Taschentuch zum vermittelnden Symbol dieser Attribute wird – gibt nicht nur wieder, was er kurz zuvor gehört hat, sondern er gibt der Geschichte auch eine unerwartete Wendung, die ein völlig neues Licht auf das bisher Geschilderte wirft. Jener junge Mann, der sich mutig ins Meer stürzte, um die geheimnisvolle Frau zu retten, war niemand anderes als der Kapitän selbst. Beim Auslaufen aus dem Hafen von Barcelona überfällt den Erzähler »der überraschendste Reflex«[75] und er erkennt im Taschentuch, mit dem ihm der Kapitän zum Abschied von der Mole aus zuwinkt, das bestickte Taschentuch jener wunderschönen Dame aus dessen Erzählung.

Während der langen Überfahrt, die ihn an Bord des deutschen Frachtschiffs zuerst von Hamburg nach Barcelona und anschließend auf der Ciudad de Valencia, einem Boot der Linie Trasmediterránea, nach Ibiza brachte, wurde sich Walter Benjamin bewusst, welche Art von Reisetagebuch er schreiben wollte:

> Ich stand und dachte an den berühmten Gemeinplatz des Horaz – »Doch wer flieht, und müßt er vom Vaterlande flüchten, sich selber?« – und daran, wie sehr er bestreitbar ist. Denn ist Reisen nicht Überwindung, Reinigung von eingesessenen Leidenschaften, die der gewohnten Umwelt verhaftet sind und damit eine Chance, neue zu entfalten, was doch gewiß eine

---

74 *Das Taschentuch*, GS IV, S. 744.
75 GS IV, S. 743.

Art von Verwandlung ist. Ich jedenfalls war mir soeben solch einer neuen bewußt geworden und die zehn Tage auf See, die hinter mir lagen, waren genug gewesen sie zu entfachen: diesmal wollte ichs ganz aufs Epische absehen, an Fakten, an Geschichten sammeln was ich nur finden konnte und eine Reise daraufhin erproben, wie sie von aller vagen Impression gereinigt, verlaufen mag. Man denke nicht, daß das eine Sache der Reisebeschreibung ist; es ist eine Sache der Reisetechnik, übrigens einer guten alten wie sie vor der Herrschaft des Journalismus die Regel war.[76]

Je näher er an sein Reiseziel kam, desto schärfer zeichnete sich für ihn ein neuer Schreibstil ab. Er vermutete zu Recht, dass er durch seine Reise nach Ibiza bald auf neue Geschichten zum Nacherzählen stoßen würde. Weder vage subjektive Eindrücke, noch ein journalistischer Reportagestil waren ihm für sein Schreibprojekt nützlich, er wird eine »Reisetechnik«, eine »gute alte[...]« Technik nutzen, die auf mündlicher Überlieferung und der Weitergabe von Erfahrungen basiert. Für Benjamin beruhte diese seine Technik vor allem auf einer rezeptiven Haltung allem Erlebtem gegenüber, wie er sie schon auf der Überfahrt mit der Catania im Kontakt mit der Besatzung gepflegt hatte.

Eine der Geschichten, die er vor seiner Ankunft auf Ibiza, an Bord des deutschen Frachters zu hören bekam, interessierte ihn besonders. Sie schilderte »die Fahrt der Prival«[77] im Jahr 1919, dem Jahr, »wo nicht nur der Kriegsflotte die revolutionäre Stimmung der Kieler Tage noch in den Knochen steckte«. Sie wird später zum Ausgangsstoff der auf Ibiza verfassten Erzählung *Die Fahrt der Mascotte*.

---

76 *Spanien* 1932, *GS* VI, S. 456.
77 *GS* VI, S. 460.

Die »Fahrt der Prival« – eine in ihrem Ablauf wahrlich »epische« Geschichte – beanspruchte einen großen Teil seines »ibizenkischen Tagebuchs«. Es ist anzunehmen, dass Benjamin sie schon dort als eine eigenständige Erzählung im Kopf hatte. Das Schiff, auf dem sich die Geschichte abspielt – das in der ersten Fassung den Namen Prival, danach Mascot und in der endgültigen Fassung Mascotte führt –, hatte 1919 eine bemerkenswerte Reise unternommen. Die Fahrt ging von Hamburg aus nach Chile, mit dem Auftrag, andere Schiffe der Reederei zurückzubringen, die durch die Wirren des Ersten Weltkriegs in Südamerika verblieben waren.

An Bord der Prival befanden sich eine große Anzahl von Matrosen, die die spätere Besatzung der in Chile noch festsitzenden Schiffe bilden sollten. Während der langen und stürmischen Überfahrt brachten die Seeleute jedoch das Schiff unter ihre Kontrolle, standen dabei aber selbst, wie sich später herausstellen sollte, als die von den Schiffseigentümern Übertölpelten da. Benjamin bewahrte dieses Faktum bis zum Ende auf, um seiner Geschichte einen überraschenden Ausgang zu geben. Wieder einmal legt der eigentliche Autor die Geschichte in den Mund eines anderen. Derjenige, der sie erzählt, ist »mein Freund der Bordfunker«.[78] »Das ist eine von den Geschichten, wie man sie auf See zu hören bekommt, für die der Schiffsrumpf der richtige Resonanzboden ist und das Stampfen der Maschine die beste Begleitung und bei denen man nicht weiter fragen soll, wo sie herkommen.«[79]

Walter Benjamin erreichte Ibiza am 19. April 1932, einem Dienstagmorgen, an Bord der Ciudad Valencia: »ein schönes neues Motorschiff, dem man eine größere Bestimmung zuschreiben

---

78 *Die Fahrt der Mascotte*, GS IV, S. 738.
79 Ebd.

möchte als die Versorgung dieses kleinen Inselverkehrs.«[80] Sein Freund Felix Noeggerath empfing ihn im Hafen der Hauptstadt mit einer schlechten Nachricht. Bei der überstürzten Vorbereitung seiner Reise hatte Noeggerath in Berlin von einem Mann – ein polizeilich gesuchter Betrüger, wie sich herausstellte – ein Haus auf Ibiza gemietet, das diesem nicht gehörte.[81] Gleichzeitig hatte Benjamin durch Noeggeraths Vermittlung eben diesem Hochstapler seine ihm von einer Freundin nach der Scheidung von Dora Kellner überlassene Wohnung in Berlin untervermietet. Dieser Betrüger musste schon bald aus Berlin flüchten. Als Konsequenz entfiel die einzige feste monatliche Einnahme, mit der der Berliner Philosoph die Kosten seines Aufenthalts bestreiten wollte. In seinem ersten auf der Insel geschrieben Brief an Scholem hieß es lapidar: »das sind Dinge, die sich vor einem Kaminfeuer besser erzählen als brieflich.«[82]

So kam es, dass Benjamin, dessen Kopf angefüllt war mit Seemannsgarn, sich selbst unangenehmerweise als Darsteller in einer unvorhersehbaren, misslichen Geschichte wiederfand. Dass sie ihm auch als Erzählstoff diente und nicht ausschließlich als persönliches Unglück empfunden wurde, zeigt ein Fragment aus *Spanien 1932*, in dem er seine Verwunderung darüber zum Ausdruck brachte, »daß aber ›im Zeichen des Weltverkehrs‹ eine arme Mittelmeerinsel zur Operationsbasis eines

---

80 *GS* VI, S. 456.
81 Es scheint, dass die Noeggeraths sich ebenfalls kurzfristig dazu entschieden, nach Ibiza zu fahren. Nicht nur die Doktorarbeit Hans Jakobs drängte sie, Berlin zu verlassen, sondern vielleicht verspürten sie auch – wie Benjamin in seinem Tagebuch bemerkte – »einen leidenschaftlichen Drang, aus den Umständen, unter denen sie leben, herauszukommen.« *GS* VI, S. 455. Benjamin mag sich dort auch auf die schwierige ökonomische Situation beziehen. Auch die Noeggeraths waren durch die Inflation in Deutschland sichtlich unter Druck geraten. Dank seiner Übersetzungen (er übersetzte u. a. Benedetto Croce aus dem Italienischen) konnte Felix Noeggerath ihren Unterhalt bestreiten.
82 Brief an Scholem vom 22. April 1932, *GB* IV, S. 83.

Hochstaplers werden kann, verlohnt vielleicht einen näheren Bericht.«[83] Seine Absicht, aus jenem Vorfall eine Erzählung zu machen, setzte er letztendlich nicht um. Das Wichtigste schien ihm damals: »an Fakten, an Geschichten sammeln was ich nur finden konnte«.[84] Mit diesem Vorhaben ging er am 19. April 1932 im Hafen von Ibiza-Stadt an Land.

Außer dem Geldverlust für die Familie Noeggerath, durch die schon vorab gezahlten Monatsmieten für ein vorgetäuschtes Wohneigentum auf Ibiza, brachte der Betrug für Benjamin auch eine einschneidende Veränderung seiner Wohn- und Aufenthaltssituation mit sich. Die Noeggeraths fanden jedoch ein altes Bauernhaus – eines jener Häuser, die aufgrund ihrer architektonischen Besonderheiten einen bleibenden Eindruck auf die Zugereisten hinterließen –, das, etwas entfernt vom Dorf, an einer »beschaulichen und zurückgezogenen« Stelle der Bucht von San Antonio lag. Sie mussten für ein Jahr keine Miete zahlen, da sie es auf ihre Kosten instand setzen wollten.

Das Ses Casetes genannte Haus stand auf dem Felsvorsprung Sa Punta des Molí neben einer alten, nicht mehr in Betrieb befindlichen Mühle; diese gehörte zu einem größeren Anwesen, in dem der Besitzer mit seiner Familie lebte. Ses Casetes war ein kleines, von Feigenkakteen umwachsenes, auf felsigen Grund errichtetes Haus mit nur zwei Schlafzimmern, einem großen Zimmer, dem sogenannten »porxo«, und einer Küche. Direkt hinter dem Haus befanden sich Ställe, in denen der Eigentümer seine Schweine und Ziegen hielt. Die Aussicht auf die Bucht – mit den nahegelegenen kleinen Inseln – und auf das Dorf war spektakulär. Neben der Nähe zum Meer bot die Örtlichkeit einen weitläufigen, idyllischen Pinienwald.

---

83 *GS* VI, S. 455.
84 *GS* VI, S. 456.

Ses Casetes war seit Anfang 1931 unbewohnt, nachdem der letzte Gast, ein Deutscher mit Namen Jokisch, sich entschlossen hatte, in das kleine, nicht weit entfernte Bergdorf San José zu ziehen. Walter Benjamin konnte wegen der noch auszuführenden Renovierungsarbeiten erst Mitte Mai 1932 dort einziehen. Seiner Freundin Gretel Karplus teilte er brieflich mit: »Das Schönste ist der Blick aus dem Fenster auf das Meer und eine Felseninsel, die nachts ihren Leuchtturm mir hereinscheinen läßt«.[85]

Während die Noeggeraths mit der Instandsetzung des Hauses beschäftigt waren, bewohnte Benjamin vorübergehend ein kleines Häuschen in der näheren Umgebung. Für dieses Haus »für mich allein« und jeweils »drei Mahlzeiten zwar sehr provinzieller Art und mit jedwedem goût du terroir – im ganzen aber delikate« bezahlte er »täglich 1,80 Mark«.[86]

Reisen kann auch dazu dienen, Geschichten zusammenzutragen. Mit dieser Absicht betrat Benjamin die Insel, und während seines gesamten Ibizaaufenthalts ging er dem als leidenschaft-

---

85 Brief von ca. Mitte Mai 1932, *GB* IV, S. 95. Die Mühle und das Haupthaus blieben bis heute erhalten, das Häuschen, in dem Benjamin und die Noeggeraths wohnten, wurde in den 80er-Jahren abgerissen. Der Leuchtturm, auf den sich Benjamin in seinem Brief bezieht, muss der Leuchtturm der kleinen Insel Conejera gewesen sein. Er war nicht der Einzige, den man von dort aus sehen konnte: Auf der anderen Seite der Bucht, am äußersten Rand des Dorfes, befand sich noch ein anderer, der Coves Blanques genannt wurde.
86 Brief an Gershom Scholem vom 22. April 1932, *GB* IV, S. 84. Das erste Haus, in dem Benjamin logierte, konnte bisher nicht identifiziert werden. Seine täglichen drei Mahlzeiten muss Benjamin – angesichts seiner unerwarteten prekären Wohnsituation – in einer »Fonda«, einem Gasthaus eingenommen haben. 1932 gab es in San Antonio zwei. Beide boten Frühstück, Mittag- und Abendessen an und quartierten ihre Gäste in Privatunterkünften ein. Es können sich damals nicht viele Touristen in San Antonio aufgehalten haben, so war es gut möglich, dass Benjamin ganz allein in einem dieser Häuser wohnen konnte. Die Noeggeraths lebten währenddessen in dem Bauernhaus, das sie noch renovieren mussten.

licher und aufnahmebereiter Zuhörer nach. In dem Dörfchen San Antonio fand er neues, interessantes Erzählmaterial. Andere exzentrische Fremde, die sich dort als Einsiedler niedergelassen und einen scheinbar sicheren Fluchtort oder ein geeignetes Terrain für ihre kleinen Utopien vorgefunden hatten, überließen ihm ihre Geschichten. Doch Benjamin interessierte sich ebenso für die lokalen Geschichten und Legenden des Inselvölkchens, die seit Jahrhunderten von »seßhaften Ackerbauer[n]«[87] erzählt wurden. Literarisch konzentrierte er sich in den drei Monaten hauptsächlich auf die Niederschrift seiner eigenen Geschichte der Kindheit und Jugend – unter der Überschrift *Berliner Chronik*. Als Orientierung und Vermittler half dem Berliner Schriftsteller der junge Hans Jakob Noeggerath bei der Beschaffung der inselfremden und, wohl noch wichtiger, einheimischen Erzählstücke, die noch mit der bäuerlichen Lebenswelt in Verbindung standen.

Im bereits mehrfach zitierten ersten Brief an Scholem berichtete Benjamin, dass auch der junge Noeggerath auf Ibiza sei und er »eine Dissertation bei Gamilschegg über den Dialekt der Insel«[88] verfasse. An die Unternehmungen Hans Jakobs (der nach Johann Jakob Nöggerath, seinem Urgroßvater väterlicherseits, einem bedeutenden Mineralogen und Freund Goethes, benannt worden war) erinnern sich die ältesten Bewohner San Antonios noch heute. Wenige Monate nach seiner Ankunft sah man ihn schon als eine allseits geschätzte Persönlichkeit an. Noeggerath beschränkte sich nicht nur darauf, sich mit den Bauern in ihrer eigenen Sprache zu unterhalten, er kleidete sich auch bald wie sie. Auf diese Weise fand er Zutritt zu einer Welt, in der noch »gewoben und gesponnen, gebastelt und geschabt« wurde. Eine Welt, die, so Benjamin, von jeher die Kunst beför-

---

87 *Der Erzähler*, GS II, S. 440.
88 *GB* IV, S. 85.

derte, Geschichten zu erzählen. Durch seine Forschungsarbeit musste er nicht nur zwingend einen regelmäßigen Umgang mit den Bauern pflegen, er nahm auch aus Spaß an ihren Feiern und Festen teil, wo der junge Philologe einen Großteil der Geschichten und Lieder zu hören bekam, die er stets mitstenografierte.

Ein so hohes Maß an Vertrautheit zu erlangen, gestaltete sich nicht so einfach, da die Inselbauern ihre Bräuche und alles, was sie als ihren privaten, häuslichen Bereich verstanden, sorgsam hüteten. Walther Spelbrink machte diese Erfahrung nur wenige Monate zuvor, als die Bauern ihn in alle Räumlichkeiten ihrer Häuser eintreten ließen, außer in ihre Schlafzimmer. Um seine lexikografische Arbeit über häusliche Begriffe abschließen zu können, musste er andere Quellen heranziehen.[89] Die Ibizenker, die gewöhnlich allen Nichteinheimischen durchaus spöttische Spitznamen verpassten, nannten den jungen Noeggerath jedoch einfach nur »en Jaume« (der Jakob) oder »es pagés alemany« (der deutsche Bauer).

Er trug Dutzende von traditionellen Erzählungen und Legenden zusammen; gut vorstellbar, dass Benjamin einige davon im Haus der Noeggeraths zu Ohren bekam. Er beschäftigte sich auch mit vielen uralten, überlieferten Inselbräuchen. Benjamin schien davon erfahren zu haben, da er sie in einer seiner Erzählungen, *Der Reiseabend*, erwähnte.[90] Fast alle Charaktere der traditionellen ibizenkischen Erzählungen sind eng mit den Archetypen der volkstümlichen okzidentalen Erzähltradition verwandt: Die Figur des dummen Jungen, des jüngs-

---

89 Walther Spelbrink erhielt von den Bauern zu keiner Zeit die Erlaubnis, ihre Schlafzimmer zu betreten. Es war der Priester und einheimische Forscher Isidoro Macabich, der ihn, um sein Problem zu lösen, in sein eigenes Schlafzimmer führte. Aber genau genommen stellte es nicht das Schlafzimmer eines Bauern dar. Diese Geschichte erwähnte Spelbrink in seiner Dissertation.
90 *GS* IV, S. 745–748.

ten Bruders, dem, »der auszog das Fürchten zu lernen«. Über sie wird Benjamin vier Jahre später in seinem Essay *Der Erzähler* sprechen, um zu folgendem Schluss zu kommen: »Das Ratsamste, so hat das Märchen vor Zeiten die Menschheit gelehrt, und so lehrt es noch heut die Kinder, ist, den Gewalten der mythischen Welt mit List und Übermut zu begegnen.«[91]

Mit *Der Erzähler* beendete der Berliner Philosoph in Paris ein Projekt, das er über sechs Jahre mit sich herumgetragen hatte, und das 1932 wie auch 1933 in San Antonio seine bedeutendsten Fortschritte erfuhr. Dort fand er die Motive und Situationen, um sich über diesbezügliche Fragen die nötige Klarheit zu verschaffen. Seine große Neigung, Geschichten zu hören und aufzuzeichnen, entsprach vom ersten Moment seiner Reise an der vorgefundenen Umgebung. Auch bei den Unterhaltungen mit den Noeggeraths stellte jenes Thema alles andere als einen entfernten oder unpassenden Gegenstand dar. Aus einem jener Gespräche im Hause Noeggerath entstand das kurze Prosastück *Erzählung und Heilung*, das später in den *Denkbildern* Aufnahme fand.[92] Darin sinnt er nach über einen möglichen Zusammenhang zwischen der Kunst, Geschichten zu erzählen, und der Heilung von Krankheiten. Auf dieses Zusammenspiel wurde Benjamin aufmerksam, als ihm eines Tages Felix Noeggerath von den heilenden Kräften der Hände seiner Frau berichtete, die jener mit den folgenden Worten beschrieb: »Ihre Bewegungen waren höchst eindrucksvoll. Doch hätte man ihren Ausdruck nicht beschreiben können … Es war, als ob sie eine Geschichte erzählten.«[93] In Walter

---

91 *GS* II, S. 458.
92 Dieses kurze Stück war Teil der Folge *Denkbilder*. Innerhalb dieser Reihe wurde es erstmals am 15. November 1933 in der *Frankfurter Zeitung* veröffentlicht. Andere Einzelstücke bildeten u. a. *Zum Tode eines Alten*, *Der gute Schriftsteller* und zwei mit dem Titel *Traum*, *GS* IV, S. 428–432.
93 *Erzählung und Heilung*, *GS* IV, S. 430.

Benjamin wurde durch Noeggeraths Schilderung eine Erinnerung aus seiner eigenen Kindheit wach: Das kranke Kind, dessen Mutter es zuerst ins Bett brachte, sich dann an seine Seite setzte und ihm Geschichten zu erzählen begann. Daher sollte er sich die Frage stellen, »ob nicht die Erzählung das rechte Klima und die günstigste Bedingung manch einer Heilung bilden mag.«[94]

Die Heilung durch Erzählen kennen wir schon aus den Merseburger Zaubersprüchen. Es ist ja nicht nur, daß sie Odins Formel wiederholen; vielmehr erzählen sie den Sachverhalt, auf Grund von dem er sie zuerst benutzte. Auch weiß man ja, wie die Erzählung, die der Kranke am Beginn der Behandlung dem Arzte macht, zum Anfang eines Heilprozesses werden kann. Und so entsteht die Frage, ob nicht die Erzählung das rechte Klima und die günstigste Bedingung manch einer Heilung bilden mag. Ja ob nicht jede Krankheit heilbar wäre, wenn sie nur weit genug – bis an die Mündung – sich auf dem Strome des Erzählens verflößen ließe? Bedenkt man, wie der Schmerz ein Staudamm ist, der der Erzählungsströmung widersteht, so sieht man klar, daß er durchbrochen wird, wo ihr Gefälle stark genug wird, alles, was sie auf diesem Wege trifft, ins Meer glücklicher Vergessenheit zu schwemmen. Das Streicheln zeichnet diesem Strom ein Bett.[95]

Keiner der Gedanken aus *Erzählung und Heilung* floss später, 1936, in *Der Erzähler* ein, was verwunderlich ist, da gerade dieser Essay geprägt zu sein scheint durch die häufige Verwendung von Zitaten und Fragmenten vorangegangener Schriften, wovon einige noch auf Ibiza geschrieben wurden,

---

94 Ebd.
95 Ebd.

wie beispielsweise der Anfang der Erzählung *Das Taschentuch*. Vielleicht erinnerte sich Benjamin 1936 in Paris an die Unterhaltung mit dem alten Noeggerath und die Umstände, wie sein kurzer Text daraus entstand. Zweifellos wird er sich aber das tragische Geschick seines alten Freundes vor Augen geführt haben, als im September 1934, ein Jahr nach Benjamins letztem Aufenthalt auf Ibiza, weder Mariettas Hände, noch die traditionelle Erzählkunst den jungen Jean Jacques Noeggerath in San Antonio vor dem Tode bewahren konnten. Er starb mit 26 Jahren am Typhus, einer Krankheit, die damals auf Ibiza nicht selten ausbrach.[96]

Was unmittelbar auf dieses schmerzhafte und unerwartete Ereignis folgte, ist ebenfalls eine Erzählung wert. Am 4. September 1934 nahmen an der Beerdigung auf dem Friedhof von San Antonio Dutzende von Bauern teil, die alle der Tod von »en Jaume« tief getroffen hatte. Der zuständige örtliche Priester verweigerte aber allem Anschein nach zuerst einmal seine Beteiligung an der Beerdigung, da die Noeggeraths nicht katholisch waren. Die anwesenden Bauern und alle, die sich zur Trauerfeier versammelt hatten, die Fischer und Leute aus den Dörfern, waren mit dem Verhalten des Priesters nicht einverstanden, und so machten sie sich auf den Weg, den Geistlichen zu suchen. Sie fanden ihn auch und erreichten, dass er sich – wohl nicht ganz freiwillig – zum Friedhof begab, um einige Gebete zu sprechen. Die Lokalpresse nahm ebenfalls Notiz vom Ableben »Jaime« Noeggeraths. In der Ausgabe vom 4. September 1934 rühmte die Zeitung *Diario de Ibiza* den jungen Philologen: »Alle waren seine Freunde und alle liebten ihn.« Wenige Wochen darauf erreichte Lola

---

96 Dasselbe Motiv, die Kunst des Erzählens und die Heilung von Krankheiten, taucht hingegen in *Das Fieber* wieder auf, einem der Stücke aus der *Berliner Kindheit um Neunzehnhundert*, GS IV, S. 269–273. Veröffentlicht am 17. März 1933 in der *Vossischen Zeitung*.

Kühner Ibiza, die Mutter Hans Jakobs und erste Frau Felix Noeggeraths. Sie besuchte das Grab ihres Sohnes sowie einige der Plätze, welche er ihr in seinen Briefen mit soviel Begeisterung geschildert hatte.

Felix Noeggerath und seine Frau Marietta blieben weiterhin in San Antonio, wo sie ein Stück Land erworben hatten, um ein Haus zu errichten. In den vorangegangenen Monaten war sowohl die Anzahl der Dauerresidenten als auch die der Sommergäste auf der Insel rapide angestiegen. Unter den Neuankömmlingen befand sich der junge Katalane Josep Roure-Torent, der ebenfalls ein großes Interesse an der volkstümlichen Tradition der Insel hatte. Ihm vertraute Felix Noeggerath nur wenige Monate nach dem Tod seines Sohnes alle Aufzeichnungen und stenografischen Notizen Hans Jakobs an, mit der Bitte, sie zu vollenden.

Als Roure-Torent das tun wollte, begann der Spanische Bürgerkrieg. Kurz zuvor, 1935, war durch die Vermittlung des Schriftstellers Friedrich Burschell – der Benjamin einmal im Sommer 1933 in San Antonio besucht hatte – in einer deutschen Zeitschrift ein kurzer Abschnitt aus Noeggeraths Arbeit über die volkstümliche Erzähltradition Ibizas erschienen.[97] Roure-Torent ging nach dem Ende des Bürgerkriegs nach Mexiko ins Exil, wo er sich schließlich mit den Notizen und Transkriptionen beschäftigte, sie zusammenfasste und neu ordnete, um sie in einem schmalen Band unter dem Titel *Contes d'Eivissa* herauszugeben. Das Buch wird 1944 den Premio extraordinario (außerordentlicher Preis) der Juegos Florales de la Lengua Catalana in La Habana erhalten.

---

97 »Balearische Volksmärchen aus Ibiza«, in: *Atlantis* 3, 1935. Der Artikel behandelte Auszüge zweier Volksmärchen, die von Burschell selbst übersetzt wurden. In der Einführung rühmte er die Arbeit Hans Jakob Noeggeraths, ohne dessen Tod zu erwähnen.

Contes d'Eivissa erschien vier Jahre später, 1948, in Mexiko mit einem Vorwort des katalanischen Poeten Josep Carner und einer Einführung von Roure-Torent, in der er auch Teile der Entstehungsgeschichte des Buches darlegte: Eine Geschichte, in der sich diskret und verschwiegen, fast auf Zehenspitzen, auch Walter Benjamin bewegte. Vielleicht wäre dies eine der Geschichten gewesen, der er mit großem Vergnügen zugehört hätte, um sie dann eines Tages weitererzählen zu können.

III. Don Rosello und die Utopie einer Insel

Walter Benjamin hatte bereits einige Mittelmeerinseln, zum Beispiel Korsika oder Capri, und auch einige Städte im Süden Spaniens bereist, doch – seinem Briefwechsel zufolge – präsentierte sich ihm Ibiza von einer ganz anderen Seite und hinterließ bleibende Spuren. Während seines ersten Aufenthalts, vom 19. April bis zum 17. Juli 1932, staunte er anfangs über »das fast gänzliche Freisein von Fremden«, bevor seine Begeisterung für die vorgefundene Landschaft, Architektur und Inselbräuche sowie für die »Gelassenheit und Schönheit« ihrer Bewohner immer größer wurde. Benjamins Entschluss zur Reise war überstürzt gewesen.[98] Seine Vorbereitungen hatten in größter Eile stattgefunden, weshalb er praktisch ohne Vorwissen über die Gegebenheiten auf Ibiza seine Fahrt antrat. So erstaunt es nicht, dass seinen Schriften aus der Zeit ein Moment des Überraschtseins und des Enthusiasmus innewohnt.

Das Besondere an der Insel schien ihre »Unversehrtheit« zu sein. Das heißt, sie bewahrte eine abgelegene kleine Welt, weitgehend unbeeinflusst von der kapitalistischen Entwicklung. Vom ersten Tag an faszinierte Benjamin diese andere Wirklichkeit. Der archaische Charakter des traditionellen ibizenkischen Wohnhauses wie auch populäre Erzählweisen beeindruckten ihn stark, so stark, dass sie ihn zu neuen Arbeiten über Architektur und die Kunst des Erzählens anregten.

Für einen Besuch Ibizas ist der April immer günstig. Mit ihren an die Tausend wild wachsenden Pflanzen, meist in voller Blüte, einem milden Klima, das zu einem ersten Bad im Meer einlädt, und einem, selbst für den Süden, außergewöhnlich klaren und strahlenden Licht, das Felder und weiß getünchte Hauswände leuchten lässt, zeigte sich die Insel auch

---

98 Brief an Scholem vom 22. April 1932, *GB* IV, S. 84.

im Frühling 1932 den angereisten Besuchern von ihrer besten Seite. Sie übertraf damit all ihre Erwartungen; ihnen war, als befänden sie sich in einem Traum. Alle Voraussetzungen für eine Idealisierung Ibizas lagen vor, sofern man noch eine Utopie hinzufügte.

Einen Monat nach seiner Ankunft beschrieb Benjamin in einem Brief an Gretel Karplus ausdrucksvoll die Ruhe und Schönheit seiner Tage an der Bucht von San Antonio. Er stand täglich zur selben Stunde »um sieben Uhr« auf und nahm ein Bad im Meer, »wo weit und breit kein Mensch am Ufer zu sehen ist und allenfalls nur in der Höhe meiner Stirn ein Segler am Horizont«.[99] Nach dem Bad im Meer folgte ein obligatorisches Sonnenbad, »gegen einen gefügigen Stamm im Walde gelehnt«. Den derart geadelten ersten Stunden des Morgens folgte »ein langer Tag« der Lektüre und des Schreibens.

Abgesehen vom Fehlen so wichtiger Dinge wie »elektrisches Licht und Butter, Schnäpse und fließendes Wasser, Flirt und Zeitungslektüre«, war Benjamins Leben in San Antonio unerwartet angenehm, nicht zuletzt durch den häufigen Aufenthalt im Freien. Die Dinge, derer sich Benjamin enthielt – wie er Gretel Karplus nicht ohne Augenzwinkern aufzählte –, wurden mehr als ersetzt durch die Schönheit und Anmut einer nahezu unberührten Natur. In seinem Brief erwähnte er nicht allein den Blick aufs Meer und die zauberhafte, weite Bucht von San Antonio, wo er wohnte und jeden Morgen schwimmen ging, sondern er berichtete auch vom gebirgigen Inselinneren, seinen verschlungenen, alten Wegen, den Schluchten und Terrassenfeldern und den darin vereinzelt auftauchenden Häusern.

---

99 Brief an Gretel Karplus von ca. Mitte Mai 1932, *GB* IV, S. 95.

Die meiste Zeit verbrachte er mit Schreiben und Lesen. Ab und an entschloss er sich jedoch, »einige große einsame Märsche in die noch größere, noch einsamere Gegend« zu unternehmen.[100] Diese langen Spaziergänge ins Inselinnere ließen ihn eine Landschaft voller Spuren einer uralten, aber noch lebendigen Kultur entdecken. Auf Schritt und Tritt war sie präsent als Weg oder Pfad, Kalk- oder Köhlerofen, als Zisterne oder als ein durch eine Steinmauer gestütztes Terrassenfeld. Und so weit das Auge reichte: Felder mit Mandel-, Oliven-, Feigen- und Johannisbrotbäumen. Sie schufen ein perfektes, für die Mittelmeerinseln charakteristisches Zusammenspiel zwischen dem gegebenen Reichtum der Natur und ihrer Nutzung.

Über die Beobachtungen der Landschaft im Inselinnern, der »sprödesten, unberührtesten, die ich gesehen habe«,[101] entstand ein merkwürdiger Text mit dem Titel *In der Sonne*.[102] Von allen ibizenkischen Schriften und Skizzen Benjamins spiegelt dieser am eindringlichsten seine Erfahrungen mit der Inselnatur wider. In einer entschieden poetischen Prosa folgt der Text den Wald- und Feldwegen einer Exkursion und zeichnet – wie immer bei Benjamin in der dritten Person[103] – eine hervorra-

---

100 Ebd., S. 96.
101 Ebd.
102 Der Text wurde erstmals am 27. Dezember 1932 in der *Kölnischen Zeitung* publiziert. Zu diesem Text schreibt Scholem in seinen Erinnerungen:»Im Hinblick auf seinen vierzigsten Geburtstag schrieb er, als eine Erinnerung an Jula Cohn, das autobiographische Stück ›In der Sonne‹, in dem sich in einem geradezu mystischen Passus ein merkwürdiger Nachhall von Bubers Vorrede zu dem Buch ›Daniel, Gespräche von der Verwirklichung‹ findet, das er so viele Jahre vorher mit großer Kritik gelesen hatte, aus der ihm aber offenbar unbewußt Bubers Satz über seine Begegnung mit einem Eschenstamm sich eingeprägt hatte.« *SF*, S. 232.
103 Zu seinem Stil notierte Benjamin auf Ibiza: »Wenn ich ein besseres Deutsch schreibe als die meisten Schriftsteller meiner Generation, so verdanke ich das zum guten Teil der zwanzigjährigen Beobachtung einer einzigen klei-

gende Wahrnehmung und Darstellung der ersten Wochen des ibizenkischen Sommers: die Früchte der Felder, die Mandeln, Johannisbrotschoten und Feigen, noch unreif am Baum, der allgegenwärtige, monotone Gesang der Zikaden, die Schweißperlen auf dem Gesicht des Wanderers, die Schatten der Bäume, die Sonne ... *In der Sonne* beginnt mit einer ausgesprochen Benjamin'schen Reflexion über die Notwendigkeit, die Namen der Dinge zu kennen, um ihr Wesen erfassen zu können, die auch an Walther Spelbrinks Studien erinnert:

Siebzehn Arten von Feigen gibt es, wie es heißt, auf der Insel. Ihre Namen – sagt sich der Mann, der in der Sonne seinen Weg macht – müßte man kennen. Ja man müßte die Gräser und die Tiere nicht allein gesehen haben, die der Insel Gesicht, Laut und Geruch geben, die Schichtungen des Gebirges und die Arten des Bodens, der vom staubigen Gelb bis zum violetten Braun geht, mit den breiten Zinnoberflächen dazwischen – sondern vor allem ihren Namen müßte man wissen. Ist nicht jeder Erdstrich Gesetz einer nie wiederkehrenden Begegnung von Gewächsen und Tieren und also jede Ortsbezeichnung eine Chiffre, hinter welcher Flora und Fauna ein erstes und ein letztes Mal aufeinandertreffen? Aber der Bauer hat ja den Schlüssel der Chiffreschrift. Er kennt die Namen. Dennoch ist es ihm nicht gegeben, über seinen Sitz etwas auszusagen. Sollten die Namen ihn wortkarg machen? Dann fällt die Fülle des Worts nur dem zu, der das Wissen ohne die Namen hat, die Fülle des Schweigens aber dem, der nichts hat als sie?

Gewiß stammt der, der so im Gehen vor sich hin sinnt, nicht von hier, und kamen ihm daheim Gedanken unter freiem Himmel, so war es Nacht. Nur mit Befremden ruft er

---

nen Regel. Sie lautet: das Wort ›ich‹ nie zu gebrauchen, außer in den Briefen.« *Berliner Chronik*, GS VI, S. 475.

sich ins Gedächtnis, daß ganze Völker – Juden, Inder, Mauren – ihr Lehrgebäude unter einer Sonne sich errichtet haben, die ihm das Denken zu wehren scheint. Diese Sonne steht sengend in seinem Rücken. Harz und Thymian schwängern die Luft, in der er, atemholend, zu ersticken glaubt. Eine Hummel schlägt an sein Ohr. Noch hat er ihre Nähe kaum erfaßt, da hat der Strudel der Stille sie schon wieder fortgezogen. Die achtlos preisgegebene Botschaft vieler Sommer – zum erstenmal stand sein Ohr ihr offen, und da brach sie ab. Der fast verwischte Pfad wird breiter; Spuren führen auf einen Meiler. Dahinter duckt im Dunst sich das Gebirge, nach dem die Blicke des Steigenden Ausschau hielten.[104]

Mit *In der Sonne* näherte sich Benjamin einem literarischen Topos, den bis dahin vor allem Robert Walser und Hugo von Hofmannsthal gestaltet hatten: der Weg als Raum der Offenbarung und Erkenntnis; der Wanderer, der darin die Essenz der Dinge erfährt und aufnimmt. Benjamins Naturbegegnung, in diesem Falle mit der eigentümlichen, verführerischen Insellandschaft, ließ ihn ein ihm nicht ganz unbekanntes literarisches Genre aufgreifen, das er bisher jedoch lediglich für seine Städtebilder angewandt hatte. *In der Sonne* entwarf er während seiner Arbeit an der *Berliner Chronik*, in der die Erinnerungen an Kindheit und Jugend nur durch das Fortbestehen eines Gedächtnisraums möglich wurden: der Stadt Berlin.

Der Spaziergänger in der Menge, der städtische Flaneur, den Benjamin als literarische Figur aufgriff und damit wiederauferstehen ließ, wandelt nun – mit derselben leidenschaftlichen Aufmerksamkeit für jedes kleinste Detail – einsam auf Feld- und Waldwegen des mediterranen Südens. Er taucht in eine andere Menge (in die der Bäume) und in andere Geräusche ein

---

104 *GS* IV, S. 417.

(in die der Zikaden und Sommerinsekten). Sein Rausch entsteht aus der Kontemplation »in der Sonne« und durch eine Begegnung mit dem, was sich nur als »eine uralte Schönheit« beschreiben lässt. Die Figur des Wanderers, der ähnlich wie bei Walser und Hofmannsthal durch die Natur streift, repräsentiert hier keinen Gegenentwurf zum Flaneur, sondern eine ihm vorausgehende Figur – ein antikes Sujet. So wie die Stadt an die Stelle von Natur trat, so ersetzte der Flaneur den einsamen Wanderer. Benjamin kehrt mit *In der Sonne* zum Motiv des Wanderers zurück, der sich vom Weg leiten lässt und derart zum schwärmerischen oder gebannten Passanten wird. Er wird auch zum Verwandten des Spaziergängers aus seiner 1930 entstandenen Erzählung *Myslowitz-Braunschweig-Marseille. Die Geschichte eines Haschisch Rausches*,[105] der unter Drogeneinfluss die Straßen von Marseille durchstreift.

Aufgrund seines Sprachduktus ist *In der Sonne* eines der überraschendsten Werke des Autors. Die Landschaftserfahrung und ihre neuartige sprachliche Umsetzung, scheinen auf geheimnisvolle Weise ihren Grund in jenem Spaziergang in der Sonne zu haben. In einer vergleichbaren Umgebung wird Albert Camus wenige Jahre später in einigen seiner Erzählungen Ähnliches aufscheinen lassen.[106] Dabei ist unbedeutend, ob die rauschhaften Sinneseindrücke des Wanderers aus

---

105 *GS* IV, S. 729–737.
106 »Ich setze mich, noch ganz betäubt von der Sonne des Tages, erfüllt von weißen Kirchen und kreidigen Mauern, von dürren Feldern und zerzausten Olivenbäumen. Ich trank süßliche Mandelmilch und betrachtete die geschwungene Linie der gegenüberliegenden Hügel. Sanft fielen sie ins Meer ab. Der Abend wurde grün. Auf der höchsten Kuppe drehte der letzte Windhauch die Flügel einer Mühle. Und wie durch ein natürliches Wunder senkten alle Menschen die Stimme, so daß nur noch der Himmel da war und der Singsang der Worte, die zu ihm aufstiegen, aber aus großer Ferne zu kommen schienen.« Camus, Albert: »Amor de vivir« in: *L'envers de l'endroit*, 1937. Zit. n. Davies/Derville (Hg.): *Ibiza*, S. 109.

In der Sonne vom Haschisch und nicht allein aus der Begegnung mit der Natur herrühren. Benjamin schrieb die Erzählung am 15. Juli 1932, seinem 40. Geburtstag. Wenige Tage zuvor hatte er die Bekanntschaft von Jean Selz gemacht, der ebenfalls dem Haschisch nicht abgeneigt war. Beide werden im folgenden Jahr auch gemeinsam mit Opium experimentieren. Jean Selz berichtete annähernd dreißig Jahre später, dass Benjamin und er, ungefähr in dem Zeitraum zwischen dem 14., 15. und 17. Juli 1932, sich Haschisch rauchend über die Wirkung der Droge unterhielten.[107] Der Wanderer aus *In der Sonne* experimen-tiert hingegen mit seinen eigenen Sinnen: Während des Gangs durch die Felder konzentriert er sich auf die ihn umgebenden Gerüche, Farben und Geräusche der Insel und nimmt sie mit besonderer Aufmerksamkeit wahr. Auf dieser Sensibilität basierten auch Benjamins bisherige Drogenversuche, die bewusstseinsverändernde Wirkung und die Fähigkeit, Wirklichkeit in einer »dieser riesigen Dimensionen des inneren Erlebens« zu erfahren, standen dabei jedoch im Vordergrund.[108]

Jean Selz schildert eindrücklich den Spaziergänger Walter Benjamin auf Ibiza und seine Art und Weise, sich zu bewegen: »Das Gehen fiel Benjamin ziemlich schwer, und er kam nicht schnell vorwärts; dafür war er aber sehr ausdauernd. Unsere langen Spaziergänge durch die mit Tuja, Johannisbrot- und Mandelbäumen bepflanzte Gegend dehnten sich noch mehr aus, weil unsere Gespräche Benjamin ständig zum Stillstehen veranlaßten.«[109] Auch in *In der Sonne* hält der Erzähler beim Gehen immer wieder an, um auf Landschaftsdetails oder die Felsen-

---

107 Vgl. Selz, Jean: »Una experiencia de Walter Benjamin«, in: Ders.: Viaje a las Islas Pitiusas, Ibiza 2000.
108 *GS* IV, S. 734.
109 *ÜWB*, S. 39.

inseln in der Ferne zu blicken, einen neuen Weg zu wählen oder Mandeln zu pflücken:

Kein Laut macht die Nachbarschaft solcher Siedlungen kenntlich. In ihrem Umkreis scheint die Mittagsstille verdoppelt. Aber nun lichten sich die Felder, treten, um einer zweiten, einer dritten Bahn die Gegend freizugeben, auseinander, und während längst die Mauern und die Tennen sich hinter Kuppen Landes oder Laubes verborgen haben, eröffnet in der Verlassenheit der Äcker sich der Kreuzweg, welcher die Mitte stiftet. Nicht Chausseen und Poststraßen sind es, die sie heraufführen, aber auch nicht Schneisen und Wildpfade, sondern da ist ihr Ort, wo im offnen Land sich die Wege begegnen, auf denen seit Jahrhunderten Bauern und ihre Frauen, Kinder und Herden von Feld zu Feld, von Haus zu Haus, von Weideplatz zu Weideplatz sind unterwegs gewesen und selten so, daß sie am gleichen Tag nicht wieder unter ihrem Dach geschlafen hatten. Der Boden hier klingt hohl, der Laut, mit welchem er dem Tritt erwidert, tut dem wohl, der unterwegs ist. Mit diesem Klange legt ihm die Einsamkeit das Land zu Füßen. Wenn er an Stellen, die ihm gut sind, kommt, weiß er, sie ist es, welche sie ihm angewiesen hat; sie hat ihm diesen Stein zum Sitz, diese Mulde zum Nest für seine Glieder angewiesen. Aber er ist schon zu müde, um inne zu halten, und während er die Gewalt über seine Füße verliert, die ihn viel zu schnell tragen, gewahrt er, wie sich seine Phantasie von ihm gelöst hat und, gegen jenen breiten Hang gelehnt, der in der Ferne seinen Weg begleitet, nach eignem Sinn auf ihm zu schalten anfängt. Verrückt sie Felsen und Kuppen? Oder berührt sie sie nur wie mit einem Anhauch? Läßt sie keinen Stein auf dem andern oder alles beim alten?[110]

---

110 *GS* IV, S. 419.

Einem scharfsinnigen Beobachter wie Walter Benjamin konnten bestimmte Details nicht entgehen, Details, die den Leser irritiert zurücklassen. Wie zum Beispiel der Umstand, dass der Boden, auf den er seinen Fuß setzte, manchmal hohl klang. In seinem Tagebuch *Spanien 1932* verband er seine Beobachtung mit zwei Erklärungsversuchen: »Kann sein, daß es hohle Stellen in der Lava sind (wenn die Insel nämlich wirklich vulkanisch ist); es wird aber auch behauptet, das seien Gräber.«[111] Benjamin irrte sich bei beiden Annahmen; sein zweiter Erklärungsversuch gab jedoch eine weitverbreitete Meinung jener Zeit wieder, die von vielen Inselbesuchern gerne aufgegriffen wurde: die Insel sei übersät von punischen Gräbern, die noch zu entdecken wären.[112]

In einem späteren Passus von *In der Sonne* findet sich die Baummetapher. Das Wahrnehmen eines bestimmten Baums ruft beim Vorübergehenden die Erinnerung an ein amouröses Erlebnis wach:

Der Tag, da er mit einem Baum gefühlt hat, kommt ihm in den Sinn. Damals bedurfte es nur derer, die er liebte – sie stand, um ihn recht unbekümmert, auf dem Rasen – und seiner Trauer oder seiner Müdigkeit. Da lehnte er den Rücken gegen einen Stamm, und nun nahm der sein Fühlen in die Lehre. Er lernte mit ihm, wenn er zu schwanken anfing, Luft zu schöpfen und auszuatmen, wenn der Stamm zurückschwang.[113]

---

111 *GS* VI, S. 454.
112 Der katalanische Künstler Santiago Rusiñol schrieb 1913 pathetisch, wo immer man einen Baum oder eine Weinrebe pflanze, finde man ein Grab oder einen Friedhof. Vgl. Rusiñol: *Des de les Illes*.
113 *GS* IV, S. 418.

Eine ähnliche Episode, mit ebenfalls mystischen Anklängen, taucht in einer weiteren ibizenkischen Erzählung jenes Zeitraums auf: *Der Baum und die Sprache*, die als kurzer Text in die Folge *Kurze Schatten II* eingefügt ist.[114] Benjamin entschloss sich, die Serie, aus der er Jahre zuvor bereits einiges veröffentlicht hatte, während seines Inselaufenthalts zu erweitern. Er verfasste neue Stücke, wie *Spurlos wohnen* und überarbeitete andere, wie das im Mai 1931 in Sanary niedergeschriebene *Die Ferne und die Bilder*. Mit *Der Baum und die Sprache* gelang ihm eine perfekte Synthese aus philosophischem Denken, Sprachtheorie und Naturbetrachtung:

Ich stieg eine Böschung hinan und legte mich unter einen Baum. Der Baum war eine Pappel oder eine Erle. Warum ich seine Gattung nicht behalten habe? Weil, während ich ins Laubwerk sah und seiner Bewegung folgte, mit einmal in mir die Sprache dergestalt von ihm ergriffen wurde, daß sie augenblicklich die uralte Vermählung mit dem Baum in meinem Beisein noch einmal vollzog. Die Äste und mit ihnen auch der Wipfel wogen sich erwägend oder bogen sich ablehnend; die Zweige zeigten sich zuneigend oder hochfahrend; das Laub sträubte sich gegen einen rauhen Luftzug, erschauerte vor ihm oder kam ihm entgegen; der Stamm verfügte über sei-

---

114 Der Gedanke an ein Gespräch mit einem Baum – Scholem behauptet, er habe ihn von Martin Buber (Brief vom April 1932) – kam ihm nicht erst auf Ibiza. In seinem Tagebuch *Mai-Juni* 1931 entwarf er, bei einer Rast unter freiem Himmel auf der Fahrt von Marseille nach Paris, schon eine Skizze von *Der Baum und die Sprache*: »Brentanos blieben an der Straße; ich ging etwas höher, eine Böschung hinauf und legte mich unter einen Baum. Es ging gerade ein Wind; der Baum war eine Weide oder eine Pappel, jedenfalls ein Gewächs mit sehr biegsamen, leicht bewegten Ästen. Während ich in das Laubwerk sah und seine Bewegung verfolgte, kam mir mit einem Mal der Gedanke, wieviel Bilder, Metaphern der Sprache allein in einem einzigen Baume nisten.« GS VI, S. 440f.

nen guten Grund, auf dem er fußte; und ein Blatt warf seinen Schatten auf das andre. Ein leiser Wind spielte zur Hochzeit auf und trug alsbald die schnell entsprossenen Kinder dieses Betts als Bilderrede unter alle Welt.[115]

Alberto Giordano definiert den Begriff der »Aura« in der Nachfolge Benjamins als »eine unpersönliche Begebenheit, etwas, das augenblicklich zwischen einem Objekt, das zu funkeln beginnt, und einem von diesem Glanz faszinierten Subjekt geschieht; und das lässt sich nicht aus den Eigenschaften des Gegenstands oder den Fähigkeiten des Individuums erklären«.[116] Laut Giordano würden die poetischen kurzen Prosastücke *Der Baum und der Schatten* und *In der Sonne* aus der Folge *Kurze Schatten II* – entstanden aus einer eigenwilligen Beziehung ihres Autors zur Landschaft – eine größtmögliche sprachliche Annäherung an die »Aura« der Dinge enthalten: »Diese letztere definieren wir als einmalige Erscheinung einer Ferne, so nah sie sein mag. An einem Sommernachmittag ruhend einem Gebirgszug am Horizont oder einem Zweig folgen, der seinen Schatten auf den Ruhenden wirft – das heißt die Aura dieser Berge, dieses Zweiges atmen.«[117]

Die Neugierde, mit der der Berliner Philosoph während der drei Monate des Jahrs 1932 auf Ibiza alles verfolgte, was die Insel betraf, klingt noch in seinen Briefen, Tagebuchnotizen, Erzählungen und anderen Schriften nach. Sein Interesse erstreckte sich auf viele Bereiche: Landschaft, Bräuche, die Eigenheiten der Ibizenker, ihre traditionellen Bauten. Die Insel als Mikrokosmos zeigte sich Benjamin in ihrer ganzen Fülle, und er ließ

---

115 *GS* IV, S. 425f.
116 Giordano, Alberto: »L'aura de la narració«, in: Llovet, Jordi (Hg.): *Walter Benjamin i l'esperit de la modernitat*, Barcelona 1993, S. 102.
117 *GS* I, S. 479.

nichts aus, was die Insel dem Reisenden bot. Alles erschien ihm im höchsten Maße schön und anziehend.

Zu den Noeggeraths pflegte er zu jener Zeit ein gutes Verhältnis, obwohl er schon kurz nach seiner Ankunft in seinem Brief an Scholem bemerkte, sein Freund Felix habe »mit den Jahren etwas verloren.«[118] Da sich beide in Berlin kaum gesehen hatten, dachte Benjamin ihn sich wohl noch so wie zu Zeiten ihrer Freundschaft in München. Der Kontakt zum jungen Noeggerath, der die lokale Sprache beherrschte und das bäuerliche Brauchtum studierte, war für den des Spanischen und Katalanischen unkundigen Benjamin bald äußerst wichtig. Hans Jakob Noeggerath entwickelte sich zu einer nicht versiegenden Informationsquelle für alle Fragen, mit denen sich Benjamin vor Ort konfrontiert sah.

Walter Benjamin ging es auf Ibiza verhältnismäßig gut, da er seine Pläne verwirklichen konnte. Er fand einen ruhigen und anregenden Ort, der ihm ungestörtes Arbeiten ermöglichte – und er gewann Abstand zu seinen persönlichen Problemen. Das Leben auf Ibiza erwies sich als unkompliziert und nicht teuer, und der Rest der Welt war anscheinend weit weg. Zum ersten Mal seit Langem schienen Benjamins Wünsche in Erfüllung zu gehen. Ein einfaches und sorgenfreies Leben war ihm bisher nicht oft vergönnt gewesen. Es nimmt deshalb nicht wunder, dass auch er zuweilen die ihn umgebende kleine Welt idealisierte.

Die Gemeinde San Antonio an der Bucht gleichen Namens – wo auch Benjamin auf dem gegenüberliegenden Ufer residierte – bestand 1932 aus nicht mehr als siebenhundert Einwohnern. Die Häuser gruppierten sich um eine Kirche aus dem sechzehn-

---

118 Brief vom 22. April 1932, *GB* IV, S. 85.

ten Jahrhundert.[119] Zwei Gasthäuser standen zur Wahl, »die besten der Insel«, so die Doktorarbeit Walther Spelbrinks, in denen man aber nur zum Essen einkehren konnte.[120] Die wenigen anwesenden Touristen mussten sich mit Gästezimmern in den umliegenden Privathäusern begnügen. Wer länger bleiben wollte, konnte auch ein Haus im Ort oder in der Umgebung mieten. Zur Essenszeit trafen sich zwangsläufig alle in der einen oder anderen Gaststätte. Die Zeit nach Tisch dehnte sich – vor allem wenn Ibizenker mit an der Tafel saßen – bei einem Kaffee und im Zigarrenrauch in angeregten Gesprächen über lokale Ereignisse aus. Einen Einblick in solch eine Runde vermittelt die Geschichte aus Benjamins *Der Reiseabend*, »die man an Don Rosellos Tisch erzählte« und die sich wie eine Zusammenfassung seiner ethnologischen Inselskizzen liest.[121]

Der Erzähler gibt, wie in allen Erzählungen Benjamins, eine Geschichte zum Besten, die ihm zuvor in einem anderen Haus, an einem anderen Ort, zu Ohren kam. Der Protagonist ist ein »Fremder, der nach mehrmonatlicher Anwesenheit auf der Insel sich Freundschaft und Vertrauen erworben hatte« und für den der Tag der Abreise gekommen ist. Nachdem er schon einige Stunden vor Auslaufen des Schiffs sein Gepäck und seine Jacke an Bord gebracht hatte, entschließt er sich, auf der Terrasse des Weinhändlers noch einige »copitas« zu sich zu nehmen. Vom Besitzer, »einer Autorität in allen Fragen der heimischen Chronik«, erhält er hierbei Auskunft über einige

---

119 Die gesamte Gemeinde San Antonio zählte fünftausend Einwohner, aber nur siebenhundert wohnten im eigentlichen Ortskern. Auf ganz Ibiza lebten nicht mehr als dreißigtausend Menschen. Vgl. von Perfall, Claudio Alarco: *Cultura y personalidad en Ibiza*, Madrid 1981.
120 Spelbrink, Walther: »Die Mittelmeerinseln Eivissa und Formentera: eine kulturgeschichtliche und lexigraphische Darstellung«, in: *Butlletí de Dialectologia Catalana*, 1936 u. 1937, Kap. 1 (im Folgenden: *Spel*).
121 *GS* IV, S. 745ff. *Der Reiseabend* wurde zu Lebzeiten des Autors nicht publiziert.

Fragen zur Insel. Bei genauerer Betrachtung bietet *Der Reiseabend* einen willkommenen Anlass, zahlreiche Informationen über die Sitten und Gebräuche der Ibizenker zusammenzutragen, die durch ihre Extravaganz und Exotik das Interesse Benjamins und anderer Reisender erregt hatten.

Fragen stoßen ihm auf, nach der Geschichte der schönen Galgos, der Nachkommen der Pharaonenhunde, die herrenlos die Insel durchstreifen, nach den alten Entführungs- und Werbebräuchen, von denen er niemals genaueres erfahren konnte, nach der Herkunft jener seltsamen Namen, mit denen die Fischer die Berge bezeichnen und die ganz verschieden sind von den Namen, die sie im Munde der Bauern haben. [...] Nun hat der Fremde in den vergangenen Wochen die fanatische Gastfreundschaft der Inselbewohner hinreichend kennen gelernt, um zu wissen, daß man die Ehre, ihnen etwas vorzusetzen, von langer Hand stipulieren muß. [...] Um aber auf die Notizen des Fremden zurückzukommen – wo gibt es in den italienischen Novellen Stendhals ein Motiv, das diesem ibizenkischen vergleichbar wäre: Das mannbare Mädchen, am Feiertag von Bewerbern umgeben, der Vater aber seiner Tochter streng die Frist für das Gespräch mit den Freiern festsetzend; eine Stunde, anderthalb im Höchstfalle, und mögen es auch dreißig Burschen sein oder mehr – sodaß ein jeder, was er sagen will, in wenige Minuten zu drängen hat.[122]

Der Reiseabend, den Benjamin auch in seinen Aufzeichnungen *Spanien* 1932 skizzierte, katalogisiert nicht nur einige lokale Kuriositäten, sondern wirkt auch wie ein weiterer Beitrag zur Idealisierung der archaischen Lebenswelt Ibizas.[123] Die Erzählung

---

122 *GS* IV, S. 746f.
123 *GS* VI, S. 450ff.

gipfelt in einem Lobpreis der »natürlichen Güte« der Inselbewohner. Nachdem der Fremde, nach viel Wein und noch mehr Gesprächen, entdeckt, dass seine Brieftasche verschwunden ist, wird ihm nachträglich von der »gerühmten Ehrlichkeit der Bevölkerung« ein Zeugnis abgelegt.[124] Denn der Weinhändler findet tatsächlich in seinem Lokal die Brieftasche, kurz nachdem das Schiff des Inselgasts abgelegt hatte, und überweist ihm sein Geld umgehend. Das fördert »Rousseau'sche Gemeinplätze«, die zuletzt recht gut abschneiden. Doch Don Rosello, »der hier den Fortschritt« in der Geschichte (wie auch in Wirklichkeit) vertritt und der dem Bericht »mit nachgiebigem Lächeln zugehört hatte«, zieht den Gemeinplatz der »natürlichen Güte« in Zweifel und bevorzugt eine andere Erklärung: »Unsere Leute – die sind jetzt soviel in der weiten Welt herum gekommen. Da haben sie gelernt zwischen Gut und Böse zu unterscheiden. [...] Der Weltverkehr befördert die Sittlichkeit. Das ist das Ganze.«[125]

In der Figur des Don Rosello tritt deutlich der Umriss eines neuen Typs von Kleingewerbetreibenden auf: solche, die in dem noch zaghaften Tourismus einen Königsweg sahen, um auf der Insel den verpassten materiellen und sozialen Anschluss nachholen zu können. Für diese neuen Geschäftsleute bildeten die alten Bräuche der Bauern und alle davon handelnden Erzählungen – die nach Benjamin in ihrer Motivkraft noch über die »italienischen Novellen Stendhals« hinausreichten – nichts weiter als einen überflüssigen Ballast, der den notwendigen Fortschritt behinderte. Aus diesem Grund konnten sie auch den Enthusiasmus, den die Inselfremden für diese Welt aufbrachten, nur mit großer Skepsis betrachten. Einer Unterhaltung über die »natürliche Güte« der Ibizenker wurde mit »nachgie-

---

124 *GS* IV, S. 748.
125 Alle voranstehenden Zitate ebd., S. 745ff.

bigem Lächeln« zugehört. Die archaischen Traditionen schienen möglicherweise für die sie verklärenden Touristen attraktiv, für diejenigen jedoch, die am Wohlstand partizipieren wollten, am Komfort, an fließend Wasser und elektrischem Licht, waren sie es nicht. Die Inselutopie war nicht für alle gleich. Die noch wenigen Jungunternehmer taten jedoch alles, um ihre Utopie Wirklichkeit werden zu lassen.

Kurz nach seiner Ankunft in San Antonio berichtete Benjamin von der Schönheit und Ruhe der Gegend, der unberührten Landschaft und der ursprünglichen Bauweise. Er drückte aber auch, nach all seinen Lobreden, eine Besorgnis aus: »Leider ist das Ende all dieser Dinge von einem Hotel zu befürchten, das am Hafen von Ibiza errichtet wird.«[126] Seine Sorge vermehrte sich noch im darauffolgenden Jahr, als im Sommer 1933 – verursacht weniger durch die Vielzahl der Neubauten als durch den Lärm der Arbeiten – das allgemeine Baufieber den Aufenthalt im Dorf schier unmöglich machte. Dem innigen Wunsch der Reisenden von damals, die Insel Ibiza auf eine Weise weiterhin intakt zu sehen, sie zu belassen, wie sie schon immer gewesen war, stand das verständliche Begehren der Geschäftstreibenden gegenüber, ihren ökonomischen und sozialen Rückstand aufholen zu wollen. Im Tourismus sah man die effektivste Möglichkeit, dies zu erreichen.

San Antonio entwickelte sich in jenen Jahren zum bedeutendsten touristischen Ziel der Insel. Walther Spelbrink zufolge nicht nur wegen seiner vorzüglichen Gastronomie – die besser war als irgendwo sonst –, sondern weil es der einzige Ort auf Ibiza war, an dem keine »Moskitoplage« herrschte.[127] Ab dem Frühjahr 1933 gesellten sich zu den bereits bestehenden beiden Gaststätten noch weitere hinzu: die Fonda Miramar und

---

126 Brief an Gershom Scholem vom 22. April 1932, *GB* IV, S. 84.
127 *Spel*, Kap. 1.

Fonda Esmeralda. Die beiden Hotelbauten, über die Benjamin kurz nach seinem Eintreffen auf der Insel in seinem Tagebuch seine Befürchtungen äußerte, wurden im Frühjahr und Sommer 1933 fertiggestellt und sogleich in Betrieb genommen. Das erste in San Antonio errichtete Hotel führte den Namen Portmany. Sein Besitzer, der reichste Einwohner des Dorfes, war José Roselló Cardona. Benjamin lernte ihn möglicherweise kennen, bevor er sich ganz der Hotellerie widmete und hauptsächlich als Weinhändler sein Geld verdiente. Allem Anschein nach tritt Roselló Cardona als Don Rosello in der Erzählung *Der Reiseabend* auf.

Die landschaftlichen und gesellschaftlichen Veränderungen der kleinen Gemeinde an der Westküste Ibizas gingen weiter. Der Verkauf von Grundstücken gestaltete sich zu einem der wichtigsten Wirtschaftsfaktoren. Benjamin, von Anfang an Zeuge dieser Entwicklung und in Kontakt mit denen, die sich als Pioniere verstanden, ahnte schon das Kommende und die daraus resultierenden Verluste. In seinem Tagebuch *Spanien 1932* notierte er: »Noch sind die Wege einsam: der Spaziergänger, der vom Rascheln der Eidechsen, die Eidechsen die vom Schritt des Spaziergängers aufgefahren sind, für eine kurze Weile noch, unter sich.«[128] Im Grunde genommen hatte sich ihm die Insel bisher als ein wahrhaftes Paradies dargeboten, und er war sich bewusst, dass es damit bald vorbei sein würde.[129]

---

128 *GS* VI, S. 448.
129 Der Tourismus war *das* Thema in der Lokalpresse. In den Artikeln wurde spekuliert, wie der Tourismus schnellstmöglich angekurbelt werden könnte. An den Debatten nahmen auch Ausländer teil, die bereits Pensionen und Lokale besaßen. Dabei tat sich besonders der Sprachlehrer Tomás Schlichtkrull mit einer Artikelserie für das *Diario de Ibiza* zwischen Mai und Juli 1932 hervor. 1932 wurde auch der Bau von drei weiteren Hotels auf der Insel begonnen: das Hotel Buenavista in Santa Eulalia, das Grand Hotel (heute Hotel Montesol) in Ibiza-Stadt und das Hotel Portmany in San Antonio. Sie wurden im Frühling und Sommer 1933 eröffnet.

José Roselló Cardona, geboren 1903, wuchs in einer reichen Bauernfamilie aus San Antonio auf. Mehrere Gründe führten dazu, dass Benjamin auf ihn aufmerksam und er zum Don Rosello seiner Erzählung wurde. Er war kein gewöhnlicher Mann und verwirklichte seine, einer bäuerlichen Herkunft nicht entsprechende, große Reiselust, besuchte Paris, London und Berlin sowie weitere europäische Städte, beherrschte mehrere Sprachen und hatte in Valencia Önologie studiert.

Seine ererbten Besitztümer und sein Vermögen erlaubten es José Roselló, seiner Vorstellungskraft und Unternehmungslust freien Lauf zu lassen. Jedoch engagierte er sich nicht in der Politik, im Gegensatz zum Benjamin'schen Don Rosello. Er wurde Weinhändler, dessen Exporttätigkeit sich bald bis nach Deutschland erstreckte. Auch die erste Eisfabrik des Orts und eine Langustenzucht gehörten zu seinen Unternehmungen. Er verkörperte augenscheinlich den Mann, den uns Benjamin in *Der Reiseabend* vorführt: Einer, der »den Fortschritt« vertrat und diesen mit enormer Hartnäckigkeit an seinem Geburtsort verwirklichen wollte. Es machte jedoch den Anschein, als ob weder die misstrauische Einwohnerschaft San Antonios noch die vereinzelten Touristen an seinem »Fortschritt« wahrlich interessiert waren. Auf der sehr konservativen, durch scheinbar unumstößliche Traditionen geprägten Insel waren bisher nur wenige geschäftstüchtige Persönlichkeiten wie José Roselló aufgetaucht. Nach und nach kamen neue hinzu, unter denen Roselló eine Pionierrolle einnahm. Die erzählte Episode und die darauf folgende Diskussion aus *Der Reiseabend*, das angeregte Gespräch einiger ausländischer Gäste bei einer Tasse Kaffee im Haus von Don Rosello könnte sich real ebenso mit den genannten Figuren zugetragen haben.

Dank seiner Reisen zu den verschiedensten Hauptstädten Europas seit Ende der 20er-Jahre, wo er in den feinsten Hotels logiert hatte, war José Roselló der Einzige im Ort, der das ökonomische Potenzial des Tourismus abschätzen konnte. Um seine Utopie umzusetzen, entschloss er sich 1932, noch einen Schritt weiter zu gehen und ließ in San Antonio – wo bislang nur von Familien geführte Gaststätten existierten – ein Hotel direkt am Meer errichten. Die Eröffnungsfeierlichkeiten fanden im folgenden Jahr am 12. Juli 1933 statt. Möglicherweise nahm auch Walter Benjamin daran teil. Der Artikel über den Einweihungsempfang im *Diario de Ibiza* am darauffolgenden Tag erwähnte, dass neben anderen ausländischen Gästen auch die Eheleute Noeggerath samt Familie zugegen gewesen waren. Das Hotel Portmany wurde für seinen Besitzer zu einem großen wirtschaftlichen Erfolg und später auch auf Umwegen für die Gemeinde San Antonio, die peu à peu zu begreifen begann, dass der Fortschritt in Form des Tourismus eine äußerst einträgliche Angelegenheit sein könnte. Die Geschäftsführer des Hotels, mit Namen Wilhelm Heizmann und Ernst Retze, waren Deutsche. Neben den 23 Zimmern besaß das Portmany noch ein eigenes Automobil, mehrsprachige Kellner in Anzug und Fliege und eine Speisekarte, die sich auf Langustengerichte spezialisierte. Niemand aus dem Dörfchen hatte zuvor etwas Vergleichbares gesehen.

Als Huldigung an die, wie er glaubte, letzten Manifestationen des immer noch intakten Ibizas schrieb Benjamin die *Ibizenkische Folge*.[130] Sie besteht aus einer Abfolge von neun kurzen Texten, an denen er sofort nach seiner Ankunft zu arbeiten begann, und wurde am 4. Juli 1932 in der *Frankfurter Zeitung* – als Benjamin sich noch in San Antonio aufhielt – veröffentlicht.

---

130 Die *Ibizenkische Folge* sollte allem Anschein nach umfangreicher werden. Auch wurden einige der Texte, die anfänglich für die *Ibizenkische Folge* gedacht waren, wie *Die Ferne und die Bilder* oder *Erzählung und Heilung* in andere Folgen eingegliedert, so in *Kurze Schatten II* oder *Denkbilder*. Vgl. dazu *GS IV*, S. 1002.

Vier der Texte hatte er schon in seinem Tagebuch *Spanien 1932* entworfen. Während in der Erzählung *In der Sonne* die Insellandschaft noch die einzige Protagonistin ist, so durchzieht die neun Kapitel der *Ibizenkischen Folge* ein philosophisches Denken. Ein Denken, das sich entfaltet, sobald ein autobiografisches Detail, ein Gegenstand oder ein Traum erhellt werden soll. Ibiza stellt in jeder dieser Reflexionen den gegenwärtigen Denkraum dar, der diese Methode erst ermöglicht hatte. Auf diese Weise nähert sich Benjamin kontinuierlich seinem Aufenthaltsort, ohne konventionelle »Reise-Impressionen und -Synthesen«[131] wiederzugeben. Er versucht das zu fassen, was just in dem Moment aufscheint, an dem Reisender und Ort glücklich aufeinandertreffen.

Der Blick des Besuchers versenkt sich in *Raum für das Kostbare* in das Interieur eines Bauernhauses, behandelt in *Höflichkeit* – einem sehr persönlichen Kommentar zum kurz vorher gelesenen *Oraculo Manual* von Baltasar Gracián[132] – ethische Fragen oder streift in *Nicht abraten* praktische Erwägungen. *Erster Traum*, die Schilderung eines Liebestraums, sowie einige Gedanken über Erfolg und Misslingen in *Windrose des Erfolges* gehören ebenfalls dazu. Der Reisende beschreibt in allen Texten der *Ibizenkischen Folge* nie einfach nur seinen Ankunftsort, er vermeidet vielmehr Gemeinplätze. Er schärft sein Denken an den neuen Eindrücken und entwickelt es im Licht des jüngst entdeckten Raums.

In einer seiner Betrachtungen jener Textfolge, in *Vergiß das Beste nicht* erzählt Benjamin von der unerwarteten Wesensver-

---

131 Brief an Gershom Scholem vom ca. 10. Mai 1932, *GB* IV, S. 89.
132 Vgl. Millanes, José Muños: »La presencia de Baltasar Gracián en Walter Benjamin«, in: *Ciberletras*, August 1999. http://www.lehmann.cuny.edu/ciberletras/v1n1/ens_08.htm (Stand: 6. März 2008).

änderung einer ihm »bekannte[n] Person«. Eines Tages »traten Umstände ein«, die bei dem Bekannten zur Folge hatten, dass aus dem zuvor gewissenhaften Mann, der immer pünktlich und sehr genau war, eine Änderung hin zu einem unbekümmerten, ruhigen und darüber glücklichen Mann stattfand.

Es begann damit, daß er die Uhr abschaffte. Er übte sich im Zuspätkommen, und wenn der andere schon gegangen war, nahm er Platz, um zu warten. Hatte er etwas zur Hand zu nehmen, so fand er es selten, und mußte er irgendwo aufräumen, so wuchs die Unordnung anderswo um so mehr. Wenn er an seinen Schreibtisch trat, sah es aus, als ob da einer gehaust hätte. Er selber aber war es, welcher so in Trümmern horstete und hauste, und was er auch besorgte, gleich baute er, wie Kinder, wenn sie spielen, sich selbst ein. Und wie die Kinder überall in Taschen, im Sand, im Schubfach auf Vergessenes stoßen, was sie sich da versteckt gehalten haben, so ging es ihm nicht nur im Denken, sondern auch im Leben. Freunde besuchten ihn, wenn er am wenigsten an sie dachte und sie am nötigsten hatte, und seine Geschenke, die nicht kostbar waren, kamen so zur rechten Zeit, als hätte er die Wege des Himmels in Händen. Damals erinnerte er sich am liebsten der Sage vom Hirtenbuben, der eines Sonntags Einlaß in den Berg mit seinen Schätzen, zugleich jedoch die rätselhafte Weisung mitbekommt: »Vergiß das Beste nicht«. In dieser Zeit befand er sich leidlich wohl. Weniges erledigte er und hielt nichts für erledigt.[133]

Tonfall und Inhalt dieses Abschnitts verweisen auf den am Anfang des Kapitels erwähnten Brief Benjamins an seine Freundin Gretel Karplus von Mitte Mai 1932, in dem er den Ablauf seiner

---

133 *GS* IV, S. 407.

Tage in San Antonio beschrieb, die um sieben Uhr mit einem Bad im Meer begannen und dann ruhig und ohne besondere Vorkommnisse verstrichen. In *Vergiß das Beste nicht* zeichnet sein Autor zwar eine idealisierte Lebensweise nach, doch diese lag wohl nicht so weit weg von der, die er selbst bei einigen Inselurlaubern hatte beobachten können. Sein eigener Alltag während jener drei Monate – vor allem zu Beginn – unterschied sich nicht allzu sehr von dem des Mannes im Text. Benjamin las, schrieb, machte Spaziergänge, badete im Meer, legte sich in die Sonne, unterhielt sich mit Freunden, schickte Briefe und Postkarten, »als hätte er die Wege des Himmels in Händen«.

Da wundert es nicht, dass ihn während seiner drei Monate des Jahres 1932 auf Ibiza die sagenhafte Figur des Schatzhüters begleitete, der jeden beim Eintritt in die Schatzkammer daran erinnert, das Beste nicht zu vergessen. Denn Walter Benjamins *Ibizenkische Folge* bildet in ihrer Gesamtheit eine Hommage an die Gastfreundschaft der Insel, eine Verbeugung vor dem einfachen Leben, das dort in einem der Natur angepassten Rhythmus geführt werden konnte, noch in Einklang mit seiner unmittelbaren Umgebung und der allgegenwärtigen archaischen Tradition – ganz im Gegensatz zu dem Leben in irgendeiner europäischen Metropole. Von Benjamins Inselzeiten an, bis in die 80er-Jahre hinein, wurde dieser Mythos vom einfachen Leben – wie selbstverständlich – mit dem Namen Ibiza verknüpft.

Intellektuelle und Künstler in den 30er-Jahren hatten den Mythos Ibiza begründet, der durch die Hippiebewegung der 60er-Jahre seinen stärksten Auftrieb und seine größte Verbreitung erfuhr. Mehr zufällig wurde die Insel zu einem alternativen Reiseziel, zu einem Ort, an dem es möglich schien, ohne Umstände zu schreiben, zu malen, nackt zu baden, Haschisch zu rauchen und sich als Teil der Natur zu fühlen – in einem verloren geglaubten und glücklich wiedergefundenen Arkadien.¹³⁴ Zwischen 1932 und 1936 besuchte eine große Anzahl junger Leute die Insel, die sich als Künstler verstanden und antibürgerlichen Idealen huldigten. Außer den bisher im Buch Genannten hielten sich unter anderem auch der Schriftsteller Albert Camus, die Maler Wolfgang Schulze (Wols) und Esteban Vicente, die Dichter Jacques Prévert und Rafael Alberti auf der Insel auf.¹³⁵ Das traditionelle ibizenkische Wohnhaus entwickelte sich zu einem Symbol für zwei miteinander in Verbindung stehende Lebensweisen: Durch seine topographische Lage schien es wie geschaffen für eine künstlerische Arbeit und durch seine archaische Bauweise und Typologie bildete es einen bevorzugten Ort für ein Leben jenseits bürgerlicher Konventionen.

Ein Interesse an Astrologie, für Okkultes und fernöstliche Religionen – heute noch mit dem Mythos Ibiza eng verwoben – fehlte auch in jenen Jahren nicht. Benjamin selbst beschäftigte sich in San Antonio mit einem Buch über Geheimwissenschaften, dessen Rezension kurz darauf in der *Frankfurter Zeitung* erschien.¹³⁶ Sein Essay *Zur Astrologie*¹³⁷ entstand zur gleichen Zeit. Viele der damaligen Gesprächspartner des Ber-

---

134 Vgl. Valero, Vicente: »Introducción«, in: Selz: *Viaje a las Islas Pitiusas.* Vgl. a. Rozenberg, Danielle: *Ibiza, una isla para otra vida*, Madrid 1990.
135 Albert Camus besuchte Ibiza 1935 von Palma de Mallorca aus. Über diese Reise schrieb er 1937 den Artikel *Amor de vivir*. Weitere Bemerkungen zur Insel finden sich in seinen Tagebüchern. Von dem Maler Wols existieren Fotografien, hauptsächlich mit Bauernhäusern als Motiv, die er Ende 1933 aufgenommen hatte. Zur Reise von Rafael Alberti und María Teresa León vgl. Colinas, Antonio: *Rafael Alberti en Ibiza*, Barcelona 1995. Zu Schriftstellern und Malern, die im zwanzigsten Jahrhundert auf Ibiza tätig waren vgl. Valero, Vicente: *Viajeros contemporáneos. Ibiza, siglo XX*, Valencia 2004.
136 *Erleuchtung durch Dunkelmänner. Zu Hans Liebstoeckl, »Die Geheimwissenschaften im Lichte unserer Zeit«, GS* III, S. 356ff. Die Rezension erschien im August 1932 in der *Frankfurter Zeitung*.
137 *GS* VI, S. 192ff. *Zur Astrologie* wurde zu Benjamins Lebzeiten nicht publiziert.

liner Philosophen interessierten sich für esoterische Fragen, besonders aber Marietta, Felix Noeggeraths Frau.

Möglicherweise trug Walter Benjamin mit einem Text wie *Vergiß das Beste nicht* unabsichtlich zur Gründung eines Ibiza-Mythos bei. Die Insel selbst bot ihm gute Bedingungen für die Weiterführung seiner in Deutschland begonnenen Arbeit an der *Berliner Chronik*. Auf einer der Manuskriptseiten der *Berliner Chronik*, wie so oft unter einem sehr klaren Frühlingslicht entworfen – in Erinnerungen vertieft, an einem durchsichtigen, ruhigen Meer, vor einem abgelegenen Haus ohne elektrisches Licht und fließendes Wasser –, kann er aus vollem Herzen bestätigen: »Der Schatzhauser im grünen Tannenwald oder die Fee, die einem einen Wunsch freigeben – sie erscheinen jedem mindestens einmal im Leben.«[138]

---

138 *GS* VI, S. 494.

IV. Jokisch und das Vagabundieren

Unter all den auswärtigen Besuchern, die man im Frühjahr des Jahrs 1932 auf der Insel antreffen konnte, befand sich keiner, der durch seine individuelle Freiheit und Weltabgeschiedenheit dem mythischen Bild der Robinsonade mehr entsprach als ein Deutscher aus Stuttgart namens Jokisch. Ende der 20er-Jahre nach Ibiza gekommen, verbrachte er einige Jahre in Sa Punta des Molí bei San Antonio, wo er in demselben Häuschen lebte, in dem sich später auch die Noeggeraths und Walter Benjamin aufhalten werden. Jokisch zog es schließlich nach San José, einem kleinen, nicht weitentfernten Dorf in den Bergen im Südosten der Insel.

Dort bewohnte er Can Bagotet, eines der typischen Bauernhäuser der Gegend, die wegen ihrer Bauweise, ihren dicken Natursteinmauern und kleinen Fensteröffnungen archaisch genannt und von den damals Angereisten bewundert wurden. Nach Aussagen einiger älterer Dorfbewohner, die sich noch an ihn erinnern können, galt Jokisch als charakterstark, unabhängig und seltsam. In Can Bagotet lebte er mit zwei Frauen, Alice und Gertrudis, die, wie er, aus Deutschland kamen. Seinen Nachbarn stellte er sie als seine »Nichten« vor. Kurz nachdem er sich auf der Insel niedergelassen hatte, kaufte er ein kleines Boot und wurde Fischer. Vor seiner Zeit auf Ibiza hatte er als Seemann Südamerika und Afrika umfahren, und er erzählte, dass im Weltkrieg eine seiner Nieren von einem Säbel durchbohrt worden war, weshalb er nun eine staatliche Rente beziehe, die auch pünktlich jeden Monat einträfe. Jokisch war auch Bildhauer – oder soll es zumindest gewesen sein.

In der ethnolinguistischen Dissertation Walther Spelbrinks taucht der merkwürdige Reisende zum ersten Mal auf. Sieben der annähernd siebzig Fotografien, die die Doktorarbeit des jungen Hamburger Philologen illustrieren, stammen von

Jokisch und haben als Motiv die traditionellen Wohnbauten Ibizas. Sein Name steht deshalb auch in Spelbrinks Danksagungen. Jokisch lud Walther Spelbrink im Sommer 1931 in sein Haus in San José ein und begleitete ihn bei seinen Besuchen in den umliegenden bäuerlichen Anwesen. Zu der Zeit war er der einzige Ausländer im Ort. Dass Jokisch wie seine Nachbarn als Fischer arbeitete, trug zu seinem großen Ansehen bei den Inselbewohnern bei. Auch unter den Residenten war er binnen Kurzem gern gesehen, seine Bekanntschaft wurde allgemein geschätzt. Einheimische wie Fremde beobachteten jedoch verblüfft einen seiner skurrilen Haupterwerbszweige: den Fang und Export von Mauereidechsen.[139]

Auch Walter Benjamin kamen kurz nach seiner Ankunft in San Antonio einige Legenden über Jokisch zu Ohren. So traf er sich schon bald mit dem Sonderling, um neue Erzählweisen kennenzulernen und seiner selbstgestellten Aufgabe nachzukommen, »an Fakten, an Geschichten sammeln was ich nur finden konnte«.[140] Benjamin notierte in seinem Tagebuch, dass ihr erstes Treffen in Jokischs Haus in San José stattfand.[141] Den

---

139 Die Pityusen-Mauereidechse ist das einzige Landtier, das nur auf Ibiza und Formentera vorkommt. Sie ist daher ein endemisches Reptil, von dem verschiedene Unterarten existieren. In der Farbe gibt es Unterschiede. Es kommen Mauereidechsen mit Rot-, Blau- und Schwarztönen vor. Sie sind nicht nur auf Ibiza und Formentera (den Pityusen) anzutreffen, sondern auch auf den kleinen, unbewohnten Inseln zwischen den beiden Hauptinseln.
140 *GS* VI, S. 456.
141 Vgl. ebd., S. 450. Benjamin erwähnt Jokisch in seinem Tagebuch *Spanien 1932* nur einmal mit vollem Namen, um darauf hinzuweisen, dass er ihn zu Hause besucht hatte. »Ganz hübsch Jokischs Erzählung von der Behandlung seines Mobiliars beim Zoll. Da er Protektion hatte, nahm man die Möbel soweit wie möglich auseinander und verzollte sie ihm als Bretter. Als ich bei ihm war erzählte er auch, wie er dahintergekommen sei, daß die Ameisen Eidechsen fressen.« *GS* VI, S. 454. Er wird im Tagebuch noch zweimal mit dem Kürzel »J...« erwähnt.

Berliner Philosophen und Schriftsteller beeindruckte die ungeheure Ausdruckskraft seiner Erzählungen und Reiseabenteuer, besonders aber gefielen ihm die Berichte über seine Eidechsenjagd. Jokisch hatte sie nach seiner Ankunft von einem der Ibiza-Reisenden erlernt und ihm »tausend Mark für die Kundenliste und die Verbindlichkeit, keinerlei Handel mit Tieren mehr auf der Insel zu treiben«, bezahlt. Was den Globetrotter nach Ibiza brachte, beschreibt Benjamin in einem Fragment seines Tagebuchs, das vermutlich die Einleitung zu einer Erzählung über ihn bilden sollte.

Es ist aber nicht jener erste Fänger gewesen, der das alles zu erzählen wußte; vielmehr scheint der seine Berufsgeheimnisse nur gegen gutes Geld preisgegeben zu haben, soviel man wenigstens aus der Niederlassungsgeschichte des zweiten entnehmen kann. Eines weiteren Tags nämlich stellte es sich heraus, daß auf dem Kontinent die Krise den Eidechsen, soweit sie zum Ameublement gehörten, den Garaus gemacht hatte. Und ungefähr um dieselbe Zeit – im Jahre 1922 – war es, daß in Stuttgart ein müßiger Bildhauer, der in der Inflation sein Vermögen verloren hatte, mit betrübten Gedanken sich an das selten benutzte Radio setzte. Dieser Bildhauer war ein unruhiger Geist, von denen einer, die zur rechten Zeit ihren Eltern davongelaufen sind [,] und als er fünfzehn Jahre alt war, da lebte er schon als einziger Weißer in einem südamerikanischen Indianerdorfe. Das Schiff, das ihn als Schiffsjungen auf Fahrt genommen hatte, war gescheitert, die übrige Mannschaft nach Deutschland spediert, ihm aber die weitere Seefahrt von zu Haus untersagt worden. Und weil ihm das nicht paßte, blieb er bei den Indianern, wie sehr der deutsche Konsul in Pernambuco ihn auch vor den vielen Sandflöhen im Indianerdorf warnte. Dieser also, der sich beizeiten gekrümmt hatte, saß am Radio. Vor dem Mikrophon aber stand ein ehemals in Spanien internierter Deutscher, der bei der Generosität der Spanier während des Krieges recht gut das Land hatte kennen lernen können. Er war auch nach Ibiza gekommen und sprach nun über »Eine vergessene Insel«. So kam J..., der Bildhauer auf die Insel, zunächst nur zu einem kurzen informatorischen Aufenthalt: als er die Verhältnisse günstig, die Eidechsen mannigfach, die Einheimischen zuvorkommend fand, kehrte er zurück und begann sich niederzulassen.[142]

Die »Berufsgeheimnisse«, die Jokisch von seinem Lehrmeister im Eidechsenfang und -export erwarb, bestanden lediglich aus den verschiedenen Tricks, die kleinen Tiere einzufangen. Die Konstruktion der Fallen weckte Benjamins Neugierde und er beschreibt sie in seinem Tagebuch ausführlich. Der Versand der Amphibien erfolgte auf dem Postweg, was nur möglich war, weil Eidechsen bis zu drei, vier Wochen ohne Nahrung und Wasser auskommen können. Sie landeten letztendlich in den Terrarien bürgerlicher Wohnungen, die »vor einigen Jahren in der Kakteenecke der Boudoirs oder Wintergärten sich ansiedelten.«[143] Als Benjamin auf Jokisch traf, hatte dieser sein sonderbares Geschäft bereits so gut wie aufgegeben, es schien sich wegen der nachlassenden Nachfrage nicht mehr zu lohnen.

Die Aufträge blieben aus, wenigstens bis auf die der Händler, deren Preise den Fang nicht lohnen. Denn jede Fahrt auf eine der einsamen, unbewohnten Inseln, auf denen die selteneren, zum Teil noch unbeschriebenen Arten vorkommen, bedeutet zwei bis drei Tage Arbeit, dazu ein Risiko für den Kahn, der dort nirgends Ankergrund finden kann. J... aber, der nun einmal installiert war, sah seinen Traum, eine zivilere, gewis-

---

142 Ebd., S. 449f.
143 Ebd., S. 448.

sermaßen emanzipierte Form, seinen Lebensunterhalt auf dieser Insel zu bestreiten, zerronnen. Sie hatte mit ihren alten Überlieferungen, ihren archaischen Lebensformen, das letzte Wort behalten. Er wurde Fischer und wenn er heute eine Zigarette entzündet, benutzt er, wie jeder andere Feuerstein und Zündschnur. »Im Boot« sagt er »ist es das Beste. Streichhölzer bläst der Wind aus, aber je mehr er weht, desto besser glimmt sie.«[144]

Es lag auf der Hand, dass eine Persönlichkeit wie Jokisch unter den genau beobachtenden und manchmal freudig glänzenden Augen des Berliner Schriftstellers bald zum Protagonisten einer Erzählung wurde. Er nannte sie *Die Kaktushecke* und für die Hauptfigur des Iren O'Brien hatte der allseits beliebte und exzentrische Jokisch Pate gestanden. Zwar lebte damals auf Ibiza tatsächlich ein Ire namens O'Brien, über den Jean Selz[145] berichtete, dass er in einem abenteuerlichen Segelschiff, einer spanischen Galeone aus dem siebzehnten Jahrhundert gleich, die Welt umrundet hatte. Doch in Benjamins Erzählung *Die Kaktushecke* erzählt »O'Brien«, »ein Sonderling, wie ich keinen gekannt habe«, eine Geschichte, die in Wahrheit Jokisch erlebt hatte.[146]

Benjamin konstruiert hier, wie in allen seinen ibizenkischen Erzählungen, auf der Basis von realen Begebenheiten und wirklichen Personen eine fiktive Handlung, die auf einen überraschenden Ausgang zusteuert. Jokisch taucht in all sei-

---

144 Ebd., S. 450.
145 Vgl. Selz: *Viaje a las Islas Pitiusas*. Die Benjamin-Herausgeber gingen davon aus, dass der O'Brien, von dem Selz berichtete, der Protagonist in Benjamins Erzählung sei. Das ibizenkische Tagebuch *Spanien 1932* bietet jedoch genug Grund zur Annahme, dass Jokisch die eigentliche Hauptfigur im Hintergrund ist.
146 *GS* IV, S. 748.

nen Facetten auf, und Benjamin scheint größten Wert darauf gelegt zu haben, seiner ungewöhnlichen Person und ihren skurrilen Beschäftigungen gerecht zu werden. Er schildert den äußerst kuriosen Jokisch, einen ungeselligen und geheimnisvollen Fallensteller, der außer Eidechsen auch Vögel, Insekten und Schmetterlinge fängt; er berichtet von einem – »vor allem wegen seiner Meisterschaft im Knotenbinden« – geachteten Fischer; und hebt vor seinen Lesern besonders den Bildhauer Jokisch hervor. Seine Bildhauerkunst wird zum roten Faden, der die gesamte Geschichte durchzieht.

Eine »Kaktushecke« – wie Benjamin sie bezeichnete – stellte einen nicht wegzudenkenden Bestandteil des traditionellen ibizenkischen Wohnhauses dar. Mit »Hecke« ist eine Einfriedung aus Kakteengestrüpp gemeint, das die Bauern gerne neben oder hinter ihren Häusern wuchern ließen. Schon in seinen Tagebuchnotizen *Spanien 1932* befindet sich ein bemerkenswerter Eintrag bezüglich dieser »Hecken«. Er belegt, wie sehr sie Benjamins Phantasie angeregt hatten: »Die weißen Häuser in ihren Kaktushecken von einem Getümmel stürmender grüner Geister bedrängt.«[147] Das Bild zeugt von einer großen Imaginationskraft, welche die Kakteen in bedrohliche, dicht ans Haus drängende Spukgestalten verwandelt, die ihm derart zu seiner Geschichte verhelfen. In *Die Kaktushecke* wird der Protagonist O'Brien durch die gespenstisch wirkenden Kakteen, die ihn durch die kleine Fensteröffnung seines Schlafzimmers anzustarren scheinen, zu bildhauerischer Arbeit inspiriert: Er stellt seine durch Raub und Brand vernichtete Sammlung afrikanischer Masken originalgetreu wieder her. Die Geschichte kreist lange um den Alltag ihrer Hauptfigur, um dessen Inselleben und Beschäftigungen. Sie endet damit, dass der Erzähler »bei einem Pariser

---

147 *GS* VI, S. 450.

Kunsthändler in der Rue La Boétie«[148] einige als echt begutachtete »Negermasken« bewundert, und erkennt, dass es sich um jene handelt, die er seinen Freund O'Brien auf Ibiza anfertigen sah.

In *Die Kaktushecke*, wie auch in weiteren seiner Schriften aus dieser Zeit, prallen Moderne und Primitivismus aufeinander. Der daraus resultierende Schock wurde zu Benjamins großem ibizenkischen Thema. Während seiner Spaziergänge durch die Umgebung, während seines konzentrierten und ungestörten Arbeitens am Meer, in seinen neuen Freundschaften und erlauschten Erzählungen, in all seinen Unternehmungen stießen Walter Benjamins durch die Moderne geprägtes Bewusstsein und der Primitivismus einer Inselwelt zwangsläufig aufeinander. Dabei sah es der Berliner Philosoph als seine vornehmste Aufgabe an, diesen Staub aufwirbelnden Zusammenprall zu provozieren, um daraus seine Schlüsse ziehen zu können. In dem von ihm neu definierten Genre des Reisetagebuchs und in den übrigen Schriften jener Periode zielt alles auf diesen Zusammenprall, bei dem sich das Reale mit dem Fiktiven, das Konkrete mit dem Abstrakten, die unmittelbare Anschauung mit der detaillierten Analyse treffen sollte. Gemein ist den neun Stücken der *Ibizenkischen Folge*, seinen Erzählungen und dem essayistischen Prosastück *In der Sonne*, sich – mittels einer neuen Sprachtechnik – dem Kern einer Reise anzunähern. Die Reise konnte so nur eine zeitliche Ausrichtung kennen: in die Vergangenheit.

Sowohl *Die Kaktushecke* als auch die übrigen ibizenkischen Erzählungen zeigen Benjamins Wunsch, alles erzählen zu wollen, Geschichten in eine Art Container verwandeln zu wollen, in dem alles Wissenswerte, das der aufgeklärte Reisende entdeckt, seinen Platz findet. *Ein Reiseabend* enthält den während

---

148 *GS* IV, S. 754.

seines Aufenthalts zusammengetragenen Anekdotenschatz über ibizenkische Sitten und Gebräuche. *Die Kaktushecke* präsentiert hingegen ein Gesamtverzeichnis des alltäglichem Leben Jokischs – dem Mann, der aus freien Stücken das Leben auf einer Insel abseits des Weltgeschehens gewählt hatte. Auch in *Das Taschentuch* und *Die Reise der Mascotte* bündelt der Autor die Informationen, die er während seiner Schiffsreise von Hamburg nach Barcelona und in Gesprächen mit der Besatzung der Catania gesammelt hatte. Benjamin verzichtet auf die Konventionen eines gewöhnlichen Reisetagebuchs und wird sie durch etwas Komplexeres ersetzen: eine klassische Erzählung, in der ein Vagabundierender berichtet, was er an Geschichten von anderen hörte, und sie anreichert mit einer Fülle von Mitteilungen über Reiseverlauf und Ankunftsort, ständig umgeben von einem fiktiven Rahmen.

Seinem Freund Gershom Scholem teilte Walter Benjamin am 10. Mai 1932 mit: »Übrigens mache ich, seit ich hier hause, die Beobachtung, daß das Briefschreiben, ja der Briefstil nicht zum wenigsten ein Produkt der Postverhältnisse ist«, denn »ein richtiger europäischer Posttag scheint hier eigentlich nur einmal die Woche zu sein; auf diese Art hat man Zeit lange Briefe zu basteln.«[149] Neben seinen Erzählungen, den Fragmenten seines Tagebuchs, Texten wie *In der Sonne* und *Ibizenkische Folge* schrieb Benjamin eine beachtliche Anzahl an Briefen und Postkarten an seine Freunde, dank derer weitere Details seines Inseldaseins bekannt wurden. Er berichtete ihnen darin, er habe in den drei Monaten »zum zweiten Mal die Chartreuse de Parme« von Stendhal gelesen (»Es gibt kaum Schöneres«[150]) und Leo Trotzkis »Geschichte der Februarrevolution« sowie dessen

---

149 *GB* IV, S. 91.
150 Brief an Gershom Scholem vom 22. April 1932, *GB* IV, S. 86.

»Autobiographie«[151], die später in *Einmal ist keinmal* der *Denkbilder*[152] ihren Eingang fanden. Benjamins Lektüre reichte von Baltasar Graciáns »Handorakel«[153], das er mit einem – dann doch nicht realisierten – Kommentar versehen wollte, über Theodor Fontanes *Stechlin* – »den am Mittelmeer durchzulesen, auf eine Verfeinerung des übrigens soliden Komforts dieses Autors hinauskommt«[154] – bis hin zu Thornton Wilders *The Cabala*, das er Scholem »seiner letzten 6 Seiten wegen« empfahl. André Gides »Paludes«[155], welches er bei seinem morgendlichen Sonnenbad genoss, *Épaves*, »das neue Buch von [Julien] Green, das mir weniger bedeutet als seine bisherigen«[156], und wieder einmal Marcel Proust (»bin gespannt, an dem präsumptiven Kontrast zwischen der heutigen und der damaligen Wirkung etwas über mich und die Zeit, die ich hinter mir habe, zu entnehmen«[157]) runden das Bild ab. Ohne die Anspannung einer unter Termindruck abzuliefernden Buchrezension konnte der Berliner Philosoph neues – und manches noch einmal – in einer angenehmen Umgebung lesen, wo er die Ruhe fand, nach der er lange gesucht hatte.

Sein Leben gefiel ihm offenbar so gut, dass er in einem Brief an Gershom Scholem den Gedanken äußerte, längere Zeit auf der Insel zu bleiben: »Wäre ich mit den berliner Dingen im reinen, so könnte ich in Muße erwägen, sehr lange hierzubleiben beziehungsweise hierher zurückzukommen. Ich werde nicht so leicht sonst wo unter erträglichen Verhältnissen in herrlichster Landschaft für knappe 70 oder 80 Mark im

---

151 Brief an Gretel Karplus von ca. Mitte Mai 1932, *GB* IV, S. 97.
152 *GS* IV, S. 433–434. *Einmal ist keinmal* wurde erstmals am 23. Februar 1934 in *Der Öffentliche Dienst* publiziert.
153 Vgl. den Brief an Gerschom Scholem vom 25. Juni 1932, *GB* IV, S. 107.
154 Brief an Gershom Scholem vom ca. 10. Mai 1932, *GB* IV, S. 90.
155 Brief an Gretel Karplus von ca. Mitte Mai 1932, *GB* IV, S. 95
156 Brief an Gershom Scholem vom ca. 10 Mai 1932, *GB* IV, S. 90
157 Brief an Gershom Scholem vom 5. Juli 1932, *GB* IV, S. 109.

Monat leben können«. Am meisten bereitete Benjamin zu diesem Zeitpunkt der Verbleib seiner Berliner Manuskripte Sorgen, besonders der »Papiere zu meiner Passagenarbeit«.[158] Da er von Ibiza aus nicht in Erfahrungen bringen konnte, ob der Betrüger, dem er seine Wohnung vermietet hatte, mit ihnen verschwunden war, wollte er baldmöglichst nach Berlin zurück, um sich darüber Gewissheit zu verschaffen.

Der Gedanke an eine Rückkehr nach Berlin belastete ihn sehr. Im Frühjahr hatten die Nationalsozialisten in Bayern, Preußen, Hamburg, Württemberg und Anhalt ihre ersten Wahlerfolge erzielen können; die bis nach Ibiza dringenden Nachrichten über das, was sich in Deutschland anbahnte, konnten kaum entmutigender sein. Sie berichteten von häufigen terroristischen Akten der paramilitärischen Verbände der NSDAP, Minister-Rücktritten und Gerüchten über einen Regierungswechsel. Obwohl die Abgeschiedenheit Ibizas Gegenteiliges vermuten ließe, waren Benjamin und sein Bekanntenkreis durch die deutsche Presse, die mit einer Woche Verspätung dort eintraf, und ihre rege Korrespondenz jederzeit über alles informiert, was in Deutschland vor sich ging. Der Aufstieg Hitlers zum diktatorischen »Führer« schien unaufhaltsam, und Walter Benjamin wollte, wie er ebenfalls im Brief vom 10. Mai 1932 notierte, um jeden Preis verhindern – auch wenn der Termin noch »nirgends im klaren« läge –, sich bei der Ankunft in Berlin mit den »Eröffnungsfeierlichkeiten des dritten Reichs« konfrontiert zu sehen.

---

158 Brief an Gershom Scholem vom ca. 10. Mai 1932, GB IV, S. 90. Benjamin begann 1927 mit seiner Arbeit an diesem Werk. 1933 setzte er sie in Paris fort und arbeitete daran bis zu seinem Tod 1940. Über die Entstehung und den Verlauf der Arbeiten am *Passagen-Werk* vgl. Buck-Morss, Susan: *Dialektik des Sehens. Walter Benjamin und das Passagenwerk*, Frankfurt/M. 2000.

Wer war Jokisch nun wirklich? Mit Gewissheit einer der Soldaten des Ersten Weltkriegs, die überlebt hatten und nach Hause zurückgekehrt waren: »Nicht reicher, ärmer an mitteilbarer Erfahrung.«[159] Also einer jener Männer aus Benjamins Generation, die er später im Essay *Erfahrung und Armut* charakterisieren wird. Vielleicht hatte Jokisch auch deshalb die Meere durchkreuzen müssen, um die große Leere, die der grausame Krieg in ihm hinterlassen hatte, wieder mit Erfahrung zu füllen. Unter seinen vielen Aktivitäten gab es eine, die bei seinen Nachbarn einen gewissen Argwohn hervorrief. Die ibizenkischen Fischer beobachteten, wie er mit großer Präzision den Meeresgrund der Küste auslotete. Heute noch hegen ehemalige Bekannte von damals den Verdacht, dass seine Hauptbeschäftigung auf Ibiza darin bestand, Informationen über die Beschaffenheit der Insel und möglicherweise auch über dort ankommende Besucher zu sammeln, um sie an die deutsche Regierung zu liefern.

Benjamin lässt seinen Protagonisten – also Jokisch – in *Die Kaktushecke* die Sache folgendermaßen erklären: »Den Abend hatte ich vor meinen Seekarten zugebracht. Sie müssen wissen, es ist mein Steckenpferd, die Karten des britischen Marineamts zu verbessern, und zugleich ein billig erworbener Ruhm, denn wo ich eine neue Stelle mit meinen Reusen besetzte, nehme ich Lotungen vor. Also ich hatte einige Hügelchen auf dem Meeresgrunde umschrieben und drüber nachgedacht, wie hübsch es wäre, wenn man mich dort in der Tiefe verewigte, indem man ihrer einem meinen Namen gäbe.«[160] Handelte es sich hierbei um eine weitere seiner Exzentrizitäten oder um einen lohnenden offiziellen Auftrag? Tatsache ist, was immer Jokisch auch sagte oder unternahm, immer lief es auf ein geheimnisvolles Unternehmen hinaus. Benjamin ahnte wohl etwas, denn

---

159 *GS* II, S. 214.
160 *GS* IV, S. 752.

während seines zweiten Inselaufenthalts im folgenden Jahr nahm er nur noch selten Kontakt zu ihm auf.

Dem Dada-Künstler Raoul Hausmann boten sich viele Gelegenheiten, Jokisch näher kennenzulernen, wohnten doch beide von 1933 bis 1936 im Dorf San José. Ihr gemeinsames Verhältnis durchlief einige äußerst kritische Phasen, besonders als Jokisch offen seine Sympathien für Hitler zeigte. Solange es jedoch in ihren Gesprächen nicht um Politik ging, schienen sie sich zu verstehen: Sie segelten zusammen und besuchten Bauernhäuser, um sie zu fotografieren. Einige Dorfbewohner erinnern sich jedoch noch heute daran, dass nach Verlassen der Bar des Öfteren zwischen den beiden die Fäuste flogen. Hausmann skizziert Jokisch mit wenigen Strichen und bringt es auf den Punkt: »Etwas von einem Jagdhund. So als schnüffelte er stets und noch nach einer Spur. Doch was, WAS spürt er? Es weiss nicht was er spürt.«[161]

In Sa Punta des Molí, auf der San Antonio gegenüberliegenden Seite der Bucht, eingebettet zwischen Pinienwald und Meer, verlief Benjamins Alltag und der der Familie Noeggerath in ruhigeren Bahnen. Das kleine, sehr bescheidene Haus, in dem sie sich eingemietet und einige Reparaturen vorgenommen hatten, gehörte ebenso wie die Mühle und das Hauptgebäude zum Besitz von Joan des Molí (Johann von der Mühle). Sein Schwiegersohn, ein Fischer aus Alicante mit Namen Tomás Varó, war im Dorf als Frasquito bekannt, sodass im Laufe der Zeit das Anwesen auch den Namen Can Frasquito erhielt. So nannten es auch die Noeggeraths, Benjamin und die übrigen Ausländer. Frasquito, ein Meister in der Handhabung des Lateinseglers und beim Langustenfang, hatte sich vor Jahren in San Antonio niedergelassen und war mit María verheiratet, der Tochter des Eigentümers der kleinen,

---

161 Hausmann, Raoul: *Hyle. Ein Traumsein in Spanien*, München 2006, S. 81.

auf felsigem Grund errichteten Finca. Die Familie des Molí bestand aus dem alten Joan, der sich schon bald zum wichtigsten einheimischen Informanten Hans Jakob Noeggeraths über das Inselbrauchtum entwickelte, seiner Tochter María, seinem Schwiegersohn Frasquito und deren Kindern. Sie lebten gemeinsam im Hauptgebäude, einem schönen Haus mit Bogengängen.

Dort fand Benjamin auch eine neue erzählenswerte Geschichte über die nur einige Meter vom Anwesen entfernte Mühle. Damals war die Mühle verlassen, ihre Flügel zerbrochen und Joan des Molí, der Besitzer und Frasquitos Schwiegervater, erlaubte niemandem den Zutritt. Sowohl die Mühle als auch die übrige Finca sollten an seinen Sohn gehen, doch dieser hatte sich schon vor Jahren nach Südamerika abgesetzt, seither hatte die Familie nichts mehr von ihm gehört. Sein Vater wartete weiter auf ihn, obwohl der Sohn kein Lebenszeichen von sich gab. Er kehrte auch nie wieder nach San Antonio zurück. Laut Jean Selz schrieb Benjamin an einer kurzen Erzählung, die darauf basieren sollte. Da sie nicht erhalten ist, wurde sie entweder nie fertiggestellt oder kam nie über das Planungsstadium hinaus. Sollte Benjamin Recherchen für die Geschichte angestellt haben, so wird ihm die soziale Brisanz des Auswanderungsproblems auf der Insel nicht verborgen geblieben sein. Das Thema konnte ihn nicht unberührt lassen.

In den ersten Juniwochen des Jahrs 1932 arbeitete der Berliner Philosoph äußerst intensiv. Er wusste, dass sein Aufenthalt auf der Insel sich dem Ende zuneigte. Die Noeggeraths erwarteten neue Gäste, und die Aussicht, sich in der Ortschaft, am anderen Ende der Bucht, eine neue Bleibe suchen zu müssen, schien ihm wenig verlockend, da »das Unvergleichliche der Abgeschiedenheit dieses Quartiers«, wie er am 25. Juni Gershom Scholem klagte, »sich in San Antonio kaum wiederherstellen lassen wird.«[162] Hinzu kam, dass ihn das Herannahen seines vierzigsten Geburtstags – am 15. Juli – zunehmend in Unruhe versetzte: »Ich denke ich werde an diesem Tage in Nizza sein, wo ich einen ziemlich skurrilen Burschen kenne, dem ich bei meinen Kreuz- und Querzügen schon öfters begegnet bin und den ich zu einem Glase Festwein einladen werde, wenn ich das Alleinsein nicht vorziehen sollte.«[163]

Laut Gershom Scholem – und in Kenntnis dessen, was wenige Wochen später in Nizza vorfallen sollte, wo Benjamin alle Vorbereitungen für einen Suizid traf – war dieser »ziemlich skurrile Bursche« wohl niemand anderes als der Tod. Seine Überlegungen, sich das Leben zu nehmen, scheinen bereits in jenen Junitagen, als er an seinen bevorstehenden Geburtstag und das baldige Verlassen der Insel dachte, sehr konkret gewesen zu sein.[164] Nur zehn Tage später schrieb er jedoch erneut an Scholem, um ihm mitzuteilen, »daß ich noch auf der Insel bin und bis zum 10ten Juli mindestens bleibe.«[165] Seine andauernde Unentschlossenheit (»Wo man mich dergestalt am 15ten erreicht, weiß ich selbst nicht: Hier oder in Nizza«) hinderte ihn nicht daran, an seiner »Notizenfolge aus Ibiza« zu arbeiten, von der er berichtete: »Sie vermehrt sich im stillen und langsam«.[166] Sie wurde am 4. Juni 1932 in der *Frankfurter Zeitung* als *Ibizenkische Folge* veröffentlicht.

Der Beginn des Sommers und die dazugehörigen lauen Nächte am Meer zogen immer mehr Besucher nach Sa Punta des Molí

---

162 *GB* IV, S. 106.
163 Ebd.
164 Benjamin schrieb am 27. Juli 1932 in Nizza sein Testament und einen Brief, die er beide an seinem Cousin und Wohnungsnachbarn in Berlin, Egon Wissing, adressierte. In seinem Brief begründete er seine Entscheidung, sich das Leben zu nehmen, mit seiner ausweglosen Situation.
165 Brief an Gershom Scholem vom 5. Juli 1932, *GB* IV, S. 108.
166 Ebd.

und es wurde ein beliebtes Ziel für auswärtige Residenten. Man erinnert sich noch heute daran, dass dabei gerne getrunken wurde.[167] Felix Noeggerath und Jokisch, der häufig vorbeischaute, gaben bei dem geselligen Beisammensein den Ton an. Benjamin hatte jedoch schon bald genug von den immer häufiger stattfindenden Gelagen. Dennoch entschied er sich, einige Tage länger zu bleiben und seinen Geburtstag dort zu begehen. Eine »ziemlich improvisierte Feier« kam zustande, wie er Scholem am 26. Juli 1932 aus Nizza mitteilte, »zu der den Elan weniger die dir bekannten Figuren des Repertoires als zwei neu aufgetauchte Franzosen – ein Ehepaar – aufbrachten, denen ich viel Sympathie entgegenbringen konnte.«[168] Bei dem französischen Paar handelte es sich um Jean Selz und seine Frau Guyet, die sich erst vor Kurzem in der Nähe niedergelassen hatten. Sie bewohnten ein kleines, neu errichtetes Haus – La Casita – am selben Abschnitt der Bucht. Mit den Selz' verbrachte Benjamin – der Gesellschaft der »bekannten Figuren des Repertoires« überdrüssig – die letzten Tage des Sommers 1932 auf Ibiza: »so waren wir bis zu meiner Abreise mit kurzen Unterbrechungen zusammen und dies Zusammensein war bis zur Mitternacht des 17ten Juli – dem Abfahrtstermin meines Schiffs nach Mallorca – so fesselnd, daß die Schiffstreppe schon zurückgezogen worden und das Schiff in Bewegung gesetzt worden war, als wir uns am Quai präsentierten. Meine Sachen hatte ich freilich schon vorher darauf verstaut. Nach einem kaltblütigen Händedruck an meine Begleiter machte ich mich, von neugierigen Ibizenkern

---

167 Zu den Zeugen, die diese Geschichte bestätigen können, zählt María Varó, die Tochter von Tomás »Frasquito« Varó. María war 1932 zwar noch ein Kind, doch sie erinnert sich nicht nur an die Noeggeraths und an Jokisch, sondern auch an »einen Walter, der Brillengläser rund wie Wagenräder hatte«. Sie besinnt sich auch daran, dass er die Tage mit Lesen zubrachte und in sehr kleine Notizbücher schrieb.
168 *GB* IV, S. 111.

unterstützt, daran, den bewegten Schiffsrumpf zu erklettern, und kam auch glücklich über die Reeling.«[169] Anscheinend verbrachte Benjamin seinen gefürchteten vierzigsten Geburtstag genauso angenehm wie die meisten anderen Tage seines dreimonatigen Aufenthalts.

Seine innere Unruhe während der letzten Wochen auf der Insel stand wohl auch in Verbindung mit dem Auftauchen einer Frau in Sa Punta des Molí: Olga Parem. Diese Episode im Leben Walter Benjamins auf Ibiza machte Gershom Scholem zum ersten Mal in seinem Buch *Walter Benjamin – die Geschichte einer Freundschaft* bekannt. In seinen Briefen finden sich keine Hinweise dazu. Allem Anschein nach hielt sich »die sehr anziehende und lebhafte Deutschrussin Olga Parem, von ihren Freunden Ola genannt«,[170] einige Wochen in San Antonio auf, möglicherweise auf Einladung Benjamins. Beide hatten sich 1928 durch den Schriftsteller Franz Hessel kennengelernt. Olga Parem erzählte später Scholem, sie erinnere sich immer noch an die Tage auf Ibiza als »eine sehr schöne Zeit«. Über Walter Benjamin sagte sie: »Sein Lachen war zauberhaft; wenn er lachte, ging eine ganze Welt auf.« Doch die »schöne Zeit« im Juni 1932 wurde überschattet, als er ihr unerwarteterweise einen Heiratsantrag machte.

Scholem nimmt an, die ablehnende Antwort Olga Parems habe Benjamin so sehr enttäuscht, dass seine Suizidgedanken in den letzten Wochen auf Ibiza und die Vorbereitungen dazu in Nizza – wo er so weit ging, sein Testament aufzusetzen – möglicherweise direkt in Zusammenhang mit der unglückseligen Affäre stehen.

Benjamins letzte Wochen auf der Insel verliefen gewiss weniger ruhig als erwartet. Neue Gäste, ständige Besuche, häu-

---

169 Ebd., S. 111.
170 *SF*, S. 235.

fige und improvisierte Feste bis in die Nacht, eine unerwiderte Liebe und das Schwanken über den Zeitpunkt der Abfahrt: Seine innere Unausgeglichenheit hatte ihre Gründe. Zum Teil wurde sie ausbalanciert durch die erst kurze Bekanntschaft mit den Selz', mit denen ihn gemeinsame Interessen verbanden, wie zum Beispiel die Literatur, ihre Ausflüge zu Fuß und das Haschischrauchen.

Dank verschiedener Zeugen wurden auch einige schöne Momente seiner unglücklich verlaufenden Liebesgeschichte bekannt. Tomás Varó, der »Frasquito« genannte Fischer, fand in den ersten Tagen des Sommers 1932 eine neue und für ihn sehr ungewöhnliche Beschäftigung. Da Olga Parem sich für das Segeln begeisterte, überredete Benjamin seinen Nachbarn Frasquito, sie doch beide in seinem kleinen Lateinsegler mitzunehmen, um mit ihnen an der Küste entlang zu schippern. Walter Benjamin und Olga Parem konnten somit beinahe allabendlich vom Boot aus, dessen Beschaffenheit sie an graue Vorzeiten erinnern musste, den majestätischen Sonnenuntergang vor San Antonio betrachten.

Benjamin verließ die Insel am 17. Juli 1932 mit konkreten, jedoch völlig neuen Plänen. Er steuerte Nizza an, jedoch nicht, um von da aus nach Berlin, sondern um nach Italien weiterzureisen. Einige Tage vor seiner Abfahrt erhielt er eine Einladung von seinem Freund, dem Schriftsteller Wilhelm Speyer, mit dem er im vorigen Jahr Zeit in Frankreich verbracht hatte. Sie trafen sich in Poveromo, einer kleinen Ortschaft in der Nähe von Pisa. Benjamin hielt sich die folgenden drei Monate dort auf und beschäftigte sich mit der Ausarbeitung seines neuen Buchs *Berliner Kindheit um Neunzehnhundert*. Wie schon auf Ibiza stand auch hier der Schönheit und Beschaulichkeit seines Aufenthaltsorts sowie der Brillanz und Tiefe seiner Schriften eine beklagenswerte ökonomische Situation gegenüber. Die jüngsten politischen Ereignisse hatten die Verbindungen zum deutschen Rundfunk und zur Presse unterbrochen, wodurch sich seine Lage noch weiter verschlechterte.[171] Seine Abhängigkeit von anderen steigerte sich bis zur Unerträglichkeit. Schon im Herbst 1932 schrieb er hinsichtlich seiner Rückreise nach Berlin: »ich kann die Reise aus eignen Mitteln nicht aufbringen sondern bin auf Speyer angewiesen, der mich in seinen Wagen nehmen wird, wenn er selbst zurückfährt.«[172]

Während er an seinem Buch *Berliner Kindheit um Neunzehnhundert* arbeitete, das aus der auf Ibiza entworfenen *Berliner Chronik* hervorging, musste er sich eingestehen, die kleine literarische Form dränge sich ihm aufgrund seiner Abhängigkeiten geradezu auf. In einem Brief aus Poveromo vom 26. September 1932 berichtete er Scholem über seine neue Arbeit: sie sei eine »in kleinen Stücken«, und dass dem gar nicht anders sein könne, da dies eine Form sei »zu der mich erstens der materiell gefährdete, prekäre Charakter meiner Produktion, zweitens die Rücksicht auf ihre marktmäßige Verwertbarkeit immer wieder führt.«[173]

Bei dem Versuch, einer ungewissen Zukunft zu entgehen, schien Benjamin in Richtung Vergangenheit, seiner eigenen Vergangenheit, davoneilen zu wollen. *Berliner Chronik* und die daraus hervorgehende *Berliner Kindheit um Neunzehnhundert* – beide eng mit Ibiza verbunden – repräsentieren eine Suchbewegung nach dem, was die Zukunft für ihn nicht bereitzuhalten schien. »Wer sich der eignen verschütteten Vergangen-

---

171 Als Konsequenz aus dem Staatsstreich des Reichskanzlers Papen (Preußenputsch) vom 20. Juli 1932, der die preußische Regierung aufgelöst hatte, »verloren die linken Intendanten in Berlin und Frankfurt, die Arbeiten für den Rundfunk zu vergeben und ihn öfters mit gut bezahlten Aufträgen versorgt hatten, ihre Stellungen.« *SF*, S. 235.
172 Brief an Gershom Scholem vom 26. September 1932, *GB* IV, S. 134.
173 Ebd.

heit zu nähern trachtet, muß sich verhalten wie ein Mann, der gräbt.«[174], so umschreibt er knapp in der ebenfalls auf Ibiza verfassten Abhandlung *Ausgraben und Erinnern* die Methodik seiner ununterbrochenen Erinnerungsarbeit.[175] Doch so sehr er auch aufwühlte und ausgrub, eine nicht so ferne Zukunft, die Exil und Armut versprach, rückte immer näher.

Trotz aller Abstriche und in Anbetracht der kommenden Jahre waren die drei Monate, die Benjamin 1932 auf Ibiza verbrachte, eine verhältnismäßig glückliche Zeit. In der Erzählung *Die Kaktushecke* unterweist ihre Hauptfigur, der Ire O'Brien – also Jokisch, der Vagabund – den Erzähler in einer neuen Betrachtungsweise des Monds: »Ich weiß nicht, ob Sie sich je Rechenschaft von der Wirkung des Mondes in dieser Gegend gegeben haben, in der sein Licht nicht auf den Schauplatz unseres Tagesdaseins zu fallen scheint, sondern auf eine Gegen- oder Neben-Erde.«[176] Ein Jahr später entwarf Benjamin – wieder auf Ibiza und in Anlehnung an die obige Unterweisung – eines der letzten Stücke der *Berliner Kindheit um Neunzehnhundert* und gab ihm den Titel *Der Mond*. Der Berliner Philosoph erinnerte sich an seine Kindheit als eine vom »Regiment des Mondes«[177] beherrschte Zeit und Örtlichkeit, so als ob in der Kindheit durch den Einfluss des Mondlichts eine »Gegen- oder Nebenerde« neben dem »Tagesdasein« der Erwachsenen möglich gewesen wäre.

Im Jahr 1932 weckte Ibiza in Benjamin möglicherweise vergleichbare Wünsche. Während die Welt unvermeidlich auf einen Krieg zusteuerte, schien sich ihm dort, eine andere,

---

174 *GS* IV, S. 400.
175 Bei *Ausgraben und Erinnern* handelt es sich um ein Fragment aus der *Berliner Chronik*, das Benjamin heraustrennte, um es hervorzuheben. Es wurde zu Lebzeiten des Autors nicht veröffentlicht.
176 *GS* IV, S. 752.
177 *GS* IV, S. 302.

ebenfalls unter dem »Regiment des Mondes« stehende Welt zu offenbaren. Durch ihre archaischen Traditionen, ihre unversehrten Landschaften, ihre einzelgängerischen und unabhängigen Menschen teilte sich diese Welt Walter Benjamin mit ungeheurer Intensität mit. Er unterwarf sie der Probe der Sehnsucht und nahm sie mit in den freien Imaginationsraum der Utopie. Genauso intensiv wie er in seiner eigenen verschütteten Erinnerung wühlte und dadurch zum eigentlichen Protagonisten seines Denkens und Schreibens wurde, bezog er auch die Insel Ibiza – ein noch lebendiger Ausgrabungsort der menschlichen Geschichte – in seine Reflexionen mit ein.

Nur wenige Monate nach seiner ersten Begegnung mit dieser Mittelmeerinsel entschloss sich Walter Benjamin im März 1933, die Bucht von San Antonio – Ibiza – erneut aufzusuchen. Diesmal verließ er gezwungenermaßen seine leidvollen Lebensumstände und die politische Situation in Berlin. Es begann die Zeit seines endgültigen Exils, nichts würde mehr sein wie zuvor.

V. Hausmann und der Blick der Sehnsucht

»Die Epoche zwischen zwei Kriegen«, schrieb Walter Benjamin in seinem im Juni 1940 für den Ausreiseantrag in die USA geschriebenen »Curriculum Vitae«, »zerfällt für mich naturgemäß in die beiden Perioden vor und nach 1933.«[178] War sein erster Ibizaaufenthalt im Jahr 1932 noch Ausdruck seiner leidenschaftlichen Reiselust, so wurde der zweite im Frühjahr 1933 von den politischen Verhältnissen geprägt. Er markierte den abrupten Beginn und die erste Station seines Exils.

Seit er im November 1932 nach Berlin zurückgekehrt war, nach den gemeinsam mit seinem Freund Wilhelm Speyer verbrachten Monaten in dem kleinen italienischen Ort Poveromo, sah sich Benjamin mit der gesellschaftlichen und politischen Lage in Deutschland konfrontiert. Besonders durch die ihm aufgezwungenen Publikationsbeschränkungen war er sich bewusst, dass sich diese Situation nur noch verschlimmern konnte.[179] Am 30. Januar 1933 wurde Adolf Hitler zum Reichskanzler ernannt. Anfang März hatten bereits die meisten Freunde Benjamins – unter ihnen Bertolt Brecht, Siegfried Kracauer und Ernst Bloch – das Land verlassen, auf der Flucht vor der lebensbedrohenden

---

178 *GS* VI, S. 227.
179 »Das bischen Fassung, das man in meinen Kreisen dem neuen Regime entgegengebracht hat, ist rasch verbraucht und man gibt sich Rechenschaft, daß die Luft kaum mehr zu atmen ist; ein Umstand, der freilich dadurch an Tragweite verliert, daß einem die Kehle zugeschnürt wird. Dies vor allem einmal wirtschaftlich; die Chancen, die von Zeit zu Zeit durch den Rundfunk geboten wurden und die überhaupt meine einzig ernsthaften waren, dürften so gründlich fortfallen, daß selbst dem ›Lichtenberg‹, wiewohl er in Auftrag gegeben war, eine Aufführung nicht mehr sicher ist. Die Desorganisation der Frankfurter Zeitung schreitet fort. Ihr Feuilletonredakteur ist von seinem Posten entfernt worden, obwohl er gerade kurz vorher durch Erwerb meiner ›Berliner Kindheit‹ zu einem lächerlichen Spottpreis eine zumindest kaufmännische Eignung erwiesen hatte.« Brief an Gershom Scholem vom 28. Februar 1933, *GB* IV, S. 162.

Atmosphäre, »in der man den Leuten eher auf die Revers und danach meist am liebsten schon garnicht mehr in die Gesichter sieht«.[180] Unter diesen Umständen, verfolgt von den politischen Ereignissen, wandte Walter Benjamin sich an seine Freunde auf Ibiza, um sich ins – wie sich später zeigen wird – endgültige Exil zu begeben.

In seinem Brief an Jean Selz vom 20. Februar 1933 – Selz verbrachte einige Monate in Paris – teilte er bereits seine Absicht mit, Berlin im Frühjahr zu verlassen, »sei es, dass auch ich auf die Balearen zurückkehre, wo sich mein Freund Noeggerath noch immer aufhält, sei es, dass ich nach Paris reise.«[181] Zur gleichen Zeit hatte Benjamin Felix Noeggerath geschrieben, um in Erfahrung zu bringen, ob ein baldiges Unterkommen in seinem Haus auf Ibiza möglich wäre.[182] Noeggerath und Selz verband zu dieser Zeit ebenfalls eine Korrespondenz und in einem seiner Briefe berichtete Noeggerath: »Die letzten Nachrichten, die ich erhalten habe, waren von unserem Freund Benjamin, der sich kaum mehr getraut, sein Haus zu verlassen – und er hat Grund genug, ein solches Abenteuer für gefährlich zu halten«.[183] Einige Wochen später, am 16. März 1933, war Benjamins Entscheidung bereits getroffen. In einem Brief an Jean Selz vom gleichen Datum teilte er diesem mit, dass er »morgen abend« von Berlin aus nach Paris abreisen werde.

---

180 Brief an Gershom Scholem vom 20. März 1933, *GB* IV, S. 170.
181 *GB* IV, S. 160f. (aus dem Französischen übersetzt, L. A.). Zum Briefwechsel zwischen Jean Selz und Benjamin vgl. »Carteggio W. Benjamin e J. Selz 1932–1934«, in: *Aut-aut* 189/190, 1982).
182 Zum (verloren gegangenen) Briefwechsel zwischen Benjamin und Noeggerath sowie zwischen Selz und Noeggerath vgl. Brodersen: *Spinne im eigenen Netz*, S. 309.
183 *ÜWB*, S. 44. Der Brief von Felix Noeggerath an Jean Selz vom 24. März 1933 wird auch zitiert in dem Aufsatz: »Walter Benjamin und Felix Noeggerath«, in: Gershom Scholem: *Walter Benjamin und sein Engel*, Frankfurt/M. 1992 (im Folgenden: *WBE*).

Am 27. März 1933, als Benjamin sich noch in Paris befand, ging Raoul Hausmann im Hafen von Ibiza-Stadt an Land. Der 1886 in Wien geborene Hausmann war bis dahin als facettenreicher Künstler und Hauptimpulsgeber des Berliner Dadaismus in Erscheinung getreten. Einer seiner Bekannten hatte ihm die Insel als »einen unberührten, wunderschönen und preiswerten Aufenthaltsort, einen idealen Platz zum Arbeiten«[184] empfohlen. Er besuchte Ibiza in Begleitung seiner Ehefrau Hedwig Mankiewitz sowie seiner Muse und Geliebten Vera Broïdo. Raoul Hausmann zählte als Fotograf, Schriftsteller, Tänzer und Maler zu den prominenteren Künstlern der deutschen Avantgarde, auch wenn seine künstlerische Phase »als Dadaist schon vor einer Weile zu Ende gegangen war« und er sich »in ein sehr ruhiges, nach innen gerichtetes Leben zurückgezogen« hatte.[185]

Der ehemalige Dadakünstler wollte zuerst nur kurz Station auf Ibiza machen, doch erging es ihm wie vielen Besuchern: Die Insel hielt ihn mit ihrer wilden Schönheit und ihrer ansteckenden Lebensfreude gefangen. Erst drei Jahre nach seiner Ankunft konnte der Ausbruch des Spanischen Bürgerkriegs seiner Zeit auf der Insel ein Ende bereiten. Hausmann konzentrierte seine Arbeit hauptsächlich auf die Erforschung und das Studium der traditionellen ibizenkischen Wohn- und Bauweise. Dass ein radikaler Avantgardekünstler sich derartig fasziniert zeigte von einer archaischen Lebenswelt, die weiterhin jeglicher Neuerung und jeglichem Zeichen der Moderne widerstand, erstaunte – und erstaunt bis heute – nicht wenige, die ihm persönlich nahestanden und seine künstlerischen Arbeiten schätzten.

---

184 »Entrevista a Vera Broïdo«, in: *Quadern del TEHP* 7, 1995.
185 Ebd.

Noch heute erschließen sich seine außergewöhnlichen ibizenkischen Impressionen dank seiner zahlreichen Fotografien und Artikel zu Architektur, Ethnologie und Archäologie der Insel, die im Laufe der drei Jahre entstanden waren. Die intimsten Einblicke in seine Erfahrungen, die auch einiges über Charakter und Gefühlswelt der Besucher jener Epoche und die seltsamen Beziehungen zwischen Inselfremden und Einheimischen aussagen, offenbart sein erst 1969 publizierter, autobiografischer Roman *Hyle*.[186]

Hausmann wirft schon auf den einleitenden Seiten von *Hyle*, die den Tag der Ankunft schildern, seinen eindringlichen und sehr eigenwilligen Blick auf die Insel. Das entworfene Bild erinnert an die ersten ibizenkischen Schriften Walter Benjamins vom Vorjahr. »Alles schläft hier, die Gebräuche, die Häuser, die Männer und Frauen, einen enggegrenzten Gefälligkeitsschlaf, nur die fremd Hergekommenen träumen, oder tun als träumten sie, von Dingen, die eine Tätigkeit ersetzen möchten, die sie von vornherein verlieren werden oder verloren haben.«[187]

In Paris hatte Walter Benjamin in den ersten Tagen seines Exils ein Zimmer im Hotel Istria in der Rue Campagne Première bezogen. Von dort berichtete er an Gershom Scholem brieflich am 20. März 1933: »In alledem habe ich das Glück gehabt, meine Wohnung auf ein Jahr an einen zuverlässigen Mann vermieten zu können. Und durch schwierige Operationen ist es mir immerhin gelungen, die paar hundert Mark zusammenzubringen,

---

186 Hausmann veröffentlichte in den 30er- und 40er-Jahren zahlreiche Artikel über Architektur, Archäologie und Traditionen Ibizas in verschiedenen Zeitschriften wie *D'Ací i d'Allà*, *Revista de Tradiciones populares*, *Revue Anthropologique* u. a. Zu seiner Arbeit auf Ibiza vgl. »Raoul Hausmann, Ibiza«, Ausst.-Kat. Musée Départemental d'Art Contemporain Rochechouart 1987; »Raoul Hausmann, arquitecto, Ibiza 1933–1936«, in: *Quadern del TEHP 7*, 1995; »Raoul Hausmann«, Ausst.-Kat. IVAM Centre Julio González, Valencia 1994.
187 Hausmann: *Hyle*, S. 22.

mit denen ich auf Ibiza – wohin ich zunächst zu gehen gedenke [–] ein paar Monate leben kann. Das Weitere allerdings könnte eines Tages so vollkommen verbaut sein wie es jetzt offen ist.«[188] Bald schon verabredete er sich in Paris mit Jean Selz, der auch eine Reise nach Ibiza plante. Allem Anschein nach verließ Benjamin sein Hotel und verbrachte noch einige Tage in der Wohnung der Selz', bevor sie dann am Nachmittag des 5. April 1933 gemeinsam den Zug nach Barcelona bestiegen.

Seine zweite Ibizareise begann also, wie die erste geendet hatte: Er befand sich in Begleitung von Jean und Guyet Selz, die er ja nur flüchtig kannte. In Barcelona blieben »wir ein paar Tage [...], bevor wir uns nach Ibiza einschifften. Unsere Abende verbrachten wir im ›Barrio chino‹, dem überwältigenden ›Barrio chino‹ der vorrevolutionären Zeit. Eine tosende Menge strömte in die Cabarets, die heute verschwunden sind«, erinnerte sich Jean Selz 1954.[189] Ihr gemeinsames Vergnügen in Barcelona währte jedoch lediglich vier Nächte. Am 11. April 1933 erreichten sie den Hafen von Ibiza-Stadt in den frühen Morgenstunden, nach einer den Abend und die Nacht über dauernden Fahrt an Bord der Ciudad de Málaga.[190]

Gut zwei Wochen zuvor hatte Raoul Hausmann das Schauspiel der Einfahrt in den Hafen erlebt. Er beschreibt es in *Hyle*: »Wie auf Befehl entsteigt rechts einer Bucht Leuchtturm, links über Felsufer zwei Türme, Mauern, hochgestapelt, alles dies

---

188 *GB* IV, S. 170.
189 *ÜWB*, S. 45.
190 Benjamin schrieb in einem vermutlich 1938 entstandenen »Curriculum Vitae«, er sei am 8. April 1933 in Ibiza eingetroffen. Vgl. *GS* VI, S. 223. Doch weder am 6., 7., 8., 9. oder 10. April erreichte ein Passagierschiff aus Barcelona die Insel. Am 11. April legte jedoch die Ciudad de Málaga an. Hausmann war am 27. März mit der Ciudad de Mahón eingetroffen – und nicht am 28. März, wie er in *Hyle* angibt. Die Ciudad de Mahón musste eine Zeitlang die Fähre zwischen Ibiza und Alicante ersetzen, einige Tage bevor sich Benjamin und die Selz' in Barcelona nach Ibiza einschifften.

dehnt auseinander, entschwimmt sich selbst und seiner Entfernung. Um einer Mole Ecke, Ende bezeichnet mit Einfahrtlicht entbirgt sich, weisslich, rosig Schneckenhaus aus Haus über Haus. In Schichten liegen Wohnkuben zwischen Zackenkraus alter Festungmauer, übertrumpft von steilem Turm alter Kirche. Des Morgens sechs Uhr ein Viertel. Im grossen Erstaunen erhebt sich hier die Stadt.«[191]

Derselbe Freund, der den Hausmanns geraten hatte, nach Ibiza zu reisen, empfahl ihnen auch das Dorf San Antonio als Anlaufstelle und das neue Gasthaus Fonda Miramar als Unterkunft. Während Benjamins zweitem Aufenthalt auf der Insel wurde es seine offizielle Postadresse, ohne dass er jemals dort gewohnt hätte. Sofort nach ihrer Ankunft machten sich Raoul Hausmann und seine Begleiterinnen am frühen Morgen auf den Weg zur Fonda Miramar. Sie blieben jedoch nicht lange in San Antonio, denn die – durch die große Urlaubermenge erzeugte – Atmosphäre missfiel ihnen von Anfang an. Gelangweilt »von dem Badegastleben in San Antonio«[192] entschlossen sie sich, ein Haus auf dem Land zu suchen.

Die Entscheidung für ein Leben auf dem Lande, abgeschieden und in freier Natur, weit ab von jeglicher Touristenenklave, fiel leicht, nachdem sie eines der eindrucksvollen Bauernhäuser besichtigt hatten. Es war jenes mit Namen Can Bagotet, das Jokisch in dem Dorf San José bewohnte. Hausmann berichtet in *Hyle* von ihrem merkwürdigen und folgenreichen Besuch, der ihm zum ersten Mal erlaubte, das Innere eines traditionellen ibizenkischen Hauses kennenzulernen. Sie hatten Jokisch einige Tage zuvor erstmals in San Antonio getroffen, wo er sie einlud, sein Haus zu besichtigen. Nachdem sie dort einen

---

191 Hausmann: *Hyle*, S. 11.
192 Ebd., S. 49.

Tag und – nach Jokischs Angebot – eine Nacht zugebracht hatten, entschlossen sich die Hausmanns, etwas Vergleichbares zu suchen, »auch so ein Haus wie dies, abseits von den Ausländern«.[193] Erneut kam das Original Jokisch, der Stuttgarter Robinson, ins Spiel. Zuvor waren Walther Spelbrink 1931 und Walter Benjamin 1932 bei ihm ein- und ausgegangen, nun empfing er Raoul Hausmann in Can Bagotet.

In Begleitung von Jokisch, dem »Seefahrer«,[194] und seinen »Nichten« fanden die Hausmanns Anfang Mai 1933 in Benimussa, einem herrlichen, abgeschiedenen Tal bei San José, schließlich das Haus Can Mestre und mieteten es. Nach einigen Monaten zog es sie dann jedoch nach Can Palerm. Das prächtige Bauernhaus lag jetzt in unmittelbarer Nähe zu Jokischs Anwesen. Hier erst begann ihr drei Jahre währendes wildes Abenteuer, mit seinen Licht- und Schattenseiten einer gelebten Utopie mitten in einer konservativen bäuerlichen Umgebung. Jokisch, der bereits unter dem Namen O'Brien in Benjamins Erzählung *Die Kaktushecke* seinen Auftritt hatte, verwandelte sich nun in »Jost«, eine der Figuren in Raoul Hausmanns dadaistischem Roman *Hyle*. Er erwies sich wieder einmal als exzellenter Gastgeber für Neuankömmlinge (oder etwa mehr als nur Gastgeber?) und als eine attraktive literarische Figur.

Ein Jahr genügte, um in San Antonio bedeutende Veränderungen in Gang zu setzen, die es zu einem immer attraktiveren Touristenziel werden ließ. Bei seiner Ankunft beobachtete Benjamin beunruhigt einige dieser Veränderungen. Am stärksten fiel die größere Zahl von Urlaubern ins Auge. Zum größten Teil waren es Deutsche, die man nun überall antraf. Hausmann ergriff vor ihnen die Flucht, indem er sich im Inselinneren ei-

---

193 Ebd.
194 Ebd., S. 26.

nen Rückzugsort suchte. In *Hyle* beschreibt er sie mit kräftigen Worten: »Sie redeten viel ohne etwas zu sagen, gackerten nur unsäglich dahin.«[195] In den folgenden Wochen und vor allem zu Beginn des Sommers wuchs die Ausländerkolonie beachtlich. Jean Selz berichtete: »Einer Menge von Leuten war es plötzlich in den Sinn gekommen, sich auf der Insel niederzulassen, und einige unter ihnen waren gar nicht sympathisch. Unter die politischen Flüchtlinge, die in immer größerer Zahl aus Deutschland ankamen, hatten sich heimlich echte Nazis eingeschlichen, die, wie wir später erfuhren, für die Gestapo spionierten.«[196]

Die Touristen des Jahrs 1933 unterschieden sich deutlich von denen, die Benjamin ein Jahr zuvor in San Antonio angetroffen hatte. Auch Jean und Guyet Selz entschieden sich angesichts der veränderten Situation, ein Haus in der Altstadt von Ibiza-Stadt zu beziehen. Zusammen mit der rasant anwachsenden Besucherzahl stiegen auch die Übernachtungs- und Mietpreise. Es entwickelte sich eine rege Bautätigkeit vor Ort, um die gesteigerte touristische Nachfrage befriedigen zu können. Die Noeggeraths passten sich den neuen ökonomischen Gegebenheiten an und entschieden sich, das Haus Sa Punta des Molí am abgelegenen Winkel der Bucht San Antonios unterzuvermieten. Sie selbst zogen daraufhin in eins der neuerrichteten Dorfhäuser, etwas abseits der übrigen gelegen.

Der unerwartete Wechsel der Unterkunft war ein weiterer Anlass für Benjamins Unmut. Die neue Behausung der Noeggeraths[197] – »eine dreiviertel Stunde von der schönen Waldecke

---

195 Ebd., S. 24.
196 *ÜWB*, S. 46.
197 Das Haus ist nicht erhalten. Es wurde vor einigen Jahren abgerissen und übrig blieb nur ein leeres Grundstück. In dem Brief an Gretel Karplus vom 15. April 1933 schrieb Benjamin über das Haus: »Es ist nämlich am Rande von San Antonio vom dortigen Arzt, der fortziehen mußte, erbaut«, *GB* IV, S. 176. Der Eigentümer war ein Arzt aus Valencia, der den Ort verlassen musste, da die Einwohner ihn nicht mochten.

entfernt, in der ich den vorigen Sommer zugebracht habe«[198] – konnte zwar mit einem größeren Komfort wie Elektrizität, fließend Wasser und Badezimmer aufwarten, doch befand sie sich bedauerlicherweise an einem weniger reizvollen Ort. Das lag aber nicht so sehr an der Landschaft, die auch dort überwältigend war, sondern daran, dass ständig ein starker Wind blies und das Haus von »architektonischer Banalität« sei, die das ästhetische Empfinden stören würde.[199] Eine nicht unerhebliche Störung, die auf Ibiza keinem entgehen konnte, schon gar nicht Walter Benjamin, der die Inselarchitektur bereits kannte und schätzte.

Diese und weitere Klagen über seine unerwartete neue Unterbringung finden sich in den beiden Briefen an Gretel Karplus vom 15. und 19./20. April 1933, die wenige Tage nach seiner Ankunft verfasst wurden. Das neue Haus erwies »sich für jedwede Arbeit, ja selbst konzentriertes Lesen, unbenutzbar«, hauptsächlich durch die Geräusche, die der Wind verursachte, und »vom Widerhall, den jedes Wort in allen Ecken findet«, was ihn zwang, »meinen Aufenthalt tagsüber gänzlich aus dem Hause und in meinen Wald vom Vorjahr zu verlegen«.[200] Er beklagt auch »die ökonomischen und die landschaftlichen Veränderungen« in San Antonio und den sprunghaften Anstieg neuer Gäste: »Ein Begriff dürfte Dir unter den Hiesigen wohl nur Raoul Hausmann sein. Übrigens bin ich ihm noch nicht vorgestellt und vermeide auch sonst Berührungen wo es nur geht.«[201]

---

198 Ebd.
199 Ebd.
200 Brief an Gretel Karplus vom ca. 19./20. April 1933, *GB* IV, S. 186f.
201 Brief an Gretel Karplus vom 15. April 1933, *GB* IV, S. 176. Benjamin und Hausmann hatten in Hugo Ball einen gemeinsamen Bekannten. Ball lernte Benjamin in seiner Berner Zeit kennen. Hausmann gehörte auch zur Künstlerinitiative, die in Berlin die Zeitschrift *G – Material zur elementaren Gestaltung* herausgab und die Benjamin in ihren Listen führte. Vgl. Züchner, Eva: *Raoul*

Walter Benjamins zweiter Aufenthalt auf Ibiza unterschied sich von Beginn an erheblich vom ersten. Die Begeisterung des Vorjahrs, die sich darin zeigte, dass er alles erfahren und alle kennenlernen wollte und ständig auf der Suche nach wiedererzählbaren Geschichten war, schien verschwunden zu sein. Mit Widerwillen lebte er im neu errichteten, lauten, von Windböen gepeitschten Haus der Noeggeraths und im veränderten, reizlosen Ambiente San Antonios; diesmal suchte er Zuflucht in seinen literarischen Recherchen. Konkret arbeitete er an einem, einige Monate zuvor an ihn gerichteten Auftrag des Instituts für Sozialforschung: der Untersuchung *Zum gegenwärtigen gesellschaftlichen Standort des französischen Schriftstellers*.[202]

Die Schwierigkeiten Benjamins, diese Arbeit auszuführen, sind leicht vorstellbar, wenn man bedenkt, dass ihm lediglich die Bücher im Hause Noeggerath und seine eigenen, im Vorjahr zurückgelassenen – »eine kleine Hausbücherei von 30 bis 40 Bänden«[203] – zur Verfügung standen. Sein Brief an Gershom Scholem vom 19. April 1933 war nicht frei von Ironie: »Der Aufsatz, der in jedem Fall eine reine Hochstapelei darstellt, bekommt durch den Umstand, daß ich ihn hier – fast ohne alle Literatur – verfassen muß, schon ein gewissermaßen magisches Gesicht, das er in Genf zwar kühn zur Schau tragen, vor Dir aber denn doch verhüllen wird.«[204] Dieser »Umstand« blieb während aller weiteren Arbeiten, die er auf Ibiza verwirklichen konnte, bestehen. Sie fielen bedeutend zahlreicher aus, als er zuerst angenommen hatte. Deshalb blieb er nicht, wie in

---

Hausmann in Berlin 1900-1933, Ostfildern 1998, S. 72; Lindner, Burkhardt: *Benjamin-Handbuch. Leben – Werk – Wirkung*, Stuttgart 2006, S. 363.
202 Der Sitz des Instituts wurde vorläufig nach Genf verlegt. Max Horkheimer war sein Direktor. Benjamins erster Artikel für das Institut wurde 1934 für die von Horkheimer und Theodor W. Adorno verantwortete *Zeitschrift für Sozialforschung* geschrieben und dort publiziert.
203 *GB* IV, S. 181.
204 Ebd.

Paris gedacht, »zunächst zwei Monate«[205] auf der Insel, sondern letztendlich sechs Monate. Seine Verbindungen zur deutschen Presse waren nicht wie befürchtet völlig gekappt, sodass er dort weiterhin Artikel und Rezensionen veröffentlichen konnte, wenn auch unter Pseudonym.[206] Max Horkheimer, der ihn als Leiter des Instituts mit der Arbeit über zeitgenössische französische Literatur beauftragt hatte, schickte ihm aus Genf »eine kleine Sendung Bücher«.[207] Unter ihnen befand sich auch ein Roman, der erst vor einigen Monaten erschienen war: *Voyage au bout de la nuit* (dt. Reise ans Ende der Nacht) von Céline.

Benjamins Arbeit wurde nicht nur durch das Fehlen einer Bibliothek erschwert. Seine Konzentrationsstörungen im neuen Haus veranlassten ihn, sich täglich in den kleinen Pinienwald hinter dem Dorf zu begeben, um dort in Ruhe zu lesen und zu schreiben. »Also ich stehe um halbsieben auf, manchmal um sechs, und um sieben auf irgendeinem Berghang, wo ich meinen versteckten Liegestuhl aufsuche. Dann, um acht, entpfropfe ich wie irgendein Maurerlehrling oder Steinklopfer die Thermosflasche und beginne zu frühstücken. Danach arbeite und lese ich bis ein Uhr«, berichtete er Gretel Karplus am 16. Mai 1933. Aber auch dort hatte er mit einigen Unwägbarkeiten zu kämpfen. Offenbar erschwerte im Frühjahr 1933 in San Antonio ein permanenter, kräftiger Wind Benjamins Arbeit im Freien: »Ich hätte es auch schon getan, wenn nicht in diesen Nachmittagen stets ein solcher Wind geblasen hätte, daß sogar meiner virtuosen Technik nicht gelungen wäre, Blät-

---

205 Brief an Gershom Scholem vom 4. April 1933, *GB* IV, S. 173.
206 Die von Benjamin verwendeten Pseudonyme waren u. a.: »C. Conrad«, »Detlef Holz« und »K. A. Stempflinger«. Ferner benutzte er die Pseudonyme »Anni M Bie« (vgl. GS IV, S. 1027), »Hans Fellner« (vgl. *GB* VI, S. 178), »Karl Gumlich« (vgl. *GS* III, S. 695), »O. E. Tal« (als Anagramm für »Lateo«, vgl. *GB* IV, S. 401). Seine ersten Veröffentlichungen unterschrieb er mit den Pseudonymen »Ardor« (vgl. *GS* II, S. 9ff.) und »Eckhart, phil.«
207 Brief an Gretel Karplus vom 16. Mai 1933, *GB* IV, S. 205.

ter und Blättchen schreibend festzuhalten.«[208] Manchmal bot eine Bar im Dorf eine Alternative zum Schreiben im Wäldchen: »Aber manchmal braucht man doch den Anblick eines Glases Kaffee vor sich als Stellvertreter einer Zivilisation, von der man sonst hinreichend distanziert ist. Dies Jahr hat man ihn hier sogar mit Milch. Das Kinderschreien und die ibizenkischen Diskurse in der Nähe sollen uns auch nicht stören.«[209] Jeglicher Ort schien geeigneter zu sein als das Haus der Noeggeraths. Das Mittagessen jedoch nahm er gemeinsam mit ihnen und den anderen Gästen des Hauses ein, immer zur gleichen Zeit: »Um zwei Uhr [...] an einer langen Tafel, an der ich mich des ›Artigseins‹ befleißige«. Und nach dem Essen »sitze [ich] meistens unter einem Feigenbaum vorm Haus und lese oder kritzele.«[210]

Benjamins frühere Leidenschaft fürs Reisen entsprach nicht mehr seiner jetzigen Lage, also streifte er sie ab. Auch das Sammeln von Geschichten – wie im Jahr zuvor – hatte seine Wichtigkeit verloren. Sich seines Status als Exilierter in jedem Moment bewusst, fiel es ihm dennoch nicht leicht, seine veränderten Lebensbedingungen zu akzeptieren. An die Zukunft zu denken oder Pläne zu schmieden, schien aussichtslos, doch er kam nicht umhin, darüber nachzudenken. Am 16. Mai 1933 legte er seine Überlegungen in einem Brief an Gretel Karplus dar: »Wenn ich so gegen zwölf Uhr ein paar Schritte im Walde mache, kommt manchmal Paris mir in den Sinn. Es ist nicht nur die Vorstellung der Trübnis des Winters, der mich hier erwarten würde, sondern auch die mancher andern Notwendigkeit, die meine Rückkehr dorthin, wenigstens für eine kurze

---

208 Brief an Gretel Karplus vom ca. 19/20. April 1933, *GB* IV, S. 187.
209 Brief an Gretel Karplus vom 16. Mai 1933, *GB* IV, S. 205.
210 Ebd., S. 208.

Zeit gebieten kann. Das aber ist im Ganzen eine ziemlich belastende Gedankenkette, da von irgend einer Möglichkeit, die Insel zu verlassen, bisher nicht einmal der Begriff sich fassen läßt.«[211] Auch das Dorf San Antonio passte sich, wenn auch nicht ganz ohne Schwierigkeiten, den völlig neuen Zeiten an, also dem Zuwachs an Touristen, Baustellen und Einnahmen. Wer Ruhe suchte oder einen Rückzugsort, mied das Dorf von nun an.

Am Nachmittag des 6. Mais 1933 empfing San Antonio eine hochgestellte Persönlichkeit. General Francisco Franco, zwei Monate zuvor zum Militärbefehlshaber der Balearen ernannt, kam zu seinem ersten offiziellen Besuch nach Ibiza. Während seiner dreitägigen Visite lernte Franco außer der Hauptstadt der Insel noch weitere Orte kennen. An jenem Samstag kam der General gegen siebzehn Uhr – nachdem er zuvor Las Salinas besichtigt hatte und ihm die Funktionsweise der industriellen Salzgewinnung erläutert worden war und nach einem kurzen Streifzug durch San José und San Agustín – in Begleitung eines Komitees aus militärischen und zivilen Würdenträgern in San Antonio an.

Die Gruppe lenkte ihre Schritte zuerst in Richtung Cala Gració, einer herrlichen kleinen Bucht in der Nähe von San Antonio, die zu jener Zeit von den ausländischen Badeurlaubern stark frequentiert wurde und dadurch auch das Hauptinteresse der neuen Landaufkäufer auf sich zog. Unmittelbar darauf kehrte Francos Gefolge in das Dorf zurück und suchte »den Leuchtturm Coves Blanques auf, um sich ausführlich die Bedeutung der Bucht vor Augen führen zu lassen«.[212] Unter militärischen Gesichtspunkten war San Antonio wegen seiner bevorzugten Lage von höchstem strategischen Interesse.

---

211 Ebd., S. 207f.
212 *Diario de Ibiza* vom 8. Mai 1933.

Der Leuchtturm von Coves Blanques, ein schönes Bauwerk aus dem neunzehnten Jahrhundert, lag am Ende des Dorfs, nur etwa zweihundert Meter von dem Haus entfernt, in dem die Noeggeraths und Benjamin wohnten. Das Komitee musste an ihrem Haus vorübergehen, um zum Leuchtturm zu gelangen. Von ihm aus überblickten und sondierten sie die Bucht bis zum Anbruch der Nacht. Danach fuhren sie wieder nach Ibiza-Stadt zurück.

Unweigerlich drängt sich ein Bild auf, das an jenem Nachmittag des 6. Mai 1933 so ausgesehen haben könnte: Walter Benjamin – vielleicht gerade unter dem Feigenbaum sitzend und im Céline blätternd – sieht, wie eine Gruppe von Militärs vorbeizieht. Unter ihnen sticht ein junger General hervor – mit vierzig Jahren gleich alt wie Benjamin –, den der Nimbus einer brillanten Militärkarriere umgibt. Derselbe Mann wird nur sieben Jahre später den Befehl erteilen, keine weiteren politischen Flüchtlinge an der französisch-spanischen Grenze passieren zu lassen. Ein Befehl, der bekanntlich am 26. September 1940 für Walter Benjamin fatale Folgen hatte.

Einige Stunden lang näherten sich Benjamins und Francos Lebensverläufe. Möglicherweise befanden sich beide zur selben Stunde in derselben Straße einer kleinen Ortschaft am Mittelmeer und liefen sich über den Weg, ohne die Bedeutung des anderen zu kennen. Der Philosoph mag vielleicht über seine äußerst unsichere Zukunft gegrübelt, der General die lokalen Autoritäten mit mannigfaltigen Versprechen geblendet haben. Jene sollten doch seiner Einladung folgen, Teil einer glorreichen Zukunft zu werden. »Ibiza quedará satisfecha« (»Ibiza wird zufrieden sein«) waren die letzten Worte Francos, wenige Minuten bevor er das Boot bestieg, das ihn zurück nach Palma de Mallorca brachte.[213]

---

213 Ebd.

Auf Ibiza schien 1933 vieles möglich zu sein. Alle schmiedeten Pläne: von sofortiger Abreise bis zur Ansiedelung für immer wurde jede Option durchgespielt. Benjamin begann, da er seinen Aufenthalt auf der Insel länger als erwartet ausdehnen musste, »ernsthaft« Spanisch zu lernen. Dazu bediente er sich, wie er ausführte, der Hilfe »einer altmodischen Grammatik, den tausend Worten und endlich einer neuen und ganz raffinierten Suggestivmethode.«[214] Es ist müßig, über seine Fortschritte zu spekulieren, doch sicherlich hatte der junge Hans Jakob Noeggerath auch hier seine Finger im Spiel. Hans Jakob besaß nur rudimentäre Spanischkenntnisse, als er auf Ibiza eintraf, da er ausschließlich und intensiv das Katalanische studiert hatte. Er nahm Spanischunterricht in dem kleinen Ort Santa Gertrudis im Inselinneren – ungefähr zehn Kilometer von San Antonio entfernt, die er mit dem Fahrrad zurücklegte. Nur dort fand er einen Lehrer für das kastilische Spanisch: den Pfarrer der Gemeinde. Das Unterrichtsmaterial, das Walter Benjamin – mehr im Scherz als ernsthaft – erwähnte, bestand wohl u. a. aus dem damals sehr häufig verwendeten Lehrbuch *El español en mil palabras* (dt. Das Spanische in tausend Worten), das er gewiss im Hause der Noeggeraths vorgefunden hatte. Hier lernten bereits alle Spanisch, da die Nachrichten aus Deutschland es ratsam erschienen ließen, länger als geplant in Spanien zu bleiben. Nichts war mehr so wie im Vorjahr, schon gar nicht die Zukunftsaussichten, die sich für alle deutlich getrübt hatten.

Die Sorgen, die Benjamin zu jener Zeit plagten, beschränkten sich nicht ausschließlich auf seine Arbeiten und deren Publikationsmöglichkeiten. Sein fünfzehnjähriger Sohn Stefan befand sich noch immer in Deutschland, und er fürchtete das Schlimmste für ihn, da er Jude war und gleichzeitig, seit

---

214 Brief an Gretel Karplus vom 15. April 1933, *GB* IV, S. 178

Kurzem, aktiver Kommunist. Benjamins Bruder Georg war bereits verhaftet worden. Es kursierten Gerüchte über seine Situation, die »den schlimmsten Befürchtungen«[215] Nahrung gaben. Dora Kellner, Stefans Mutter und Benjamins geschiedene Frau, hatte zudem ihren Arbeitsplatz verloren.[216] Die mit einer Woche Verspätung eintreffenden deutschen Zeitungen verstärkten noch seine tiefe Besorgnis. Eine Korrespondenz mit Deutschland konnte auch nicht so ausführlich und unzensiert ausfallen, wie er es sich wünschte: »Schreiben kann ich Dora über diese Dinge nicht, ohne sie zu gefährden.«[217] Dazu kam noch ein neues Problem: Benjamins Pass verlor in Kürze seine Gültigkeit. Eine Reise zum nächstgelegenen deutschen Konsulat nach Palma de Mallorca war unausweichlich, wurde jedoch begleitet von der begründeten Furcht, keine neuen Ausweispapiere mehr zu bekommen. Wiederum: Nichts zeigte sich mehr so wie im Jahr zuvor. Dies stand Walter Benjamin möglicherweise vor Augen, als er an seinem Ankunftstag sein *Trauriges Gedicht* verfasste:

Man sitzt im Stuhle und schreibt.
Man wird müder und müder und müder.
Man legt sich zur richtigen Zeit,
Man ißt zur richtigen Zeit.
Man hat Geld,
Das hat der liebe Gott geschenkt.
Das Leben ist wunderbar!

---

215 Brief an Gershom Scholem vom 7. Mai 1933, *GB* IV, S. 200.
216 Sein Sohn Stefan konnte Deutschland verlassen. Einige Zeit später zog er mit seiner Mutter Dora Kellner nach San Remo, die dort eine Pension namens Villa Verde eröffnete, in der sich auch Benjamin ab 1934 immer wieder aufhielt. Während des Kriegs lebten Mutter und Sohn in London. Benjamins Bruder Georg war von März bis Dezember 1933 inhaftiert. Er wurde 1942 im Konzentrationslager Mauthausen ermordet.
217 Brief an Gershom Scholem vom 7. Mai 1933, *GB* IV; S. 201.

Das Herz klopft lauter und lauter und lauter,
Das Meer wird stiller und stiller und stiller
Bis auf den Grund.[218]

Sein Gedicht ist das eines einsamen Menschen, der, müde geworden, seine Zuversicht verliert. Niedergeschlagen und auf sich alleine gestellt, beabsichtigte Benjamin nur kurze Zeit auf Ibiza zu verbringen, in der Hoffnung, danach auf dem Festland bessere Bedingungen und an ihn gerichtete Angebote zu finden. Noch einen Tag vor seiner Zugfahrt nach Barcelona hatte Benjamin am 4. April 1933 aus Paris an Scholem geschrieben, seine unmittelbare Abreise nach Ibiza stehe bevor, wo er »zunächst zwei Monate auskommen« könne.[219] Die Kalkulation seines finanziellen Budgets erwies sich als sehr zutreffend, denn ab Juni, genau zwei Monate nach seiner Ankunft, wurde seine Situation langsam verzweifelt. Ein Abstieg in die ihm eigenen Höllen begann: Abbruch des Kontakts zu seinen bisherigen Ibiza-Freunden, Krankheiten, schlechte Verpflegung und erzwungene Wechsel seiner Unterkünfte.

Wegen seiner offensichtlichen Armut und traurigen Gestalt erhielt Walter Benjamin damals im Dorf den Beinamen »el miserable« (dt. der Elende).[220] Er befand sich nun beinahe drei Monate in San Antonio, sein Geld, das ihm für »zwei Monate« zur Verfügung stand, war endgültig aufgebraucht; dennoch verstand er es, weitere drei Monate auf der Insel zu bleiben. Alle, die ihn in diesen Tagen trafen, bekamen früher oder später seine innere und äußere Anspannung zu spüren. Auch die Bewohner des Ortes, die er noch im Vorjahr wegen ihrer

---

218 *GS* VI, S. 520.
219 *GB* IV, S. 173.
220 Der Spitzname »der Elende« bezog sich auf seine materielle Armut. Benjamin war nicht der einzige arme Nichteinheimische in San Antonio, aber möglicherweise der, der am wenigsten besaß.

»Gelassenheit und Schönheit« bewundert hatte, betrachtete er nun gereizt als Wesen von »recht unerfreuliche[r] Natur«.

Benjamins *Trauriges Gedicht* markiert in all seiner Ironie – »Das Leben ist wunderbar!« – den Moment seines eigenen Schiffbruchs. Im Gegensatz zum Vorjahr hatte er nun für die Schönheit der Bucht von San Antonio keinen Blick mehr. Die Umstände seines Exils erforderten notgedrungen die Konzentration auf die eigene elende Lage. Das Gedicht von 1933 steht im scharfen Gegensatz zu den ersten überschwänglichen, erregten Schriften und Briefen vom Vorjahr. Obschon sein *Trauriges Gedicht* kurz nach seiner Ankunft in San Antonio notiert wurde, ist es bereits von der Gemütsverfassung geprägt, die ihn bei seinem zweiten Aufenthalt häufig begleiten wird, auch wenn glückliche Momente auf Ibiza nicht fehlten, dessen unwiderstehlichem Zauber man sich auf Dauer nur schwer entziehen konnte. »Aber vielleicht wird es uns doch noch einmal so gut«, wird er am 15. September 1934, ein Jahr nach seinem letzten Inselaufenthalt, an Scholem schreiben, »daß ich Dir Glanz und Elend des letzten ibizenkischen Sommers in abendlicher Rede vormalen kann.«[221]

Ortsveränderung und Quartierwechsel in ein Haus auf der anderen Seite der Bucht waren Grund für eine der größten Enttäuschungen Benjamins bei seiner Rückkehr auf die Insel. Seine Entscheidung, erneut nach Ibiza zu reisen, wurde sicherlich auch von der Vorstellung geleitet, wieder die wundervolle, einsame Bucht und das Haus vom Vorjahr vorzufinden, »das noch diesen Winter in meiner Phantasie keine geringe Rolle gespielt hatte«.[222] Das neu errichtete, von den Noeggeraths erst vor Kurzem gemietete Anwesen – bei Benjamins Ankunft in San

---

221 *GB* IV, S. 498.
222 Brief an Gretel Karplus vom 15. April 1933, *GB* IV, S. 175.

Antonio fand der Umzug statt – war zwar modern und komfortabel, besaß sogar eine Wanne für ein heißes Bad – »für Ibiza ist das etwas ganz Märchenhaftes«[223] –, doch Benjamin behagte es von Anfang an nicht. Nicht nur wegen seiner schlechteren Lage, wie er in seinen Briefen klagte, sondern möglicherweise auch aufgrund des zu entrichtenden Zimmerpreises. Er war mit Sicherheit höher als der eingeplante und ursprünglich mit den Noeggeraths verabredete.

Auch der allgemeine Anstieg der Lebenshaltungskosten in San Antonio machte Benjamin zu schaffen. Die Preise waren 1933 durch den enormen Zustrom an Touristen und einer erhöhten Nachfrage nach Unterkünften gestiegen. Die finanzielle Situation der Noeggeraths gestaltete sich ebenfalls nicht gerade rosig. Anscheinend sahen sie jedoch in der Immobilienspekulation, oder wie auch immer man es nennen möchte, ein Geschäft mit Zukunft. Kurzum, sie vermieteten das kleine, von ihnen renovierte Häuschen Sa Punta des Molí und kauften daraufhin ein Grundstück, um ein eigenes Haus zu errichten – ein Projekt, das nie realisiert wurde. Benjamin wohnte weder auf Einladung bei Felix und Marietta Noeggerath, noch war er der einzige Pensionsgast in ihrem Haus. Die Unstimmigkeiten, die vermutlich schon im Juli 1932 an der »schönen Waldecke«[224] begonnen hatten, traten im April 1933 schon bald erneut auf. Sicherlich zahlte Benjamin aufgrund des höheren Komforts der Unterkunft – den die neuen Touristen sehr zu schätzen wussten – und wegen der gesteigerten Nachfrage eine weitaus größere Miete für sein Zimmer als für das kleine Häuschen im Vorjahr. Sein enger finanzieller Spielraum wurde somit äußerst strapaziert. Das mag auch erklären, warum er vom ersten Tag an wieder wegziehen

---

223 Ebd., S. 178.
224 Ebd., S. 176.

wollte. Möglicherweise lag darin auch eine der Ursachen für die sich verschlechternden Beziehungen und das spätere Zerwürfnis mit dem Ehepaar Noeggerath.

In einem Brief vom 23. Mai 1933 unterrichtete Benjamin Gershom Scholem von seiner Absicht: »Um die gleiche Zeit werde ich dann vermutlich meinen hiesigen Aufenthalt mit dem in einer einsamen Mühle – ohne Fenster! man wird wohl ein Loch in die Tür machen – vertauschen.«[225] Vielleicht meinte er die marode Mühle mit ihren zerbrochenen Flügeln, die in direkter Nachbarschaft zur Finca vom Vorjahr lag. Es blieb jedoch bei Spekulationen: »Dort wird es entweder erträglich werden (und dann bleibe ich vielleicht recht lange dort) oder (und das ist mindestens ebenso wahrscheinlich) unerträglich und dann werde ich San Antonio vielleicht mit Ibiza vertauschen oder die Insel verlassen.«[226] Zu jenem Zeitpunkt pflegte er ausschließlich mit Jean und Guyet Selz Umgang. Um sie sehen zu können, musste er sich nach Ibiza-Stadt begeben oder warten, bis sie ihn in San Antonio besuchen kamen: »Wenn ich, wie eben jetzt, mehr als eine Woche habe vergehen lassen, ohne meine pariser Freunde in Ibiza zu sehen, so ist es trübe um mein Befinden bestellt.«[227] Und so musste es wohl sein: Denn bereits einen Tag nach dem oben zitierten Brief machte er sich am 24. Mai auf den Weg nach Ibiza-Stadt und quartierte sich in dem Haus ein, das die Selz' im Altstadtviertel Dalt Vila gemietet hatten. Dort verbrachte er acht Tage. Bei seiner Rückfahrt erwog er einmal mehr, San Antonio zu verlassen.

Weder wird sein erster Plan realisiert, in der einsamen Mühle zu leben, noch sein zweiter, San Antonio endgültig zu verlassen, um in die Hauptstadt zu ziehen. Benjamin verließ

---

225 *GB* IV, S. 213.
226 Ebd.
227 Ebd., S. 212.

jedoch Ende Juni das Haus der Noeggeraths, in dem die Stimmung, wie er seinem Freund Scholem am 29. Juni eindrücklich schilderte, »durch den überaus traurigen Niedergang des äußern, vor allem aber des inneren Lebensstandards des Mannes vergiftet [ist], von andern Vorgängen zu schweigen, denen nicht nachzugehen ich bei weitem vorziehe.«[228] Zwei Monate suchte Benjamin nach einer Unterkunft, die seinem begrenzten Budget entsprach. Schließlich fand er »ein – zufällig bereits fertiggestelltes – Zimmer in einem Neubau, welcher noch in Arbeit ist [...]. Möbel werde ich, abgesehen von einem Bett, schwerlich drin finden.«[229]

Obwohl die Ausstattung seines neuen Domizils – »gewiß ein ungewöhnliches Quartier« – äußerst kläglich war, kam ihm doch sehr zugute, dass es auf der anderen Seite der Bucht, nahe dem Haus vom Vorjahr und gleich neben La Casita stand. La Casita, das Häuschen, in dem die Selz' den Sommer 1932 verbracht hatten, wurde nun von seinem neuen Eigentümer, dem jungen Deutschen Maximilian Verspohl, und einigen seiner Freunde bewohnt. Hier, »endlich dicht am Meeresufer und

---

228 *GB* IV, S. 252. Die Fragen, über die sich Benjamin keinen Kopf zerbrechen wollte, könnten mit den Ehestreitigkeiten zwischen Felix und Marietta zusammenhängen, die sich vier Jahre darauf, 1937, scheiden ließen. Laut Scholem hatte Marietta Noeggerath zu der Zeit angefangen zu trinken (vgl. »Walter Benjamin und Felix Noeggerath«, in: *WBE*). Einige Nachbarn behaupten jedoch, Felix Noeggerath habe häufiger getrunken. Felix und Marietta Noeggeraths Version über den Bruch mit Benjamin lautet anders. Ihrer Darstellung zufolge war Benjamin sehr gereizt aufgrund seiner persönlichen Krise. Wie dem auch sei, Benjamin hatte seinen Bruch mit beiden bereits in einem Brief an Gretel Karplus vom 30. April 1933 angekündigt: »Jener letzte Winter, den N. hier – teilweise allein mit seinem Sohn – verbracht hat, scheint sich zwischen ihn und seine früheren Interessen wie ein Wall zu schieben. Die Sache wird dadurch nicht besser, daß er – aus naheliegenden Erwägungen – noch andere paying gests außer mir genommen hat. Bedenklich wird ein solcher Zustand freilich erst mit der Zeit; ich fürchte aber diese Zeit wird kommen, wenn die Zeit nicht anderes bringt.« *GB* IV, S. 193.
229 *GB* IV, S. 252.

dicht am Wald«, vertraute Benjamin darauf, wie im Vorjahr die nötige Ruhe für seine Arbeiten zu finden.[230] Vor ihm lag noch ein langer und sehr heißer Sommer.

Am 24. Juli 1933, nachdem er einen Monat in seiner neuen Behausung gelebt hatte, beschrieb er in einem Brief an Jula Radt-Cohn, was ihn dorthin gebracht hatte. Er kehrte darin auch die guten Seiten hervor: »Bis dahin war meine Lebensweise eine unstetere, zwischen den ungenügenden Arbeitsmöglichkeiten von San Antonio und den zum Teil durchaus bemerkenswerten Zerstreuungen von Ibiza geteilte. [...] Aus dieser Landschaft schneiden die scheibenlosen Fensteröffnungen meines Zimmers die schönsten Bilder. Es ist das einzig notdürftig bewohnbare eines Rohbaus, an dem noch eine ganze Weile gearbeitet werden wird und den ich bis zur Fertigstellung als einziger Bewohner für mich habe. Die Einschränkung meiner Lebensbedürfnisse und Lebenskosten habe ich durch dieses Quartier auf ein kaum mehr unterbietbares Minimum gesenkt.«[231]

In seinem Zimmer des nie fertiggestellten Hauses lebte er sehr ärmlich – was seinem Zustand als »Elender« zu entsprechen schien. Dort entwarf Walter Benjamin auch seinen kurzen Essay *Erfahrung und Armut*. Darin zeichnet er äußerst scharfsinnig den Weg einer Generation nach; einer Generation, die – wie Raoul Hausmann, Jokisch, Felix Noeggerath und er selbst – geprägt ist von der Zeit zwischen dem Krieg von 1914 und dem unmittelbar bevorstehenden: »In der Tür steht die Wirtschaftskrise, hinter ihr ein Schatten, der kommende Krieg.«[232] In dieser Zeitspanne entstand, laut Benjamin, ein neues Gebot,

---

230 Brief an Gretel Karplus vom ca. 8.-10. Juli 1933, *GB* IV, S. 257. Das Haus existiert ebenfalls nicht mehr. Statt seiner – das Nachbargrundstück mit La Casita eingeschlossen – wurde in den 50er-Jahren das Hotel Tagomago errichtet.
231 *GB* IV, S. 263f.
232 *GS* II, S. 219.

das Denken, Kunst und das eigene Leben beherrschte: Das Gebot, »objektive« Erfahrungen vorangegangener Generationen zurückzuweisen, dadurch den schnellen Verfall eines Konzepts der Traditionsweitergabe zu provozieren und somit den Weg frei zu machen, um »von vorn zu beginnen«.[233] Zwölf Jahre zuvor, 1921, hatte der junge Dadaist Raoul Hausmann vehement verkündet, »der neue Mensch« brauche eine neue Sprache ohne das Erbe der Vergangenheit.[234]

An dieser Bruchstelle, an der Stelle, an der der Faden der Tradition riss, scheint sich Benjamins Philosophie zu verorten und ihre größte Intensität aufzuweisen. »Arm sind wir geworden. Ein Stück des Menschheitserbes nach dem anderen haben wir dahingegeben, oft um ein Hundertstel des Wertes im Leihhaus hinterlegen müssen, um die kleine Münze des ›Aktuellen‹ dafür vorgestreckt zu bekommen.«[235] Raoul Hausmann, der als Avantgardekünstler sehr genau um die neue »Erfahrungsarmut« und den radikalen Traditionsbrüche wusste, begann auf Ibiza bald mit großem Enthusiasmus das auf der archaischen Insel vorgefundene »Menschheitserbe« zu erforschen. Walter Benjamin hingegen benutzte den unversehrten Nachlass wie eine Versuchsanordnung, um den wahren Wert der Moderne bestimmen zu können: die »kleine Münze des ›Aktuellen‹«. Zwei verschiedene Blickweisen auf dasselbe Objekt, geleitet von einer nicht eingestandenen Sehnsucht.

Benjamin wie auch Hausmann fesselte eine Umgebung, in der alles noch in Handarbeit geschaffen wurde und die moderne Kenntnis der technischen Reproduzierbarkeit noch nicht existierte. Beide interessierten sich für die kunsthandwerklichen Schätze der vormodernen Gesellschaft Ibizas. Das Kunsthand-

---

233 *GS* II, S. 215.
234 Vgl. Hausmann, Raoul: »Die Neue Kunst, Betrachtungen (für Arbeiter)«, in: *Die Aktion* 9, 1921.
235 *GS* II, S. 219.

werk verlangte Erfahrung und Weitergabe von Erfahrung. Die Baukunst und die Kunst des Erzählens wurden ermöglicht dank mündlicher Überlieferungen. Die »Aura« der Dinge, der Häuser, der Geschichten musste genau in dieser Erfahrung gesucht werden, die die industrielle Gesellschaft abgestoßen hatte. Wenige Jahre später wird sich Walter Benjamin in seinen Essays *Das Kunstwerk im Zeitalter seiner technischen Reproduzierbarkeit* und *Der Erzähler* damit auseinandersetzen.[236] Die Bauernhäuser Ibizas lieferten ein äußerst beredtes Beispiel: Sie waren alle ein und demselben tradierten architektonischen Schema verpflichtet, das sich im Laufe der Jahrhunderte nicht verändert hatte. Dennoch gab es keine zwei identischen Häuser. In seinem ibizenkischen Tagebuch *Spanien 1932* notierte er: »Wenn man gute zwei Stunden in der Richtung auf San Antonio zu gemacht hat, so trifft man unter den letzten abgelegnen fincas an denen der Weg sich vorbeizieht auf einem kleinen Hügel, oberhalb San Antonios, das man unten in der Bucht liegen sieht, auf ein stilles Gehöft, dessen Bauart sich eigentümlich von der der andern fincas unterscheidet – man wüßte freilich nicht gleich zu sagen, worin.«[237]

Ende Juni 1933, als Benjamin sich unter schwierigsten finanziellen Bedingungen auf seinen letzten ibizenkischen Sommer vorbereitete, genoss Raoul Hausmann in einem abgelegenen Tal im Inselinneren, wenige Kilometer von San Antonio entfernt, die Einsamkeit und Schönheit der traditionellen Bauten. Er machte erste fotografische Arbeiten, um, wie er schrieb, »den afrikanischen Charakter« der Insel einzufangen. Dieselbe Begeiste-

---

236 *Das Kunstwerk im Zeitalter seiner technischen Reproduzierbarkeit* (*GS* I, S. 471 ff.) wurde 1936 als Beitrag für die *Zeitschrift für Sozialforschung*, dem Organ des Instituts für Sozialforschung, dessen Sitz nach Paris verlegt worden war, zuerst in französischer und nicht in deutscher Sprache veröffentlicht.
237 *GS* VI, S. 463f.

rung, die Benjamin für den Mikrokosmos der Insel im Frühjahr 1932 aufbrachte, lässt sich ein Jahr später in Raoul Hausmanns Schriften finden. Die Übereinstimmungen sind verblüffend. Als Beispiel sei die Darstellung der Innenräume der Bauernhäuser genannt, über deren Nacktheit Benjamin in *Raum für das Kostbare*, eines der kurzen Stücke der *Ibizenkischen Folge*, reflektiert hatte, oder beider Gedanken zu zahlreichen Verrichtungen archaischer Tradition: von der Herstellung der Kleidung bis zu den Ackerbaumethoden.

In San José wurde aus Hausmann, dem »Dadasophen«, wie er sich augenzwinkernd selbst gern nannte, ein Anthropologe, Soziologe und auch Archäologe. Den Anstoß gab ohne Zweifel der Besuch des kanadischen Architekten Hazen Size, der unmittelbar nach dem IV. Internationalen Kongress der Modernen Architektur in Athen nach Ibiza gereist war. Auf dem Kongress wurden die mediterranen Wurzeln der modernen Architektur diskutiert, insbesondere aber die ibizenkische Bauweise, die ja erst kürzlich von den jungen Architekten der GATCPAC entdeckt worden war. Hazen Size, interessiert an der Bautradition Ibizas, entschloss sich, auf dem Rückweg von Athen einen Zwischenstopp auf der Insel einzulegen. Hausmann kannte er bereits und erörterte mit ihm die möglichen gemeinsamen Ursprünge einer mediterranen Architektur. Nach seinem kurzen Abstecher verließ Size Ibiza wieder in Richtung Kanada. Raoul Hausmann jedoch hatte Feuer gefangen und begann, die ländlichen Wohnformen der Insel zu erforschen.

Trafen Walter Benjamin und Raoul Hausmann auf Ibiza jemals aufeinander? Beide hielten sich den April über in San Antonio auf und es scheint fast unmöglich, dass sie sich nicht einmal begegnet sind und miteinander gesprochen haben. Später, im Mai, zog sich Hausmann dann in die Berge von San José zurück. Sie lebten jedoch unter stark voneinander abweichenden Bedingungen. Benjamin war sich seines Exiliertendaseins nur zu bewusst, was jeden seiner Schritte beeinflusste. Hausmann hingegen schienen die politischen Vorgänge zum Zeitpunkt seines Eintreffens auf der Insel weniger zu berühren. Der Nazismus war nicht unmittelbar der Grund für seine Reise, wohl aber verantwortlich dafür, dass er niemals mehr nach Deutschland zurückkehren sollte.

Raoul Hausmann saß gerne in den Bars und trank und unterhielt sich mit den Bauern. Man erzählt sich, dass er ab und an, nach einigen Gläsern Wein, zum allgemeinen Vergnügen und großen Erstaunen einige seiner extravaganten Tänze aufführte. Er machte zahlreiche Aufnahmen von seinen Nachbarn, ihren Familien und deren Häusern. Auf seine Art gehörte er zu der kleinen Gemeinde, auch wenn er niemals erwarten konnte, dass seine Ménage-à-trois jemals verstanden oder gar akzeptiert würde. Im Laufe der Jahre begrüßte er in seinem Haus in San José auch einige Freunde und Bekannte, unter ihnen den surrealistischen Fotografen Man Ray. Er erhielt auch Besuch von einer jungen, deutschen Fotografin namens Elfriede Stegemeyer, die seine neue Geliebte werden sollte. Vera Broïdo, seine vorherige Muse, hatte ihn bereits endgültig Richtung Paris verlassen. Hausmann war sicherlich ein schräger Typ, doch alle, die mit ihm zusammentrafen, behielten ihn in guter Erinnerung. Er verstand es, sich bei allen Vertrauen und Respekt zu verschaffen.[238]

Walter Benjamin erwähnte Hausmann nur einmal in seinen Briefen. Bei seiner zweiten Reise im Frühjahr 1933 ließ er kurz nach seiner Ankunft in San Antonio die lakonische Bemer-

---

[238] Für seine Arbeit war es unerlässlich, dass er Vertrauen und Respekt genoss: »Selten hat der Fotograf die Gelegenheit, Schnappschüsse zu machen, da die Bauern sehr misstrauisch sind, und es gefällt ihnen nicht, dass Bilder oder Fotos von ihren Häusern gemacht werden, etwas, was nach ihrer Meinung, Unglück bringt.« Davies/Derville (Hg.): *Ibiza*, S. 22.

kung fallen, dass er Hausmann noch nicht vorgestellt worden sei und auch keinerlei Verlangen verspüre, mit den Neuankömmlingen auf der Insel in Kontakt zu treten. Raoul Hausmann hingegen sprach niemals direkt von Walter Benjamin. In seinem Roman *Hyle* findet sich aber eine kuriose Passage, in der die Protagonisten der Geschichte – wohl Hausmann und seine Geliebte Vera Broïdo selbst – während eines Spaziergangs durch die Gassen von Ibiza-Stadt auf einen »Monsieur Sel« treffen, womit sicherlich Jean Selz gemeint ist. Dessen Begleiter, ein »Doktor Gerath«, ein eitler »Ästhet«, geht Vera sehr auf die Nerven, da sie sich von ihm vorgeführt und korrigiert fühlt, sobald sie in ihrem unsicheren Französisch das Wort an ihn richtet.[239] Vielleicht ist ja »Doktor Gerath« nicht nur eine Abkürzung für Noeggerath, sondern identisch mit jenem Walter Benjamin, der vor allem bei den jüngeren Deutschen der touristischen Enklave einen bleibenden Eindruck sowie einen Spitznamen hinterließ und, den Jean Selz in seinem Artikel den Lesern nannte: »Tiens-Tiens« oder besser: der »So-So«.

---

239 Hausmann: *Hyle*, S. 171.

VI. Selz und die Traumstoffe

Im Frühjahr 1932 reiste Jean Selz mit seiner Frau Guyet zum ersten Mal nach Ibiza. Er war gerade achtundzwanzig Jahre alt geworden. In Paris geboren und aufgewachsen, wohlvertraut mit der zeitgenössischen Kunst und Experte auf dem Gebiet der europäischen Volkskunst, war er sofort von Ibiza eingenommen, von den Einheimischen und ihren Bräuchen, aber auch von den anderen Besuchern, die wie er glaubten, auf der Insel einen Ort für ihre Utopie gefunden zu haben. Seine Nichte, die Malerin und Bildhauerin Dorothée Selz, beschrieb ihn als »einen eleganten, sehr kultivierten, zurückhaltenden, diskreten und äußerst bescheidenen Mann«.[240] Eigenschaften, mit denen er schnell das Vertrauen und die Freundschaft der anderen Residenten auf Ibiza gewann. Nahezu alle Maler, Bildhauer, Dichter und Romanciers, die sich zwischen 1932 und 1934 auf der Insel aufhielten – unter ihnen die Schriftsteller Pierre Drieu la Rochelle und Elliot Paul –, schauten früher oder später im Haus von Jean Selz vorbei, das er in Ibiza-Stadt im Altstadtviertel Dalt Vila in der Calle de la Conquista angemietet hatte.

Im Frühjahr 1932 waren Jean und Guyet Selz die einzigen Franzosen auf der Insel. Sie kamen in der Absicht, ungefähr vierzehn Tage zu bleiben, doch wurden annähernd zwei Jahre daraus. Anfang Juli zogen sie nach San Antonio, um den Sommer an der Küste zu verbringen. Sie bewohnten das kleine, erst kürzlich errichtete Haus, das La Casita genannt wurde und in direkter Nachbarschaft zu dem Haus lag, in dem Walter Benjamin die letzten Tage seines Aufenthalts verbrachte. Obwohl sie sich bald kennenlernten, dauerte es noch annähernd ein Jahr, bis Benjamin und Selz sich regelmäßig trafen und ab April 1933 zusammenarbeiteten.

---

240 Selz: *Viaje a las Islas Pitiusas*, S. 88.

Die Erinnerungen an diese Zeit brachte Jean Selz 1954 zu Papier und veröffentlichte sie in einem Artikel.[241] Abgesehen von einigen Fehlern bei zeitlichen Zuordnungen und anderen Details, ist er ein sehr wertvolles Dokument über den Aufenthalt Benjamins auf Ibiza. Viele Jahre lang, bis die Briefe und autobiografischen Schriften des Berliner Philosophen veröffentlicht wurden, lieferte die Reportage von Selz das einzige Zeugnis über jene Jahre. Jean Selz kannte also die Anspielungen Benjamins über ihn und seine Freundschaft noch nicht, als er seinen Artikel schrieb. Auch dessen Erzählungen und übrigen ibizenkischen Schriften waren ihm unbekannt. Als er zwanzig Jahre danach über seinen täglichen Umgang mit Walter Benjamin auf Ibiza schrieb, konnte er gewiss nicht ahnen, dass im Laufe der Jahre das internationale Ansehen Benjamins in der Literaturwelt durch die stetig steigende Zahl von Editionen und Übersetzungen derart anwachsen würde. Durch ihren gemeinsamen Ibizaaufenthalt und ihre Freundschaft im Frühjahr und Frühsommer 1933 bleibt der Name Jean Selz auf immer mit dem Walter Benjamins verbunden. Aus ihrer beider Freundschaft entwickelte sich ein nie abgeschlossenes Projekt, eine französische Übersetzung der *Berliner Kindheit um Neunzehnhundert*, jenem Buch über Benjamins Kindheit, das er im August/September 1932 im italienischen Poveromo angefangen hatte zu schreiben.

---

241 *ÜWB*, S. 37ff. Es gibt einige Unstimmigkeiten bei den Daten. Jean Selz glaubte, Benjamin sei noch im Oktober 1932 auf Ibiza gewesen, was unmöglich ist, da Benjamin die Insel bereits im Juli 1932 verlassen hatte. Auch die Geschichte der Windmühle Can Frasquito wird nicht exakt wiedergegeben: Derjenige, der nach Amerika auswanderte, war nicht Frasquitos Sohn – wie Selz schreibt –, sondern sein Schwager. Gershom Scholem bewertete den Artikel nicht gerade positiv. Wohl glaubte er, dass die von Jean Selz angegebenen Gründe für den Bruch mit Benjamin authentisch seien, »was von manchen anderen Details seiner Erinnerungen nicht mit gleicher Überzeugung gesagt werden kann, es sei denn, daß W.B. ihm bewußt Lügen aufgetischt hätte.« *SB*, S. 173.

In seiner Korrespondenz mit Gershom Scholem, Gretel Karplus und Jula Radt-Cohn äußerte er große Befriedigung über diesen neuen Plan. Die Aussicht auf eine mögliche Publikation in französischer Sprache – eine deutsche Ausgabe schien zu dem Zeitpunkt nicht realisierbar – ließ Benjamin und Selz mit der Übersetzung beginnen: »In diesem Frühling las mir Benjamin seine Kindheitserinnerungen vor. Es waren Texte, die unter dem Titel, *Berliner Kindheit um Neunzehnhundert* erschienen sind. Er übersetzte während des Lesens, und seine Französischkenntnisse waren so gut, daß ich den oft jähen Gedankensprüngen zu folgen vermochte. Dennoch blieben mir einzelne Stellen dunkel, weil er für gewisse Ausdrücke und Wörter die französische Entsprechung nicht finden konnte. Das brachte mich auf den Gedanken, die *Berliner Kindheit* ins Französische zu übertragen, wobei er mir mit subtilen, präzisen Erklärungen half. Die Arbeit war mühsam und schwierig.«[242]

Während der ersten Monate seines zweiten Inselaufenthalts 1933 beschäftigte sich Benjamin vorwiegend mit der Übersetzung der *Berliner Kindheit um Neunzehnhundert*. Seine Bearbeitung erwähnte er in mehreren Briefen an Freunde immer in einem zuversichtlichen Ton – im Gegensatz zum allgemeinen Pessimismus jener Tage. An Gershom Scholem schrieb er am 23. Mai über die »pariser Freunde in Ibiza«: »Übrigens befaßt sich der Mann mit dem Vorhaben, kleine Stücke der ›Berliner Kindheit‹ zu übersetzen. Er kann kein Deutsch; nimmt aber meine Paraphrasen mit größtem Verständnis auf.«[243] In einem weiteren Brief, vom 31. Juli, an den gleichen Empfänger bestätigte er: »Die französische Übersetzung der ›Berliner Kindheit‹ dagegen macht Fortschritte. Wir arbeiten täglich daran. Der Übersetzer

---

242 *ÜWB*, S. 45.
243 *GB* IV, S. 212f.

kann kein Wort Deutsch. Die Technik, mit der wir vorgehen, ist, wie du dir denken kannst, nicht von Pappe. Was so entsteht aber fast durchweg hervorragend.«[244]

Benjamin neigte in seinen Briefen nicht selten zu Übertreibungen, vor allem in denen an Scholem, doch hier scheint er nicht übertrieben zu haben, als er ihm mitteilte, sein Übersetzer spreche »kein Wort Deutsch«. Diese Feststellung wird in einer Passage aus Raoul Hausmanns dadaistischen Roman *Hyle* bestätigt, in der die Protagonisten der Geschichte beim Flanieren durch Ibiza-Stadt einen ihnen beiden bekannten »Monsieur Sel« treffen und mit ihm einige Worte auf Französisch wechseln, »weil Sel kaum ein deutsches Wort versteht«.[245] Trotz intensivster Arbeit – Benjamin übersetzte seine eigenen Texte ins Französische und Jean Selz half ihm, die passenden Worte und sprachlichen Wendungen zu finden – konnten sie nicht mehr als fünf Einzelstücke abschließen.[246] Im Juli 1933 beendete ein unglücklicher Vorfall ihre Freundschaft. Obwohl Jean Selz sich in Ibiza und auch Monate später in Paris bemühte, sie wieder aufleben zu lassen, um die begonnene Arbeit weiterzuführen,[247] wollte Benjamin nichts mehr von ihm und einer Übersetzung der *Berliner Kindheit um Neunzehnhundert* wissen, die er noch in einem Brief an Jula Radt-Cohn vom 24. Juli als »meisterhaft« bezeichnet hatte.

---

244 *GB* IV, S. 269.
245 Hausmann: *Hyle*, S. 179.
246 *Wintermorgen, Schmöker, Loggien, Zwei Blechkapellen* und *Schmetterlingsjagd*. Die drei erstgenannten befanden sich im Besitz von Jean Selz; er veröffentlichte sie 1954 in *Les lettres nouvelles*. Von den anderen beiden besaß er wohl keine Kopie, sie wurden erst viel später in den Benjamin-Archiven aufgefunden. Vgl. *GS* IV, S. 967. Selz und Benjamin trafen sich – nach Ibiza – nur noch einmal, in Paris 1934. Selz wollte *Zwei Blechkapellen* und *Schmetterlingsjagd* mit Benjamin gemeinsam den letzten Schliff geben, aber der Kontakt zwischen beiden brach nach diesem Treffen völlig ab.
247 *GS* IV, S. 969.

Von Ibiza aus veröffentlichte Benjamin unter dem Pseudonym Detlef Holz in der *Vossischen Zeitung* fünf Stücke der *Berliner Kindheit um Neunzehnhundert* und drei weitere, eines unter dem Pseudonym C. Conrad und zwei ungekennzeichnete in der *Frankfurter Zeitung*.[248] Mindestens drei der fünf Einzelstücke, die in der *Vossischen Zeitung* abgedruckt wurden, konzipierte er auf Ibiza. Über *Loggien*, *Der Mond* und *Schmöker* berichtete er mit großem Enthusiasmus in seinem Briefwechsel. Von dem ersten ließ er Scholem wissen, einige Seiten enthielten »das genaueste Porträt [...], das mir von mir selbst zu machen gegeben ist«[249], aufgezeichnet in einer Lebensphase, in der er sich vornehmlich mit seiner eigenen Biografie auseinandersetzte, wie der autobiografische Text *Agesilaus Santander* zeigt, der wenige Wochen nach *Loggien* geschrieben wurde.

In *Der Mond* greift Benjamin das Proust'sche Motiv des Erwachens auf: das erschrockene Kind, mitten in der Nacht, dessen Verlassenheit ihm das Gefühl gibt, vollkommen allein auf der Welt zu sein – möglicherweise sah sich Benjamin selbst so, als er den Text schrieb. Er wiederholt hier auch ein Motiv seiner Erzählung *Die Kaktushecke*, demzufolge das Licht des Mondes sich weniger auf unser gewöhnliches Leben als auf eine »Gegen- oder Nebenerde«[250] zu übertragen scheint. Ohne Zweifel hinterließ die Wirkung des Vollmondes über der Insellandschaft bei Benjamin einen tiefen Eindruck, so tief, dass er dies in die Welt seiner Kindheit übertrug.

---

248 *Berliner Kindheit um Neunzehnhundert*, GS IV, S. 235ff. Acht einzelne Stücke wurden veröffentlicht, während sich Benjamin auf Ibiza aufhielt. In der *Vossischen Zeitung*: *Mummerehlen* (5. Mai 1933), *Zwei Blechkapellen* (16. Juni 1933), *Loggien* (1. August 1933), *Der Mond* (8. September 1933) und *Schmöker* (17. September 1933). In der *Frankfurter Zeitung* erschienen: *Der Lesekasten* (14. Juli 1933), *Schränke* (14. Juli 1933) und *Das bucklichte Männlein* (12. August 1933).
249 Brief an Gershom Scholem vom 31. Juli 1933, GB IV, S. 267.
250 *Der Mond*, GS VI, S. 300.

Diese Phänomene prägen auch eine weitere Arbeit: *Das Licht*,[251] eine von drei Erzählungen, die zusammen die *Geschichten aus der Einsamkeit* bilden. Sie ist die einzige, die Walter Benjamin nachweislich 1933 auf der Insel schrieb.

In einem Brief an Gretel Karplus vom 25. Juni nannte Benjamin zum ersten Mal den Titel *Schmöker*, jenem Stück aus der *Berliner Kindheit*, in dem er sich an seine ersten Leseerfahrungen in der Schulbibliothek erinnert.[252] Gretel Karplus teilte er mit, dass der Text »in der Tat ganz neu, in der Gestalt aber, in der Sie es vielleicht erblicken werden, nicht neu genug ist«. In Bezug auf ein anderes Stück fügte er hinzu, in »Wirklichkeit ist es nichts Neues, sondern die Umarbeitung eines Stücks, das Sie in Berlin gewiß einmal von mir hörten.«[253] Ein Hinweis darauf, dass Benjamin häufig ganze Absätze eines Textes in einen anderen aufnahm. Wie auch zum Beispiel in einem kurzen Abschnitt seines Kindheitsbuchs mit der Überschrift *Das Fieber*,[254] in dem sich einiges aus der 1932 auf Ibiza verfassten Schrift *Erzählung und Heilung*[255] wiederfindet. Sie kann wohl nicht direkt mit Benjamins eigener Kindheit in Berlin in Verbindung gebracht werden, scheint aber aus heutiger Sicht an die konkrete Erinnerung eines Familienereignisses gebunden.

Benjamins Arbeit *Berliner Kindheit um Neunzehnhundert*, die im italienischen Poveromo – nach der Aufgabe der *Berliner Chronik* – ihren Anfang nahm, sich auf Ibiza mit dem Übersetzungsversuch ins Französische fortsetzte und um neue Teile ergänzt wurde, entwickelte sich in Paris im Herbst 1933 und in den beiden folgenden Jahren weiter. In seinem endgültigen Exil in Paris gelang es Benjamin, dass noch einzelne

---

251 *Das Licht*, GS IV, S. 757.
252 *Schmöker*, GS IV, S. 274.
253 Brief vom ca. 25. Juni 1933, GB IV, S. 248.
254 *Das Fieber*, GS IV, S. 269.
255 *Erzählung und Heilung*, GS IV, S. 430.

Stücke unter Pseudonym oder ohne Nennung ihres Autors in deutschen Zeitungen gedruckt wurden. Sein Wunsch, sie als komplettes Buch veröffentlicht zu sehen, ging trotz vielfacher Bemühungen nicht in Erfüllung. Benjamin vertraute uneingeschränkt auf die Qualität seines Werks. Am 8. April 1934 schrieb er an Gershom Scholem, dass »gerade für diese ›Berliner Kindheit‹ die Publikationschancen durchaus minimal sind. Übrigens gilt, glaube ich, von den Erfolgschancen nicht das Gleiche.«[256] Er sollte Recht behalten, denn seit ihrem erstmaligem Erscheinen 1950, zusammengestellt von Theodor W. Adorno, reißen Neuauflagen und Übersetzungen nicht ab. Heute zählt *Die Berliner Kindheit um Neunzehnhundert* nicht nur zu Walter Benjamins besten Büchern, sondern auch zu einem der schönsten, das jemals über das Motiv der Kindheit geschrieben wurde.

Jean Selz präsentiert eine Reihe aufschlussreicher Einzelheiten des Benjamin'schen Inselalltags. Doch gibt es unter den Geschichten, die Selz in seinem Artikel von 1954 erwähnt, einige, die im Nachhinein durch die Herausgabe der Werke und des Briefwechsels von Benjamin genauer nachgezeichnet werden können. Das scheint unter anderem bei der »Sammlung der Träume« der Fall, wo anzunehmen ist, dass beide ihre jeweils eigenen Versionen auf Ibiza aufzeichneten und austauschten.

Für Benjamin illuminierten Träume und die Sprache der Träume andere, lebendigere Ebenen der Wirklichkeit, ähnlich denen, die die Surrealisten zum Vorschein gebracht hatten. Bei seiner Suche nach dem, was er »lebendige Erfahrung«[257] nannte, eröffneten ihm Träume ebenso wie Drogen einen neuen Weg,

---

256 *GB* IV, S. 389.
257 »Die sürrealistische Bewegung. Die letzte Momentaufnahme der europäischen Intelligenz«, in: Benjamin, Walter: *Angelus Novus, Ausgewählte* Schriften, Bd. 2, Frankfurt/M. 1988, S. 202.

auf dem Sprache weit mehr war als ein bloßes Werkzeug. Von nun an machte er es sich zur Gewohnheit, seine Träume aufzuzeichnen. »Er wußte«, berichtet Jean Selz in seinem Artikel, »daß ich Träume sammelte, und erzählte mir oft, was er geträumt hatte.« Als Beispiel dokumentiert Selz einen der Träume Benjamins, den er sich im Juli 1932 notiert hatte: »Wilhelm der Zweite stand vor einem Schwurgericht, angeklagt, den Ruin einer alten Frau verschuldet zu haben. Die alte Frau erschien in Lumpen mit ihrer kleinen Tochter an der Hand vor dem Tribunal, und um zu beweisen, wie groß ihr Elend sei, brachte sie die beiden einzigen Gegenstände mit, die ihnen noch geblieben waren: einen Besen und einen Totenschädel, den sie als Eß- und Trinkgeschirr zu brauchen gezwungen waren.«[258]

Benjamin hatte sich ebenfalls, mit kleinen Abweichungen, diesen Traum in seinem Tagebuch notiert. Unter dem Titel *Der Chronist*[259] kann er in der Sammlung *Selbstbildnisse des Träumenden*, einigen aufgezeichneten Träumen aus jener Periode, nachgelesen werden. Dort tauchen weitere auf Ibiza skizzierte Träume auf, u. a. *Der Liebhaber*,[260] dessen erste Version sich in *Spanien 1932* findet, ein zweiter ist unter dem Titel *Erster Traum* Teil der *Ibizenkischen Folge*. Dabei handelt es sich um einen Liebestraum mit Jula Cohn als Hauptfigur, deren Name jedoch in der letzten, in *Selbstbildnisse des Träumenden* enthaltenen Fassung durch »Freundin« oder »Geliebte« ersetzt wird.

Mit der Freundin war ich unterwegs, es war ein Mittelding zwischen Bergwanderung und Spaziergang, das wir unternommen hatten, und nun näherten wir uns dem Gipfel.

---

258 Beide Zitate in: *ÜWB*, S. 41.
259 *Der Chronist* aus *Denkbilder*, *GS* IV, S. 424.
260 *Der Liebhaber*, *GS* IV, S. 422.

Seltsamerweise wollte ich das an einem sehr hohen, schräg in den Himmel stoßenden Pfahl erkennen, der, an der überhängenden Felswand aufragend, sie überschnitt. Als wir dann oben waren, war das gar kein Gipfel, sondern eher ein Hochplateau, über das eine breite, beiderseits von altertümlichen ziemlich hohen Häusern gebildete Straße sich zog. Nun waren wir mit einmal nicht mehr zu Fuß, sondern saßen in einem Wagen, der durch die Straße fuhr, nebeneinander, auf dem rückwärtigen Sitz, wie mir scheint; vielleicht änderte auch, während wir in ihm saßen, der Wagen die Fahrtrichtung. Da beugte ich mich zur Geliebten, um sie zu küssen. Sie bot mir nicht den Mund, sondern die Wange. Und während ich sie küßte, bemerkte ich, daß diese Wange aus Elfenbein und ihrer ganzen Länge nach von schwarzen, kunstvoll ausgespachtelten Riefen durchzogen war, die mich durch ihre Schönheit ergriffen.[261]

Benjamin träumte noch mehr. Einen der Träume schilderte er auch in seinem Tagebuch *Spanien* 1932, ein »Traum aus der ersten oder zweiten Nacht meines Aufenthalts in Ibiza«,[262] dessen endgültige Version dann den einfachen Titel *Traum* trägt, aber nicht in *Selbstbildnisse des Träumenden* enthalten ist. *Der Enkel*,[263] Teil des oben genannten, wurde – wie zwei andere Notate mit dem gleichlautenden Titel *Traum*[264] aus der Folge der *Denkbilder* – auf der Insel zu Papier gebracht. Es macht den Eindruck, als ob die Sommernächte des Südens die Traumtätigkeit erheblich steigerte.

Das Denken in Bildern, dem Benjamin folgte, fand in der Logik der Träume seine eigentliche Inspiration. Was ihm wich-

---

261 Ebd.
262 *GS* VI, S. 447.
263 *Der Enkel, GS* IV, S. 420.
264 *Traum, GS* IV, S. 401.

tiger zu sein schien als die Interpretation, war der Traum an sich, seine Sprache und Bilder, deren Imaginationskraft und Nebeneinander der einzelnen Elemente seinen Forderungen an das eigene Schreiben sehr nahekamen. Benjamins unverwechselbarer Stil im Erzählen der Träume versuchte alle literarischen Ausdrucksmöglichkeiten zu nutzen. Die bis zu drei oder vier verschiedenen Versionen eines Traums zeigen sein Vertrauen in eine literarische Form, die die Erfahrungen der »profanen Erleuchtung« des Träumers aufgreift, die Benjamin so eindrucksvoll beschreibt.

Eine andere kurze Passage aus den Erinnerungen von Jean Selz schildert, ohne den Zusammenhang zu erklären, ein seltsames Erlebnis: »Eines Abends, als wir in meiner Wohnung zusammensaßen, war er betroffen von einer Farbe, die ohne Absicht überall in dem Zimmer mit den weißen Wänden verstreut war und den Raum beherrschte. Die Farbe war Rot. Verschiedene Sträuße, Rosen, Nelken, und Granatapfelblüten, breiteten vor unseren Augen eine Skala von Rottönen aus, die alle überstrahlt wurden von dem ungebrochenen Rot eines Bauerntaschentuches, dessen lebhafte Schattierung vom Licht einer Lampe noch vertieft wurde. Benjamin hatte für dieses Zimmer rasch eine Definition bereit: ›Es ist ein Laboratorium, in dem das Geheimnis der roten Farbe ergründet wird.‹«[265] Warum Jean Selz in seinem Artikel die herangezogene Episode nicht als ihrer beider Erlebnis als Opiumraucher offenlegen wollte, muss wohl an seiner »diskreten« und »zurückhaltenden« Art liegen.

Als seine Reportage 1954 publiziert wurde, kannte Selz Benjamins 1952 in der französischen Zeitschrift *Mercure de France* erneut abgedruckten Essay *Der Erzähler*, aber wahrscheinlich nur wenig anderes. Der größte Teil der Benjamin'schen

---

265 *ÜWB*, S. 40.

Schriften über seine Erfahrungen mit Haschisch, Opium und Meskalin erschien erst in den 70er-Jahren in Buchform. Lediglich die phantastische Geschichte *Myslowitz-Braunschweig-Marseille. Die Geschichte eines Haschisch-Rausches* wurde schon 1930 veröffentlicht.[266] *Haschisch in Marseille*, das auf der gleichen Erfahrung wie die vorherige Erzählung basierte, wurde erstmals Ende 1932 publiziert und 1935 ins Französische übersetzt.[267] Doch ist nicht anzunehmen, dass Jean Selz sie vor 1954 lesen konnte, sicher ist nur, dass er von *Haschisch in Marseille* wusste. Er entschied sich offenbar, die Szene nur oberflächlich zu schildern, ohne Details und ohne auch nur anzudeuten, dass der Vorfall auf gemeinsamen Gesprächen unter der bewusstseinserweiternden Wirkung des Opiums beruhte. Erst fünf Jahre später, 1959, entschloss sich Jean Selz, ihre bemerkenswerte Erfahrung öffentlich zu machen.[268]

Die Begebenheit, auf die sich Selz in seiner erneuten Erinnerung an Walter Benjamin auf Ibiza bezieht, trug sich Frühjahr 1933 im Haus der Calle de la Conquista in Ibiza-Stadt zu. Die Idee entstand wohl schon knapp ein Jahr zuvor, als beide in einer Bar am Hafen von Ibiza-Stadt in einer unter Wirkung ihres Haschischkonsums geführten Unterhaltung Drogenerfahrungen austauschten und sich dabei näher kennenlernten. Das Gespräch fand mit Sicherheit am 17. Juli 1932 statt, dem Tag, an dem Walter Benjamin die Insel verließ. Beide stimmten wie schon in der Traumanalyse darin überein, dass der durch bestimmte Drogen hervorgerufene Rausch, einen tieferen Bewusstseinszustand ermögliche. Die Wahrnehmung der Dinge im Rausch gebe diesen – vor allem in der schöpferischen Sprache – einen neuen Sinn. Mit Hilfe des Haschischs

---

266 *Myslowitz-Braunschweig-Marseille*, GS IV, S. 729.
267 *Haschisch in Marseille*, GS IV, S. 409.
268 Vgl. Selz: *Viaje a las islas Pitiusas*, S. 121ff.

sei es möglich, eine lebendigere Wirklichkeit wahrzunehmen. Die Erfahrung dieser Wirklichkeit in Form einer Erleuchtung enthalte die unfassbare Aura (»eine einmalige Ferne, so nah sie sein mag«) der Dinge und eine nicht der Logik unterworfene Sprache. Laut Jean Selz habe sich der Abend als günstig für solche Geständnisse erwiesen. So erzählte er Benjamin von einer zwei Jahre zurückliegenden Opiumerfahrung. Benjamin hatte noch nie Opium geraucht, war jedoch an den von der Droge ausgelösten Seh- und Hörstörungen ausgesprochen interessiert. Zusammen versuchten sie zu bestimmen, was dem Haschisch- und Opiumrausch gemeinsam sei und was nicht.

Damals spielte Selz mit dem Gedanken, ein Buch über Drogen zu schreiben.[269] Benjamin selbst trug seine Aufzeichnungen ständig bei sich und las Selz in der Bar am Hafen von Ibiza-Stadt aus dem vor, was seine endgültige Form in *Haschisch in Marseille* finden sollte. Die tiefe Sympathie, die Benjamin von Beginn an für Jean Selz empfand, erklärt sich aus ihrem gemeinsamen Interesse an diesem thematischen Stoff und vermutlich auch daraus, dass Selz das Haschisch und Opium beschaffte.

Walter Benjamin konnte jedoch erst ungefähr ein Jahr später zum ersten Mal Opium zu sich nehmen, nachdem Selz es bei seiner zweiten Reise im April 1933 auf die Insel geschmuggelt hatte. Doch das allein genügte nicht. Um es zu rauchen, benötigte man eine spezielle Gerätschaft, die Selz nicht auf die Insel schmuggeln wollte. Immerhin besaß er einen kleinen Porzellankocher, der unabdingbar war. Was den Rest anging, so musste improvisiert werden: als Ersatz dienten ein Stück Bambus, das an einer Seite mit Wachs verschlossen wurde, sowie einige Nadeln, die ein Schlosser auf Ibiza anfertigte. Weil dieser jedoch nicht wusste, wozu die Nadeln benötigt wurden, musste er mehrmals mit der Arbeit von vorne beginnen. Als endlich

---

269 Der Arbeitstitel lautete: *Le Rue Regard*. Vgl. *GB* IV, S. 133.

alles vorbereitet war, zelebrierten sie ihre Rauchzeremonie in einem wunderschönen Zimmer in Selz' Haus in der Calle de la Conquista in der Altstadt, von wo aus man die Dächer, die weißen kubischen Häuser des Hafenviertels und die kleine Bucht überblicken konnte. Die Aussicht durch das Fenster und die Betrachtung der Landschaft unter Opiumeinfluss gehörten zu den ersten Motiven ihrer Reflexion. Eingehüllt in die Falten eines Vorhangs, der sich im lauen Abendwind leise regte, schienen sich die Dächer, die Hafenbucht und die weit entfernten Sierras in Einklang mit ihm zu bewegen. Bald weigerten sich die Stadt und die Falte, voneinander getrennt zu werden. Wenn also die Stadt zu Stoff geworden wäre, so wäre der Stoff zu Kleidung geworden, zu ihrer Kleidung, die jedoch von ihnen wegwehte. Das Opium schien sie von dem Land, in dem sie lebten, zu entfernen. Spaßeshalber merkte Benjamin an, sie würden ›Vorhangologie‹ betreiben.[270]

Diese einzigartige Sitzung wurde in den persönlichen Notizen von Jean Selz und dem »Drogen-Protokoll«, wie Benjamin seinen eigenen Bericht nennen wird, festgehalten. Selz' Notizen stimmen genau mit dem Erfahrungsbericht Benjamins überein, den er Gretel Karplus am 26. Mai 1933 brieflich unter geheimnisvollen Anspielungen ankündigte: »Wenn aber Aufzeichnungen, die ich in der Folge über dergleichen Stunden machen werde, einen gewissen Grad von Genauigkeit erreicht und sich mit andern in einem Dossier, von dem Sie wissen, werden vereinigt haben, so wird auch der Tag erscheinen, wo ich Ihnen eines und das andere daraus gern lesen werde. Heute habe ich beträchtliche Ergebnisse in der Erforschung von Vorhängen davongetragen – denn ein Vorhang trennte uns vom Balkon der auf die Stadt und auf das Meer hinausgeht.«[271]

---

270 Vgl. Selz: *Viaje a las islas Pitiusas*, S. 124.
271 *GB* IV, S. 218.

Die Aufzeichnungen Benjamins, auf die er sich in dem Brief an Gretel Karplus bezieht, blieben unveröffentlicht, bis sie in den 70er-Jahren unter dem Titel *Crocknotizen* publiziert wurden.[272] In ihnen beschreibt er die charakteristische Erweiterung der Wahrnehmung im Rauschzustand, eine besondere Wahrnehmungsfähigkeit, die der Opiumraucher beim Betrachten eines (in diesem Fall Vorhang-) Ornaments erlangt: »Es handelt sich da einmal um die Mehrsinnigkeit des Ornaments.«[273] Die Notizen Jean Selz' spiegeln in Wirklichkeit ihr Gespräch im Rauschzustand wider, eine Unterhaltung, die sich auf die Vorhänge im Zimmer und verschiedene Rottöne des Raumdekors konzentrierte; auch Benjamin führt sie in seinen *Crocknotizen* detailliert aus.

Die Vorhänge sind Dolmetscher für die Sprache des Windes. Sie geben jedem Hauch von ihm die Form und Sinnlichkeit weiblicher Formen. Und de[n] Raucher, der sich in ihr Spiel versenkt, lassen sie alle Freude genießen, d[ie] ihm eine vollkommene Tänzerin gewähren kann. Ist aber der Vorhang ein durchbrochener, so kann er zum Instrument eines noch viel sonderbareren Spieles werden. Denn diese Spitzen werden sich dem Raucher gewissermaßen als Schablonen erweisen, welche er der Landschaft auflegt, um sie auf das eigentümlichste zu verwandeln. Die Spitze unterwirft die Landschaft, die hinter ihr zum Vorschein kommt, der Mode, ungefähr wie das Arrangement gewisser Hüte das Federkleid von Vögeln oder aber den Wuchs von Blumen der Mode unterwirft. [...] Farben können eine ungemein starke Wirkung auf den Raucher ausüben. Eine Ecke im Zimmer der S[elz] war mit

---

272 *GS* VI, S. 603ff. Crock war Jean Selz' Deckname für Opium. Benjamin übernahm ihn für seine Schriften.
273 *GS* VI, S. 603.

Umschlagetüchern verziert, die an der Wand hingen. Auf einer mit einem Spitzentuche überdeckten Kiste standen ein paar Gläser mit Blumen. In den Tüchern und in den Blumen überwog das Rot in den verschiedensten Nüancen. Die Entdeckung dieses Winkels machte ich spät und plötzlich, in einem schon vorgerückten Teil der fête. Sie wirkte fast betäubend auf mich. Augenblicklich schien mir, daß meine Aufgabe darin besteht, den Sinn der Farbe mit Hilfe dieses ganz unvergleichlichen Instrumentariums zu entdecken. Ich nannte diesen Winkel das »Laboratoire du Rouge«.[274]

Benjamins Erfahrung mit dem Opium und die daraus folgende Auseinandersetzung mit der bewusstseinsverändernden Wirkung der Droge milderten seine große Niedergeschlagenheit bei der Rückkehr auf die Insel im Frühjahr 1933. Die Übersetzung der *Berliner Kindheit um Neunzehnhundert* wurde zum willkommenen Anlass, »San Antonio den Rücken zu kehren.«[275] Am 31. Mai teilte Walter Benjamin Gershom Scholem brieflich mit, er sei »acht Tage bei Freunden in Ibiza gewesen«, acht Tage, in denen er Erfahrungen als Opiumraucher sammelte.[276] Zwei Wochen später erklärte er dem gleichen Empfänger, dass die »Übersiedlung in die Stadt nur noch eine Frage von Tagen« sei.[277] Dennoch blieb Benjamin in San Antonio – wenn auch nicht im Haus der Noeggeraths – und fuhr häufig in die Stadt, um dort einige Tage mit den Selz' zu verbringen. Am 31. Juli schrieb er aus Ibiza-Stadt erneut an Scholem, diesmal logiere er »in einem Hotelzimmer für 1 Pesete täglich – wie es aussieht kann Dir der Preis sagen«.[278] Trotz dieser Schwierigkeiten – für

---

274 *GS* VI, S. 604f.
275 Brief an Gershom Scholem vom 16. Juni 1933, *GB* IV, S. 235.
276 *GB* IV, S. 223.
277 Brief vom 16. Juni 1933, *GB* IV, S. 235.
278 *GB* IV, S. 268.

Benjamin war alles übermäßig teuer – empfand er die Situation in der Hauptstadt weitaus weniger unerfreulich als das Leben in San Antonio, dessen Umkreis »mit allen Schrecken der Siedler- und Spekulantentätigkeit geschlagen ist« und »keinen ruhigen Winkel und keine ruhige Minute mehr«[279] zu bieten schien.

Guy Selz,[280] ein Bruder von Jean Selz, der sich kurz zuvor entschlossen hatte, auf der Insel zu bleiben, eröffnete am Hafen von Ibiza-Stadt eine Bar mit Namen Migjorn (dt. Südwind). Bald schon wurde das Migjorn, in der Lokalpresse als Teesalon und »amerikanische Bar« vorgestellt, zu einem beliebten Treffpunkt, in dem häufig Gäste verschiedenster Nationalität an einem Tisch saßen. Die Einweihung war am Montag, den 5. Juni 1933. Die Inselzeitung *Diario de Ibiza* berichtete ausführlich über das Ereignis, um abschließend dem Besitzer ein »gutes Geschäft« zu wünschen. Auch der Bürgermeister der Stadt nahm teil und verlas eine Rede. »Das Etablissement«, so das *Diario de Ibiza* vom 6. Juni, »ist mit allem Luxus ausgestattet, ein Raum dient als Salon und ein weiterer beherbergt die Bar, in jedem Detail funkeln die Annehmlichkeiten eines modernen Lebens.«

Das Migjorn blieb nicht der einzige Ort, an dem Benjamin sich mit seinen französischen Freunden traf. Bei seinen Besuchen der Inselhauptstadt suchte er regelmäßig eine Kunstgalerie in der Altstadt auf, um sich mit deren Besitzerin, einer Französin namens María Ferst, zu unterhalten. Die Galería María Ferst wurde ebenfalls im Frühjahr 1933 eröffnet und Ibizas Lokalpresse besprach auch dieses Ereignis. In der Galerie stellten meist Ausländer ihre Bilder aus, den Anfang machte jedoch Narcís Puget, ein einheimischer Künstler.

---

279 Brief an Gershom Scholem vom 16. Juni 1933, *GB* IV, S. 235.
280 Der Grafiker Guy Selz (Paris 1901–Paris 1975). Wie sein Bruder Jean war er den Künsten verbunden. Er leitete bis 1972 den Kulturteil der Zeitschrift *ELLE*. 1933 bis 1936 lebte er auf Ibiza.

Das in der Altstadt gelegene Haus von Jean und Guyet Selz beherbergte gewöhnlich viele Besucher, die zum Essen, Arbeiten oder Schlafen kamen, oder um zu stehlen. Einmal davon abgesehen, dass es unmöglich gewesen wäre, unerwünschte Besucher loszuwerden, umgab sich Jean Selz gerne mit dieser kleinen Gruppe von Schriftstellern und Malern.[281] Unter den Schriftstellern, die im Sommer 1933 bei ihnen vorbeischauten, traf man auch Pierre Drieu La Rochelle an, der aus Mallorca kommend – in Begleitung seiner Freundin Nicole – Ibiza erkunden wollte.[282] Jean Selz konnte sich zwanzig Jahre später in seinen Erinnerungen nicht darauf besinnen, ob in seinem Haus jemals ein Zusammentreffen von Walter Benjamin und Pierre Drieu La Rochelle zustande gekommen war. Er erinnerte sich jedoch, wie sie unabhängig voneinander unter dem aromatischen Duft der »Dama de Noche« (dt. Nachtjasmin) neben einem Brunnen im blumengeschmückten Patio saßen.

In den Tagen, als Benjamin Ibiza-Stadt San Antonio vorzog – und damit deren »Ausschweifungen«, die Bars und das Haus von Jean Selz ihm boten –, entstanden die *Geschichten aus der Einsamkeit*.[283] Dabei handelt es sich nicht um eine einzige Erzählung, sondern um drei sehr kurze Geschichten, die im Stil an den der »Traumprotokolle« jener Periode erinnern. *Die Mauer*, so der Titel der ersten Erzählung, verweist direkt

---

281 Vgl. Selz: *Viaje a las islas Pitiusas*, S. 107. Die deutsche Ausgabe wurde um den entsprechenden Passus gekürzt. Vgl. *ÜWB*, S. 47.
282 Drieu La Rochelle war zu der Zeit mit Angélica Ocampo liiert, einer Schwester von Victoria Ocampo. Auf die Balearen reiste er aber in Begleitung seiner Freundin Nicole. Vgl. Ayerza de Castilho y Odile Felgine, Laura: *Victoria Ocampo*, Barcelona 1994. Drieu La Rochelle verarbeitete seine Erinnerungen an die Landschaft der Insel und einige Namen 1939 im letzten Kapitel seines Bürgerkriegsromans *Gilles*. Gilles kämpft auf Seiten Francos. Von Gisèle Freund ist eine Aufnahme des Schriftstellers auf Ibiza erhalten. Sie hatte auch mit Benjamin Kontakt auf der Insel.
283 *GS* IV, S. 755. Die *Geschichten aus der Einsamkeit* wurden zu Benjamins Lebzeiten nicht publiziert.

auf Ibizas Stadtmauer aus der Renaissance, eine der ältesten im Mittelmeerraum, die das verwinkelte Altstadtviertel Dalt Vila umschließt, in dem auch das Haus von Jean Selz lag.

Ich lebte seit ein paar Monaten in einem spanischen Felsennest. Oft hatte ich den Vorsatz gefasst, einmal in die Umgebung hinauszustreifen, die von einem Kranz ernster Grate und dunkler Pinienwaldungen eingefasst war. Dazwischen lagen versteckte Dörfer; die meisten waren nach Heiligen genannt, die recht wohl diese paradiesische Gegend besiedeln konnten. Es war aber Sommer; die Hitze ließ mich meinen Vorsatz von Tag zu Tag hinausschieben und selbst die beliebte Promenade zum Windmühlenhügel, den ich von meinem Fenster aus sah, hatte ich mir schließlich aufsparen wollen. So blieb es bei dem gewohnten Schlendern, durch die engen, schattigen Gassen, in deren Netzwerk man niemals den gleichen Knotenpunkt auf die gleiche Art findet.[284]

Der Aufhänger dieser ersten der *Geschichten aus der Einsamkeit* basierte, genau gesehen, auf einem Irrtum Benjamins, hervorgerufen durch die Benennung vieler Inseldörfer und -gemeinden »nach Heiligen«. Der Protagonist der Geschichte sieht in einem Laden eine Postkarte mit der Abbildung eines Teils einer Stadtmauer. Beim ersten Blick verwechselt er den Namen des Fotografen, »S. Vinez«, der unter dem Bild steht, mit dem vermeintlichen Heiligennamen eines Dorfs der Gegend. Beim Spaziergang vor die Stadt – ein weiteres Mal dient ein Spaziergang als Erkenntnismethode – findet er sich plötzlich vor der Mauer wieder, dem realen Motiv der Postkarte. »Am nächsten Nachmittag« kehrt er zum Laden zurück, um die Karte zu erwerben, und entdeckt endlich, dass der Name, von dem er annahm, er

---

284 Ebd.

könne zu einer Ortschaft »San Vinez« gehören, in Wirklichkeit der des Fotografen war: Sebastián Vinez. Wie alle Geschichten, die Walter Benjamin auf Ibiza entwarf, vermischt auch diese Fiktion und Realität. Hier spielt er mit dem realen Namen des Herstellers der Postkarte, Viñets, auf der Insel ein bekannter Fotograf,[285] in dessen Laden Benjamin tatsächlich einige der Postkarten an seine Freunde gekauft hatte. Unter ihnen befand sich auch das Motiv der »Mauer, deren Bild mich seit Tagen begleitet hatte«, das er als Postkarte am 23. April an seinen Freund Siegfried Kracauer sandte.[286]

Die zweite Geschichte *Die Pfeife*, kürzer noch als die erste, vermittelt folgende Anekdote: »Ein Spaziergang führte mich in Begleitung eines Ehepaares, dem ich befreundet war« – also den Selz' –, »in der Nähe des Hauses vorüber, das ich auf der Insel bewohnte.«[287] Der Ich-Erzähler hat seine Pfeife im Haus vergessen und bittet seine Freunde vorauszugehen, während er sie suchen gehen will. »Ich machte kehrt; noch aber hatte ich mich kaum zehn Schritt entfernt, da fühlte ich, bei einer Nachschau, die Pfeife in meiner Tasche. So kam es, daß die anderen, ehe noch eine volle Minute vergangen war, mich, Rauchwolken aus der Pfeife stoßend, wieder bei sich sahen.«[288] Die Pointe der Geschichte folgt sogleich, als der Erzähler »einer unverständlichen Laune folgend«, sich zu sagen entschließt, dass die Pfeife tatsächlich zu Hause »auf dem Tisch« gelegen habe. Seine vor Staunen wortlosen Begleiter scheinen diese Behauptung trotz ihrer Unwahrscheinlichkeit nicht weiter in Zweifel gezogen zu haben.

---

285 Der Fotograf hieß eigentlich Domingo Viñets, nicht Sebastián. Andererseits tauchte auf besagter Postkarte nur sein Nachname auf. Der geschilderte Irrtum scheint wohl somit auch Teil der Fiktion zu sein.
286 *Die Mauer, GS* IV, S. 756.
287 *GS* IV, S. 756.
288 Ebd.

Auch die dritte und letzte der Geschichten, *Das Licht*, beginnt wie die vorangegangenen mit einem Spaziergang und einer Irritation, die sich auflösen wird. Hier wartet der männliche Protagonist vor seinem »Nachtquartier« auf eine Frau, seine »Geliebte«, und beobachtet dabei ein rätselhaftes Licht, das seine Aufmerksamkeit erregt. Einige Minuten vergehen, bis er wieder mit der Geliebten zusammentrifft, währenddessen er plötzlich erkennt: »Das Licht, das ich zu ebner Erde gesichtet hatte, war das des Monds gewesen, der langsam über die fernen Wipfel heraufgerückt war.«[289] Erneut wird die Wirkung des Inselmonds beschrieben, die Schönheit seines Lichts über der nächtlichen Umgebung, wenn er auch hier – als Schimmer über der Zusammenkunft der Liebenden – ein Symbol des Begehrens zu sein scheint.

Benjamins Flanieren durch die engen Gassen der Altstadt oder seine Spaziergänge auf Feldwegen, unter der prallen Sonne oder des Nachts, der Haschischrausch und die Träume bilden drei unterschiedliche Erfahrungen, die, oftmals vermittels einer gemeinsamen Sprache, scheinbar zu einer einzigen Erfahrung verschmelzen. Die drei »aus der Einsamkeit« entstandenen Geschichten haben wenig gemein mit den traditionell erzählten seines vorherigen Aufenthalts, sie stehen vielmehr in direkter Verbindung zu den Traumbeschreibungen und Protokollen der Rauscherfahrungen.

Allem Anschein nach sollten die *Geschichten aus der Einsamkeit*, eine weitere Sammlung kurzer Texte wie die *Ibizenkische Folge* vom Vorjahr, eine neue Art der Annäherung an den Ort seiner Reise bilden. Doch mehr als drei Kapitel kamen nicht zustande. Beim Titel der *Geschichten aus der Einsamkeit* sei daran erinnert, dass Walter Benjamin einmal äußerte, der Sturm der Einsamkeit erfasse ihn besonders auf Reisen.

---

[289] *GS* IV, S. 757.

In der letzten der drei Erzählungen, in *Das Licht*, spielt nicht nur ein einsamer Mond eine Hauptrolle, sondern auch eine Frau, die keine Spuren hinterlässt, und sich wie eine Vision dem Erzähler nähert: »die Geliebte«.[290] Erlebte Benjamin nach dem Misserfolg bei Olga Parem im Vorjahr nun auf Ibiza eine echte Liebesgeschichte?

Das reale Vorbild für diese Figur aus das *Das Licht* ist die junge holländische Malerin Anna Maria Blaupot ten Cate. Sie traf, angezogen vom neuen Mythos einer Künstlerbohème auf Ibiza, zu Beginn des Sommers 1933 auf der Insel ein. Nachdem sie erst kurz zuvor in Berlin die jüngsten Gewaltakte der Nationalsozialisten miterleben musste, hatte sie beschlossen, Deutschland zu verlassen, wohin auch immer. Walter Benjamin lernte sie sicherlich in San Antonio im La Casita kennen, neben dem sich das von ihm bezogene nicht fertiggestellte Haus befand – es war Liebe auf den ersten Blick. Sie verwandelte sich unmittelbar in die literarische Hauptfigur einer weiteren »Folge« von Schriften, in die der Autor auch *Das Licht* einfügen wollte. Anna Maria Blaupot ten Cate wurde aber vor allem zu Walter Benjamins unentbehrlicher Freundin und Begleiterin seiner letzten beiden Monate auf Ibiza.

---

290 Ebd.

VII. Gauguin und die Masken der Identität

Um seinen Pass zu verlängern, reiste Benjamin am 1. Juli 1933 zur Nachbarinsel Mallorca. Neben der Vorsprache beim deutschen Konsul wollte er die Gelegenheit auch nutzen, einen Abstecher in den Nordosten der Insel nach Cala Ratjada zu machen, um dort die seit Kurzem ansässigen deutschen Schriftsteller zu besuchen, vor allem Franz Blei, den Redakteur der Literaturbeilage der *Neuen Zürcher Zeitung*. Bei der ersten Unternehmung erreichte Benjamin sein Ziel »durch eine glückliche Konstellation, an der ich mir doch auch einiges Verdienst zusprechen darf«,[291] wie er Gershom Scholem am 31. Juli berichtete. Da er ahnte, dass eine Verlängerung schwierig werden könnte, wollte er seinen fast abgelaufenen Pass nicht aus der Hand geben. Also gab er auf dem Konsulat an, ihn verloren zu haben. Dadurch war er nicht einen Moment ohne Ausweispapiere und vermeldete: »Ich bin heute, ehe mein alter – angeblich verlorner – Paß noch abgelaufen ist, schon im Besitz eines neuen.«[292]

Auf Mallorca blieb er etwas länger als eine Woche. Palma, die Hauptstadt der Insel kannte er bereits, da er dort im Juli des Vorjahrs – von Ibiza kommend und unterwegs ins französische Nizza – zwei Tage Station gemacht hatte. Bei seinem wiederholten Aufenthalt konnte er »ein Stück des mallorquinischen Hochgebirges«[293] besuchen und absolvierte die schon damals abgesteckte Route mit den Hauptattraktionen der größten Baleareninsel.[294] Benjamin lernte den kleinen Ort Deià kennen, in den Bergen gelegen, die ins Meer hineinragen, »wo

---

291 *GB* IV, S. 268.
292 Ebd.
293 Brief an Gretel Karplus von ca. 8.-10. Juli 1933, *GB* IV, S. 257.
294 Zur Beschreibung der Route vgl. Thelen, Albert Vigoleis: *Die Insel des zweiten Gesichts*, Berlin 2005.

die Zitronen- und Apfelsinengärten in Frucht stehen«,[295] wie er Gretel Karplus in einem Brief vom 10. Juli schilderte. Er kam auch nach Valldemosa, »wo der Liebesroman zwischen Georges Sand und Chopin in einer Karthause gespielt hat«,[296] und konnte einen großartigen, aber heruntergekommenen Palast besichtigen, in dem »vor vierzig Jahren ein österreichischer Erzherzog gesessen und sehr umfangreiche, aber erstaunlich haltlose Bücher über die Lokalchronik von Mallorca geschrieben hat.«[297] Wie geplant verbrachte er die meiste Zeit in Cala Ratjada, dort besuchte er neben anderen auch den Schriftsteller und Übersetzer Friedrich Burschell, über den er mitteilte, er werde »demnächst mit Fritta Brod hier einen Gegenbesuch abstatten«.[298] Das Versprechen wurde wenige Wochen später eingelöst.[299]

An Jula Radt-Cohn schrieb er am 24. Juli: »Ich habe Mallorca dieses Jahr ausgiebiger kennen gelernt, auf Wanderungen und Autofahrten.«[300] Es ist jedoch nicht wahrscheinlich, dass Benjamin seine Reise in der Absicht antrat, die eine Insel gegen die andere zu tauschen, obwohl er in Cala Ratjada mit Sicherheit günstigere Bedingungen für seine Arbeit angetroffen hätte: Franz Blei besaß eine legendäre Bibliothek; so etwas gab es in San Antonio nicht einmal ansatzweise. Seine finanziellen Mittel hätten auch nicht ausgereicht, denn der Lebensstandard, den die deutsche Kolonie in Cala Ratjada pflegte, war nicht zu vergleichen mit dem Walter Benjamins sowie dem fast aller Zugereisten auf Ibiza. Doch auch auf Mallorca gab

---

295 Brief an Gretel Karplus von ca. 8.–10. Juli 1933, *GB* IV, S. 257
296 Ebd.
297 Ebd.
298 Ebd., S. 258.
299 Burschell übersetzte u.a. den Artikel »Balearische Volksmärchen aus Ibiza«, in: *Atlantis* 3, 1935.
300 *GB* IV, S. 263.

es einige Ausländer, die mittellos waren und um die Legenden kreisten. So erzählte man sich zum Beispiel, in Cala Ratjada wohne der Mann, der den Kieler Matrosenaufstand angeführt und aller Wahrscheinlichkeit nach für die Figur des Meuterers in Benjamins Erzählung *Die Fahrt der Mascotte* Pate gestanden hatte.[301] In vielerlei Hinsicht waren die Unterschiede zwischen den beiden Inseln beträchtlich. Auch bei den Insellandschaften stellte Benjamin erhebliche Unterschiede fest, wie er in seinem Brief an Jula Radt-Cohn vom 24. Juli bemerkte: »So schön die Insel aber ist, so hat mich das, was ich dort zu sehen bekam, doch sehr in meiner Anhänglichkeit an Ibiza bestärkt, das eine ungleich verschlossenere und geheimnisvollere Landschaft hat.«[302]

Nicht nur die Landschaft, auch die Bewohner schienen auf Ibiza mehr Geheimnisse und Rätsel zu bergen als auf der Nachbarinsel. Über den Bezeichnungen der Dinge und den Namen der Menschen lag ein Geheimnis, an das besser nicht gerührt wurde. Wie bereits erwähnt, stellte sich der junge Hamburger Philologe Walther Spelbrink 1931 vor allem die Aufgabe, die Begriffe der Alltagsgegenstände, die in Verbindung mit den ländlichen Verrichtungen standen, ausfindig zu machen. Er war der erste Nichteinheimische, der all diese Namen und Bezeichnungen, zumindest zu einem großen Teil, kennenlernte. »Und [ist nicht] also jede Ortsbezeichnung eine Chiffre«, notierte Benjamin ein Jahr nach der Untersuchung Spelbrinks in *In der Sonne*, seiner Naturbetrachtung Ibizas, »hinter welcher Flora und Fauna ein erstes und letztes Mal aufeinandertreffen?«[303] Den wahren Namen eines Dings zu kennen, bedeutete auch,

---

[301] Es handelte sich um Heinz Kraschutzki, um den Gerüchte kreisten, die sich als nicht zutreffend erwiesen. Vgl. Thelen: *Die Insel des zweiten Gesichts* (wie Anm. 10), S. 909.
[302] *GB* IV, S. 263.
[303] *In der Sonne*, *GS* IV, S. 417.

seine Essenz zu kennen. Seltsamerweise hat kaum ein anderes Motiv auf Ibiza seine Aufmerksamkeit mehr erregt, als das »der Herkunft jener seltsamen Namen, mit denen die Fischer die Berge bezeichnen und die ganz verschieden sind von den Namen, die sie im Munde der Bauern haben.«[304]

Obwohl Ibiza von Tag zu Tag bekannter wurde und immer mehr Besucher anzog, war es immer noch eine abgeschiedene Insel, die durch ihre Geschichte näher an Afrika als an Europa lag. Untertauchen, den Namen ändern, eine andere Identität annehmen waren weitverbreitete Praktiken, die alle kannten und respektierten. So nimmt es nicht wunder, dass weder Walter Benjamin noch Raoul Hausmann nachforschten, wer ein gewisser Jokisch denn wirklich sei. Benjamin nannte ihn in seiner Korrespondenz den »Bildhauer«,[305] doch weder Hausmann noch die Nachbarn aus dem kleinen Dorf bestätigten das. Die Dorfbewohner hatten den Verdacht, er sei ein Spion, da Unternehmungen Jokischs für die Ibizenker nicht schlüssig zu sein schienen. Man wusste, dass einige der Ausländer politische Flüchtlinge und andere Anhänger Hitlers waren, die ihren Urlaub am Mittelmeer verbrachten. Es tauchten auch solche auf, die aus anderen Ländern und Gründen flüchten mussten, wie Raoul Alexandre Villain, der 1914 den französischen Sozialistenführer Jean Jaurès ermordet hatte und 1933 Ibiza als eine weitere Station seiner Flucht wählte, um sich dort zu verstecken. Niemand konnte sich wirklich sicher sein, wer denn nun tatsächlich im Nachbarhaus wohnte oder wie dessen richtiger Name lautete. Diese Atmosphäre beeinträchtigte aber nicht den wachsenden Zustrom neuer Besucher. In seinem Brief an Walter Benjamin vom 4. September schrieb Gershom Scholem:

---

304 *Der Reiseabend*, GS IV, S. 746.
305 In seinen Briefen taucht Jokisch nur einmal als »Bildhauer« auf. Brief an Alfred Cohn vom 6. Februar 1935, *GB* V, S. 37.

»Im Prager Tagblatt sah ich ein langes Feuilleton über Ibiza von einer Schreibkollegin von Dir, um die Ecke wohnhaft, anscheinend, woraus ich zwar noch nichts über Dich wohl aber über die fortschreitende Verweltlichung eures Paradieses erfuhr«.[306]

Für seine auf Ibiza verfassten Schriften erfand Benjamin zu den bereits bestehenden noch weitere Pseudonyme. So schlüpfte er in die Haut eines Schriftstellers namens Detlef Holz, der auch schon die Briefe an Gretel Karplus unterzeichnet hatte. Das Pseudonym »Holz« benutzte er in einem Wortspiel in seinem Brief an Scholem vom 31. Juli: »das Detlefsche Holz, das ich in meine Lebensflamme geworfen habe«[307] Da er jüdischer Herkunft war, besaß Walter Benjamin darüber hinaus noch zwei geheime Namen, wie er – ohne sie zu offenbaren – in seiner am 13. August 1933 in San Antonio verfassten autobiografischen und enigmatischen Schrift *Agesilaus Santander* angedeutet hatte. Jean Selz erzählt, von »jungen und respektlosen Deutschen«[308] habe er den Spitznamen »Tiens-Tiens« erhalten, aufgrund des charakteristischen Ausrufs, den er benutzte, sobald ihm etwas im Gespräch oder bei einem Spaziergang in den Sinn kam. Die Ibizenker für ihren Teil hatten, sobald sie unter sich waren, die Angewohnheit, Ausländer mit meist spöttischen Spitznamen zu versehen. So kam es, dass Benjamin auf Ibiza, ohne es zu wissen, den Beinamen »el miserable« (dt. der Elende) führte. Die Namen der Bewohner schienen zu der »verschlossenere[n] und geheimnisvollere[n]«[309] Landschaft der Insel beizutragen. Was mochte Benjamin gedacht haben, als ihm ein junger Mann vorgestellt wurde, der sagte, er hieße Paul Gauguin?

---

306 *SB*, S. 97.
307 *GB* IV, S. 267.
308 *ÜWB*, S. 39.
309 Brief an Jula Radt-Cohn vom 24. Juli 1933, *GB* IV, S. 263.

Paul René Gauguin wurde 1911 als Kind Polas (Pauls), dem letzten Sohn des Malers Paul Gauguin, in Norwegen geboren, war demnach erst 22 Jahre alt, als er Anfang 1933 nach Ibiza kam, wo er begann, seine ersten Ölbilder und Grafiken anzufertigen. Meist quartierten sich die angelandeten Fremden in den Dörfern San Antonio und Santa Eulalia oder in Ibiza-Stadt ein. (Die Deutschen bevorzugten San Antonio, die US-Amerikaner Santa Eulalia.) Nur äußerst selten wählten sie andere Ortschaften, wie zum Beispiel San José, wo sich Raoul Hausmann, Jokisch und ein weiterer junger Maler namens Conrad niedergelassen hatten.

In San Vicente, einem kleinen Dorf im äußersten Norden der Insel, zwischen Meer und Bergen gelegen, lebten Paul Gauguin und sein Freund Leif Borthen als einzige Ausländer. Sie waren bereits über ein Jahr auf Reisen und nach einigen Monaten auf Mallorca machten sie sich nahezu abgebrannt auf den Weg nach Ibiza. Spazieren, malen, im Meer baden und mit den Bauern im Dorf Karten spielen: so verbrachten sie meist ihre Zeit.

Das wenige Geld, das sie für Essen und Miete benötigten – sie wohnten in einem Haus Namens Can Vicent de Sa Font gleich hinter der Dorfkirche –, verdienten sie, indem sie bereitwillig jede Arbeit annahmen. So wurden sie bald zu Landarbeitern und Fischern, wobei Gauguin auch als Maurer tätig war.

Zu Beginn des Sommers kehrte Leif Borthen nach Norwegen zurück, Paul Gauguin dagegen entschied sich, auf der Insel und in dem Dorf zu bleiben. Seine Neugierde am bäuerlichen Inselleben brachte ihn mit Hans Jakob Noeggerath und dessen Familie zusammen, die er ab und an in San Antonio traf. Bei einem dieser Besuche lernten sich Benjamin und Gauguin Ende Mai 1933 kennen.

Wie schon 1932 liebte Benjamin die ausgedehnten Wanderungen ins Inselinnere und er unternahm gemeinsam mit dem

Ehepaar Selz »Erkundungswanderungen« von bis zu »vierzehn Stunden«.[310] Nach Einbruch der Dunkelheit und bei Mondschein lud die Insellandschaft sie zu nächtlichen Streifzügen ein. Manchmal machten sie sich noch vor Sonnenaufgang auf den Weg und kehrten am Vormittag zurück, so vermieden sie die Mittagshitze, die alles versengende Sonne und ein »Licht, das alle Dinge hier vom Himmel her so sehr beansprucht«.[311] Auf den zahlreichen und verschlungenen Wegen der Insel gelangte Benjamin bis zu einigen Dörfern im äußersten Norden, wie San Miguel und San Carlos,[312] und sah fruchtbare Böden, ausgetrocknete Bäche und Brunnen, bestellte Felder und den blühenden Oleander. Sein Resümee: »Sowie man aus dem Bereich der Sprengungen und Hammerschläge, der Klatschereien und Debatten, die die Atmosphäre von San Antonio bilden, heraus ist, hat man wieder Boden unter den Füßen.«[313] Noch stärker als im Vorjahr spürte er das Verlangen nach menschenleerer Umgebung.

Einer der schönsten von Benjamin auf Ibiza geschriebenen Texte ist ein langer Abschnitt aus einem Brief an seine Freundin Gretel Karplus. Als wolle er sich für ihre Freundschaft, ihre Ratschläge – sie war es, die ihn einige Monate zuvor drängte, Berlin zu verlassen – und ihre finanzielle Unterstützung – durch ihre Zuwendungen konnte er bis Herbst auf Ibiza bleiben und später nach Paris weiterreisen – bedanken, beschenkte er sie mit seinem Brief vom 10. Juni. Hierin erzählte er von einer Exkursion, die er in Begleitung eines jungen Manns unternahm, den

---

310 Brief an Gershom Scholem vom 16 Juni 1933, *GB* IV, S. 236.
311 *Die Kaktushecke*, *GS* IV, S. 750.
312 Am 9. Juni 1933 war er in San Miguel. Vgl. den Brief an Scholem vom 16. Juni 1933. In San Carlos war er im August, worüber ein Brief von Blaupot ten Cate vom Juni 1934 Auskunft gibt, in dem sie sich an einen Besuch der Silbermine erinnerte. Überreste alter Silberminen sind in San Carlos anzutreffen.
313 Brief an Gershom Scholem vom 16. Juni 1933, *GB* IV, S. 236.

er erst vor Kurzem kennengelernt hatte: »ein skandinavischer Bursche«, der Enkel Paul Gauguins, »der sich in den Gegenden, wo es Fremde gibt, nur selten sehen läßt«, er »heißt genau wie sein Großvater.« Der Abschnitt ist auch außergewöhnlich aufschlussreich hinsichtlich Charakter und Deutung der ibizenkischen Landschaft:

Ich war nämlich gerade fertig zu einer einsamen Mondscheinwanderung auf den Gipfeln der Insel, die Atalaya von San Jose, gerüstet, als ein flüchtiger Bekannter des Hauses auftauchte, ein skandinavischer Bursche, der sich in den Gegenden, wo es Fremde gibt, nur selten sehen läßt und in einem vergrabnen Gebirgsdorf wohnt. Er ist im übrigen ein Enkel des Malers Paul Gauguin und heißt genau wie sein Großvater. Am andern Tage machte ich die genauere Bekanntschaft dieser Figur und sie war bestimmt ebenso faszinierend wie die seines Gebirgsdorfs, in dem er der einzige Fremde ist. Früh um fünf fuhren wir mit einem Langustenfischer hinaus und trieben uns erst drei Stunden auf dem Meere herum, wo wir den Langustenfang gründlich kennen lernten. Es war freilich ein vorwiegend melancholisches Schauspiel, indem mit sechzig Reusen alles in allem drei Tiere eingebracht wurden. Freilich riesige und freilich an anderen Tagen oft viel mehr. Dann setzte man uns in einer versteckten Bucht ab. Und dort bot sich ein Bild von derart unverrückbarer Vollkommenheit, daß etwas Seltsames, aber nicht unbegreifliches in mir sich ereignete: ich sah es nämlich eigentlich garnicht; es fiel mir nicht auf; es war vor Vollkommenheit am Rande des Unsichtbaren.

Der Strand ist unbebaut; eine steinerne Hütte steht abseits im Hintergrunde. Vier oder fünf Fischerboote waren hoch ans Ufer hinaufgezogen. Neben diesen Booten aber standen, über und über schwarz verhangen, nur die ernsten, starren Gesichter unverkleidet, ein paar Frauen. Es war als ob das

Wunderbare ihrer Anwesenheit und das Ungewöhnliche ihres Aufzugs einander die Waage gehalten hätten, so daß gleichsam der Zeiger einstand und mir garnichts auffiel. Ich glaube, daß Gauguin im Bilde war; es gehört aber zu seinen Eigenheiten fast nicht zu sprechen. Und so machten wir beinah schweigend unsern Anstieg schon über eine Stunde, als uns, kurz vor dem Dorfe, auf das wir es abgesehen hatten, ein Mann mit einem winzigen weißen Kindersarge unterm Arm entgegentrat. Da unten in der steinernen Hütte war ein Kind gestorben. Die schwarzverhüllten waren Klageweiber gewesen, die unter ihren Obliegenheiten doch ein so ungewöhnliches Schauspiel wie die Ankunft eines Kahns mit Motor an diesem Strand es war, nicht hatten versäumen wollen. Kurz: um dieses Schauspiel auffallend zu finden, mußte man es erst verstehen. Andernfalls sah man darauf so träge und gedankenlos wie auf ein Feuerbachsches Bild, angesichts dessen man auch nur so von Ferne denkt, es werde mit tragischen Gestalten am Felsenufer schon seine Richtigkeit haben.

Im Innern des Gebirges trifft man auf eine der kultiviertesten, fruchtbarsten Landschaften der Insel. Der Boden ist von ganz tief eingeschnittnen Kanälen durchzogen, so schmalen aber, daß sie oft auf weite Strecken unsichtbar unterm hohen Grase fließen, das vom tiefsten Grün ist. Das Rauschen dieser Wasserläufe gibt ein beinah saugendes Geräusch. Johannisbrotbäume, Mandeln, Ölbäume und Nadelholz stehen an den Abhängen und der Talgrund ist von Mais und Bohnenpflanzen bedeckt. Gegen die Felsen stehen überall blühende Oleanderbüsche. Es ist eine Landschaft, wie ich sie früher einmal im »Jahr der Seele« geliebt habe, heute drang sie vertrauter mit dem reinen flüchtigen Geschmack der grünen Mandeln in mich ein, die ich am andern Morgen um sechs Uhr von den Bäumen stahl. Auf Frühstück konnte man nicht rechnen; es war ein Ort abseits von aller Zivilisation.

> Mein Begleiter war der vollkommenste, den man für so eine Gegend sich denken kann. Ebenso unzivilisiert, ebenso hoch kultiviert. Er erinnerte mich an einen der Brüder Heinle, die so jung gestorben sind und er hat einen Gang, der oft nach augenblicklichem Verschwinden aussieht. Ich hätte es einem andern nicht so leicht geglaubt, wenn er erklärt hätte, er kämpfe gegen einen Einfluß, den die Bilder Gauguins auf ihn hätten.[314]

Walter Benjamin näherte sich mit dieser Beschreibung erneut der Einzigartigkeit der mediterranen Natur: das Meer und die kultivierten Täler, ihre Fruchtbarkeit und labyrinthischen Wege. Im Unterschied zu anderen auf Ibiza verfassten Texten beinhaltet dieser neue, zunächst schwer fassbare Elemente. Nach Benjamin sind sie den Gemälden Anselm Feuerbachs vergleichbar, die nur dann schon ihre »Richtigkeit haben«, wenn sie aus der Ferne betrachtet werden. Der plötzliche Einbruch des Todes in die Landschaft, repräsentiert von den Klageweibern in Trauerkleidung an der Anlegestelle und von dem sich in Richtung Strand bewegenden Mann mit einem kleinen Sarg, verändert vollkommen den Charakter der »Erkundungswanderung«, die mit einer initiatorischen Bootsfahrt – mit Tomás »Frasquito« Varó, dem Langustenfischer aus Sa Punta des Molí – begann und in einem einsamen, bezaubernden und fruchtbaren Tal – einem Paradies gleich – endete. Die »tragischen Gestalten am Felsenufer« gehören ebenso in diese mediterrane Umgebung wie jedes andere der geschilderten Phänomene. Paul Gauguin schien zu wissen, wie all dies zusammenhing, er schien alles zu verstehen und war nicht nur der »vollkommenste Begleiter«, sondern auch ein vollkommener Lehrmeister: Er erklärte nicht mehr, als ihm sinnvoll zu sein schien, und so blieb der Schleier über dem

---

314 Brief vom ca. 10. Juni 1933, *GB* IV, S. 230ff.

Geheimnisvollen unberührt und die Vollkommenheit des tragischen Bildes brachte es an den »Rande des Unsichtbaren«.

Benjamins Text ist zweifellos mehr als einfach nur ein Ausschnitt aus einem Brief. Bei der Lektüre drängt sich der Vergleich mit Hugo von Hofmannsthals *Der Wanderer* auf. Dort wandern zwei Männer, umgeben von einer vergleichbaren Landschaft, und begegnen einem ebenfalls in tiefe Geheimnisse verstrickten dritten. Hofmannsthal schreibt: »Einmal offenbart sich jedes Lebende, einmal jede Landschaft, und völlig: aber nur einem erschütterten Herzen.«[315] Für Walter Benjamin schien sich dieselbe Landschaft wie im Jahr zuvor mit größerer Schärfe zu zeigen: im Halbschatten der Morgendämmerung auf Ibiza und in Gesellschaft eines Menschen, dessen Name allein schon eine »gefühlte« Erinnerung an eine Welt verkörperte, in der Primitivismus und künstlerischer Ausdruck sich verbanden.

Erinnert werden wir auch an die letzte der Wanderungen Walter Benjamins: sein Weg über die Pyrenäen, im September 1940 nach Port Bou; auch dort kreuzte der Tod seinen Weg. Lisa Fittko, seine Führerin bei dieser verzweifelten zehnstündigen Überquerung, berichtete folgendes: »Benjamin wanderte langsam und gleichmäßig. In regelmäßigen Abständen – ich glaube, es waren zehn Minuten – machte er halt und ruhte sich für etwa eine Minute aus. Dann ging er in demselben gleichmäßigen Schritt weiter.«[316] Wie Jean Selz erinnerte sich auch Lisa Fittko noch nach Jahren an Benjamins eigentümliche Art zu gehen.[317] Die von ihm so sehr geschätzte Wegmetapher begleitete ihn bis an sein Lebensende, als der Wanderer gezwungen wurde, sich in einen Flüchtenden zu verwandeln.

---

315 von Hofmannsthal, Hugo: *Erzählungen*, Frankfurt/M. 1988, S. 214.
316 Fittko, Lisa: *Mein Weg über die Pyrenäen*, Ravensburg 1992, S. 141.
317 Das war zumindest in seinen letzten Lebensjahren auch auf Herzprobleme zurückzuführen.

Der Verweis auf Stefan Georges Buch *Jahr der Seele* in dem Brief an Gretel Karplus, wo Benjamin die Landschaft von Georges Gedichten mit der ibizenkischen vergleicht, erklärt sich aus der zuvor erfolgten Lektüre eines neuen Werks über den Dichter mit dem Titel *Rückblick auf Stefan George*, das er ausführlich rezensiert hatte.[318] Unter dem Deckmantel einer Buchbesprechung gab er seiner Meinung über den »großen Meister« der Dichtkunst und sein Schaffen Ausdruck; eine Gelegenheit, auf die er schon lange gewartet hatte. Sein anhaltend zwiespältiges Verhältnis zu Werk und Persönlichkeit Stefan Georges entsprang hauptsächlich der Ablehnung des von George und seinen Jüngern geschaffenen aristokratischen und elitären ›Kreises‹, auch wenn Benjamin nicht umhinkam, sein dichterisches Talent zu bewundern und anzuerkennen.[319]

Repräsentierte die Poesie Stefan Georges für die Kriegsgeneration von 1914-18 noch einen »Trostgesang«, so wurde sein Werk 1933 zu einer bedrohlichen »Stimme der Katastrophe«, die sich näherte. Die Rezension wurde unter dem Pseudonym K. A. Stempflinger veröffentlicht, um den Namen Detlef Holz, »nicht augenblicklich so zu kompromittieren, wie der seines [Vorgängers] kompromittiert ist«, denn auch »dessen Hilfsbereitschaft ist [...] begrenzt.«[320] Benjamin lag die Publikation

---

318 *Rückblick auf Stefan George. Zu einer neuen Studie über den Dichter*, GS III, S. 392ff. Der Text wurde am 12. Juli 1933 in der *Frankfurter Zeitung* gedruckt. Das besprochene Buch hat den Titel *Stefan George: Weltbild, Naturbild, Menschenbild*. Eingegangen wird auch auf eine weitere Publikation über George: *Die ersten Bücher Stefan Georges. Eine Annäherung an das Werk* von Eduard Lachmann. Benjamin schrieb bereits 1928 zum 60. Geburtstag Stefan Georges den Artikel *Über Stefan George*, GS II, S. 622.
319 Vgl. dazu Löwith, Karl: Mein Leben in Deutschland vor und nach 1933, Stuttgart 1986. Der Autor zeigt Gemeinsamkeiten auf zwischen dem Denken des Kreises und dem, das später nationalsozialistische Ideologie wurde. Stefan George verließ Deutschland und starb kurz darauf im Dezember 1933 in der Schweiz.
320 Brief an Gershom Scholem vom 16. Juni 1933, *GB* IV, S. 237.

dieser Besprechung sehr am Herzen, mehr als die irgendeiner anderen Buchrezension, die er in jener Phase ablieferte – die zahlreichen Erwähnungen der »kleinen Notiz« in seinen Briefen, mit der Bitte an die Adressaten, ihre Meinung mitzuteilen, sprechen Bände.

Literaturbesprechungen boten Benjamin 1933 die Möglichkeit, seine Theorie »verhüllt« auszudrücken: dank eines Autors und seines Werks, seltener dank eines allgemeinen literarischen Themas. Sie stellen deshalb meist mehr als bloße Rezensionen dar, beinhalten eher, wie er selbst zum Beispiel in Zusammenhang mit seiner Besprechung von Arnolt Bennetts Roman *Konstanze und Sophie* meinte, »eine Romantheorie, die der von Lukács nicht ähnelt«.[321] Ein Desinteresse für die großen zeitgenössischen Romanciers – Robert Musil eingeschlossen, über den er Gershom Scholem am 23. Mai schrieb, dass »er klüger ist, als ers nötig hat«[322] – ging einher mit einer immer größeren Aufmerksamkeit für andere Romane und Autoren von meist geringer Bedeutung, wie es bei Bennet der Fall war. »Ich gleite von moderner Belletristik, wenn es sich nicht gerade um Kriminalromane handelt, gewöhnlich ab«, teilte er am 29. Juni Scholem mit: »Von Bennett aber lese ich jetzt den zweiten zweibändigen Roman, die ›Clayhanger‹, der noch umfangreicher ist als der erste und ich habe sehr viel davon.«[323]

Wie schon 1932 bei seinem ersten Besuch auf der Insel entwarf Benjamin auch diesmal einen langen Essay über die Unterschiede zwischen modernem Roman und traditioneller Erzählkunst. Während der Arbeit an seinem Artikel über den Zustand der zeitgenössischen französischen Literatur berichtete

---

321 Brief an Gershom Scholem vom 7. Mai 1933, *GB* IV, S. 202. Die Rezension von *Konstanze und Sophie* erschien am 22. Mai 1933 in der *Frankfurter Zeitung*.
322 *GB* IV, S. 214.
323 *GB* IV, S. 254f.

er Gershom Scholem am 23. Mai, er wolle so bald wie möglich »das Thema des Romans aufnehmen«.[324] Und in einem weiteren Brief vom 25. Juni an Max Rychner, dem Chefredakteur der *Kölnischen Zeitung*, erwähnte er einen neuen Artikel über dasselbe Motiv mit dem Titel *Romancier und Erzähler*, ein weiteres Projekt, das schließlich in den 1936 fertiggestellten Essay *Der Erzähler* einfloss.

Während des Sommers 1933 in San Antonio las er George Simenon, einen »Verfasser ganz beachtenswerter Kriminalromane«[325]; *La Princesse de Clèves* von Mme. de Lafayette; die jüngste Veröffentlichung des Linguisten Leo Weisgerber: *Die Stellung der Sprache im Aufbau der Gesamtkultur*; die Druckfahnen von Brechts *Die drei Soldaten*; Christoph Martin Wieland, »den ich so gut wie garnicht kenne«,[326] über den er dennoch aus Anlass seines 200. Geburtstags einen Artikel für die *Frankfurter Zeitung* verfasste. Er setzte sich von Neuem mit Leo Trotzki auseinander (dem »zweiten Band« seiner Autobiografie) und las den Gracián. Die Lektüre der beiden letztgenannten Autoren hatte er dank der kleinen Bibliothek der Noeggeraths bereits bei seinem ersten Aufenthalt auf Ibiza begonnen. Er las für seine Arbeit über zeitgenössische französische Literatur auch Céline, Thibaudet und Berl. Von Gretel Karplus erbat er in einem Brief vom 30. April drei Bücher von Berl: *Mort de la morale bourgeoise* (dt. Tod der bürgerlichen Moral), *Mort de la pensée bourgeoise* (dt. Tod des bürgerlichen Denkens) und *Le bourgeois et l'amour* (dt. Der Bürger und die Liebe). Die drei Bücher befänden sich in der Berliner Wohnung von Benjamin, »teils in den untern Reihen der Fensterwand«.[327]

---

324 *GB* IV, S. 213.
325 Brief an Gretel Karplus vom 16. Mai 1933, *GB* IV, S. 208f.
326 Brief an Gershom Scholem vom 31. Juli 1933, *GB* IV, S. 269.
327 *GB* IV, S. 193. Zu Benjamins Lektüre vgl. seinen Briefwechsel mit Gershom Scholem und Gretel Karplus aus diesem Zeitraum.

Ab Ende Juni 1933, nach dem Zerwürfnis mit den Noeggeraths und bereits in den Rohbau des Hauses eingezogen, das an der vom letzten Jahr bekannten einsamen, herrlichen Küste lag, traf sich Benjamin täglich mit Maximilian Verspohl, einem jungen Deutschen aus Hamburg. Kennengelernt hatten sie sich das Jahr zuvor in San Antonio, an dem Abschnitt der Bucht, an dem Verspohls Haus La Casita stand, dasselbe Haus, das Jean Selz und seine Frau kurz darauf bezogen, um den Sommer 1932 dort zu verbringen. Benjamin und Verspohl verließen am 17. Juli 1932 gemeinsam die Insel; gesichert ist, dass sie zusammen die beiden folgenden Tage Palma de Mallorca besichtigten.[328]

Maximilian Verspohl, 24 Jahre alt und offenbar gescheit, gab an, ein Jurastudium beginnen zu wollen. Zweifellos hatten die mit Benjamin geführten Gespräche und dessen Persönlichkeit bei ihm einen starken Eindruck hinterlassen. Im Sommer 1933 kehrte Verspohl in Begleitung einiger Freunde aus Hamburg nach San Antonio zurück. Das immer noch nicht fertiggestellte Haus, in dem sich Benjamin Ende Juni einquartierte – »Auch sind noch keine Scheiben da, der Brunnen am Hause existiert noch nicht«[329] –, lag direkt neben La Casita in der Nähe der neuen Baustellen einiger kleiner Sommerresidenzen. Während der zwei Monate, die Benjamin an dem Ort verbrachte, aß er ausschließlich im »Nachbarhäuschen« mit Verspohl und seinen Freunden: »Und in der Nachbarschaft befindet sich das Häuschen, in dem, mit einigen Gästen, der sehr sympathische Junge wohnt, der dessen Besitzer und, nebenamtlich, mein Sekretär ist.«[330] Mit ihnen unternahm er auch jeden Sonntag einen kleinen Bootsausflug: sie umfuhren die nächstgele-

---

328 Benjamin bestätigt in einem Brief an Jean Selz, zwei Tage mit Verspohl in Palma de Mallorca gewesen zu sein. Vgl. den Brief an Jean Selz vom 21. September 1932, *GB* IV, S. 132.
329 Brief an Gretel Karplus vom 8.–10. Juli 1933, *GB* IV, S. 257.
330 Brief an Gretel Karplus vom ca. 25. Juni 1933, *GB* IV, S. 247.

gene Insel, nahmen in einer kleinen Bucht einen Imbiss zu sich und kehrten vor Einbruch der Dunkelheit zurück. Mit dem Boot erreichten sie auch die kleine Insel Conejera, die »Insel, wo Hannibal geboren wurde« – wie eine Legende erzählt –, deren Leuchtturm ihre Rückkehr in die Bucht von San Antonio illuminierte. Bedenkt man die äußerst spärlichen finanziellen Mittel, mit denen Benjamin in diesen Tagen auskommen musste, ist es nicht verwunderlich, dass die Nachricht, die er Scholem in einem Brief vom 31. Mai mitteilte, er werde »für die nächsten Wochen einen Sekretär haben«[331], wie ein Scherz klang und von Scholem auch als solcher aufgefasst wurde. Dem war aber nicht so. Benjamin hatte tatsächlich einen Sekretär in San Antonio – niemand anderen als den jungen Maximilian Verspohl, der eine Schreibmaschine sein Eigen nannte. Seine Arbeit bestand vor allem darin, Benjamins Aufzeichnungen zu kopieren. Damit ging alles, was er zur Post gab – seine Artikel für Literaturzeitschriften in Deutschland, auch Schriften, die nicht zur Publikation vorgesehen waren und die er alle an Gershom Scholem sandte[332] – zuvor durch Verspohls Hände. Eigentlich könnte dieser Umstand eine unverdächtige Angelegenheit sein – der junge Bewunderer, der dem Schriftsteller bei den lästigen Aufgaben behilflich ist –, wenn nicht Mitte 1933 auf der kleinen Insel keiner über den anderen Bescheid gewusst hätte, und es nicht einfach war, seinen Nachbarn zu trauen.

Über die Aktivitäten Maximilian Verspohls in jenen Monaten ist wenig bekannt, heute jedoch mehr als Walter Benjamin damals wissen konnte, der ihm anscheinend niemals misstraute. Ende des Jahrs 1933 fand Verspohl eine feste Anstellung in Hamburg und entgegen seinen Aussagen begann er

---

331 *GB* IV, S. 223.
332 Scholem bekam während der Zeit alle Schriften von Benjamin zugesandt, indem er seinen zahlreichen Briefen Abschriften seiner Arbeiten beifügte. Nach dem Tod Benjamins wurde er sein Testamentvollstrecker.

nie ein Jurastudium, sondern wurde im gleichen Zeitraum in seiner Heimatstadt zum SS-Scharführer ernannt, nur vier Monate nachdem er Benjamins »Sekretär« auf Ibiza gewesen war.[333]

Die beschriebene Episode verdeutlicht zwei wichtige Umstände. Zum einen, dass niemand sicher davor war, unwissentlich mit Nazis Umgang zu pflegen und von ihnen überwacht zu werden; zum anderen, dass Benjamin eine leichte Beute gewesen zu sein scheint. Er ließ seine Schriften zwar unter Pseudonym firmieren, doch auf Ibiza wussten alle, dass er Artikel in der deutschen Presse veröffentlichte, auch hielt er nie für notwendig zu verbergen, dass er Schriftsteller war, eher verkündete er jedem Details seiner Arbeiten – Publikationen, Projekte etc. –, der ihn danach fragte. Genauso wenig hielt er verborgen, kritisch-historischer Materialist zu sein, und was sein Jüdischsein anging, so ließ sein Nachname daran wenig Zweifel.

Sicher glaubte Walter Benjamin, Ibiza sei weit genug von Deutschland entfernt, um sich darüber keine Sorgen machen zu müssen. Dennoch hatte er bei seiner Ankunft auf der Insel klar erkannt, dass sich die Atmosphäre in San Antonio verändert hatte. Auch wird er Gerüchte über dort lebende zwielichtige Gestalten gehört haben. Bis zu welchem Punkt war er sich nicht bewusst, dass auch auf Ibiza Vorsicht geboten war und dass es unvorsichtig sein könnte, seine Schriften und Korrespondenz in die Hände eines jungen 24-jährigen Deutschen

---

333 Eine Anmerkung der Herausgeber des Briefs von Benjamin an Jean Selz vom 21. September 1932 erwähnt den Aufenthalt Verspohls Ende 1933 in Hamburg und seine Mitgliedschaft in der SS. Vgl. *GB* IV, S. 133. Drei Briefe von Verspohl an Benjamin von Ende 1932 und Anfang 1933, die nicht publiziert wurden, sind erhalten, doch geben auch sie wenig Auskunft über Verspohl und seine Tätigkeiten. Die Briefe von Benjamin an Verspohl sind dagegen nicht erhalten, auch keine weiteren Dokumente. Laut Information von Helga Verspohl, die Maximilian Verspohl 1957 heiratete, sind sie im Krieg abhanden gekommen.

zu geben, von dem nichts bekannt war? Diese sich auf Ibiza abspielende Geschichte – wie auch immer man sie interpretieren mag – sagt zweifellos manches über den Charakter Benjamins aus. Mit Sicherheit sah der Berliner Philosoph nur die Vorteile ihrer Beziehung, aß er doch täglich – wahrscheinlich gratis – im Hause Verspohls in dessen Gesellschaft und der seiner Freunde zu Mittag. Für die Nutzung seiner Schreibmaschine und Arbeit als »Sekretär« musste er auch nicht bezahlen. Jedoch kann er keinesfalls die Gerüchte ignoriert haben, die über die Anwesenheit verdächtiger Individuen auf der Insel kursierten. Das macht sein Verhalten letztendlich schwer verständlich.

Am 17. Juli 1933, als Benjamin bereits regelmäßig mit Maximilian Verspohl und seinen Freunden zu Tisch saß, Gespräche, Exkursionen und seinen Schriftverkehr teilte, erschien ein ausführlicher und aufschlussreicher Artikel im *Diario de Ibiza*, der aufzeigte, welche weitverbreiteten und beunruhigenden Verdächtigungen in der Luft lagen. Der nicht unterzeichnete Artikel trug den Titel: *Eine breitangelegte Verschwörung gegen die republikanische Regierung. Konspirateure und Spione auf Mallorca.* Unter der Zwischenüberschrift *Hitlers Milizen?* war Folgendes zu lesen:

Seit einigen Monaten oder Wochen hält sich eine außerordentlich große Anzahl junger Deutscher auf Mallorca auf. Es handelt sich um junge Männer, keiner älter als fünfundzwanzig, die in kleinen Hotels oder Appartments, ohne Concierge oder Haushälterin, in kasernenartiger Ordnung leben. Sie kaufen selbst ein, sie kochen, waschen, sie reinigen ihre Unterkünfte selbst. [...] Beschäftigung der jungen Männer? Keine mit der sich ein Lebensunterhalt verdienen ließe. Sie verbringen ihre ganze Zeit mit kollektiver Körperertüchtigung, Fußmärschen über die Insel, erkunden die Gegend, in der sie sich aufhalten, hierbei vor allem die Küste. [...] Es gibt viele junge Deutsche, die heutzutage auf diese Weise auf Mallorca leben. Sehr viele. Es sind so viele, dass ein Mallorquiner, der soeben von seinem Stück Land zurückkam, sie auf sage und schreibe 6000 beziffert. [...] »Was passiert«, fragte uns jener Mallorquiner, »wenn eines Tages, im Falle einer kriegerischen Auseinandersetzung, diese jungen Männer bestens bewaffnet auf die Straßen treten und ausschwärmen?«

So wenig wie Benjamin wusste, dass sein junger Sekretär der nationalsozialistischen Ideologie anhing und auf der Insel eine vielleicht weniger unschuldige Rolle spielte als es den Anschein hatte, so wenig war Paul Gauguin bekannt, dass sein neuer Nachbar in dem kleinen Dorf San Vicente, der Franzose Raoul Alexandre Villain, 1914 den Sozialistenführer Jean Jaurès ermordet hatte, deshalb aus Frankreich fliehen musste und sich auch 1933 noch auf der Flucht befand. Nachdem Villain einige Wochen in Ibiza-Stadt verbracht und an einigen Treffen im Hause von Jean Selz teilgenommen hatte, entschloss er sich, auf der Insel zu bleiben, doch an einem Ort fern der Hauptstadt, in einem auf den engen Bergpfaden nur schwer erreichbaren Dorf, von dem er wusste, dass es dort nur einen Fremden gab, den Enkel des berühmten Malers.

Trotz der Differenzen, die zwischen den beiden bestehen mussten, nahmen Gauguin und Villain schon bald Kontakt miteinander auf. Sie waren ja auch die einzigen Nichteinheimischen. Häufig gingen sie, manchmal in Begleitung einiger junger Ibizenker, gemeinsam fischen und auf die Jagd oder unternahmen ausgedehnte Wanderungen durch das Inselinnere. Oftmals führten diese langen Exkursionen sie bis nach San Antonio, wo sie über Nacht blieben, um am darauffolgenden Tag wieder zurückzukehren, doch nicht ohne zuvor, vor allem im Hause der Noeggeraths, einige Gläschen Rum zu trinken – nach Benjamin »das Raffinierteste, was es auf dieser Insel zu kosten gibt«.[334]

Die Ausländer, die 1933 auf der Insel anzutreffen waren, hatten mehr oder weniger auffällige Eigenheiten und die Ibizenker ließen es sich nicht nehmen, sich lustig über sie zu machen, doch über Raoul Alexandre Villain ließ sich wohl nur sagen, dass er völlig verrückt war. Er erzählte von seinen regelmäßigen religiösen Visionen und seine Verehrung der Jungfrau von Orléans rieb er den Bauern bei jeder Gelegenheit unter die Nase, er ging sogar so weit, sich ein Grundstück zu kaufen, um ihr zu Ehren eine Kapelle zu errichten. Als er von diesem Projekt abließ, begann er sofort ein neues: den Bau eines eigenen Hauses in der Bucht von San Vicente, nur wenige Meter vom Meer entfernt bei der Ansiedlung gleichen Namens. Am Bau dieses Hauses beteiligten sich außer ihm selbst, noch ein junger Bauer aus dem Dorf und Paul Gauguin. Sie bauten daran ungefähr ein Jahr lang, stellten es aber niemals fertig, bis auf ein Zimmer, das Villain für sich selbst einrichtete und gleich darauf auch bezog.

Zu Baubeginn stand die traditionelle ibizenkische Architektur – für die sich zu der Zeit sehr viel Interesse regte – noch Modell, doch zuletzt nahm das Haus, unter den perplexen Blicken der Nachbarn, die in dem Projekt nur eine weitere Spinnerei des Sonderlings sahen, andere undefinierbare Baustile auf. Villain konnte sich nicht lange daran erfreuen. Im September 1936, nur zwei Monate nach Ausbruch des Spanischen Bürgerkriegs, als er bereits der letzte im Dorf lebende Ausländer war – Paul Gauguin hatte die Insel schon 1935 verlassen –, erhielt er in seinem neuen Haus am Meer einen folgenschweren Besuch. Nachdem er die letzten zweiundzwanzig Lebensjahre auf der Flucht verbracht hatte, wurde Raoul Alexandre Villain in sei-

---

334 Brief an Gretel Karplus vom ca. 19./20. April 1933, *GB* IV, S. 190.

nem ibizenkischen Versteck aufgespürt. Eine Kugel, die seine Schulter durchschlug und am Hals austrat, ließ ihn sterbend auf den Steinen am Strand zurück.[335]

Viele der damaligen Ibizareisenden waren davon überzeugt, dass die Insel eine außergewöhnliche Kraft besaß, einen unerklärlichen Magnetismus, der Anziehungen und Abstoßungen, fantastische Funde und merkwürdige Erscheinungen hervorzubringen schien. Daraus erklärten sie sich auch den starken Aberglauben der Inselbauern. Leben und Tod, Liebe und Gewalt schienen aufs Engste mit den Kräften der Natur in Verbindung zu stehen, derart, dass allein der Flug einer Eule oder das Aufleuchten eines bestimmten Sterns Entscheidungen beeinflussen konnten. Der weite, tiefe Himmel der Sternennächte oder der Vollmond boten die Möglichkeit, schwer einzuordnende Naturphänomene zu untersuchen, die die Besucher nicht nur als Ausdruck von Schönheit empfanden, sondern auch als geheimnisvoll, rätselhaft und nahezu initiatorisch.

Auf Ibiza entwarf Benjamin im Jahr 1932 einen Essay mit dem Titel *Zur Astrologie*. Wie schon in anderen Schriften wird auch hier die Wirkung, die der Inselmond auf die Menschen ausübte, in Erinnerung gebracht, um in ein Thema einzuführen, das er im darauffolgenden Sommer 1933, während seines zweiten Aufenthaltes, weiterentwickelte: das des mimetischen Vermögens.

Man muß damit rechnen, daß prinzipiell Vorgänge am Himmel von frühern Lebenden, sei es von Kollektivis, sei es von einzelnen, nachgeahmt werden konnten. Ja, man muß in die-

---

335 Das Haus von Villain steht noch. Mindestens zwei Bücher wurden über ihn geschrieben: Nieto, Ramón: *La Cala*, Madrid 1963, das den Sésamo-Preis für Erzählungen erhielt, und Serradilla Muñoz, José V.: *El francés de la cala*, Cáceres 1998.

ser Nachahmung die zunächst einzige Instanz erblicken, die der Astrologie den Erfahrungscharakter gab. Ein Schatten davon rührt noch den heutigen Menschen in südlichen Mondnächten an, in denen er wohl erstorbene mimetische Kräfte in seinem Dasein sich rühren fühlt, indessen die Natur in deren Vollbesitz dem Monde sich anverwandelt.[336]

Ein Jahr nachdem er *Zur Astrologie* niedergeschrieben hatte, nahm Benjamin dieses Thema unter dem Gesichtspunkt der »Hinfälligkeit des mimetischen Vermögens«[337] in seinem kurzen Essay *Über das mimetische Vermögen* noch einmal auf. Für den Philosophen Benjamin hat das menschliche Vermögen, Ähnlichkeiten zu erkennen, »eine Geschichte«, was bedeutet, dass es sich im Laufe der Zeit veränderte. In menschlichen Gemeinschaften, in denen noch archaische Lebensformen vorherrschen, ist es demnach leicht möglich, noch Spuren dieses Vermögens aufzuspüren – sichtbar zum Beispiel in Tänzen. Benjamin stellte sich die Frage, ob die »Hinfälligkeit des mimetischen Vermögens« der »Transformierung« oder dem »Verfall« zuzuschreiben sei, denn »offenbar enthält die Merkwelt des modernen Menschen von jenen magischen Korrespondenzen und Analogien, welche den alten Völkern geläufig waren, nur noch geringe Rückstände.« Der folgende Auszug aus *Über das mimetische Vermögen*, der an den zuvor zitierten Abschnitt aus *Zur Astrologie* anklingt, erklärt die Funktion des erwähnten

---

336 *Zur Astrologie, GS* VI, S. 193.
337 *Über das mimetische Vermögen, GS* II, S. 211. Der Text wurde zu Benjamins Lebzeiten nicht publiziert. Zu Beginn des Jahrs 1933 schrieb er eine längere Fassung: *Die Lehre vom Ähnlichen, GS* II, S. 204ff. Beide Versionen markieren einen gravierenden Wandel seiner 1916 unter dem Titel *Über Sprache überhaupt und über die Sprache des Menschen* (*GS* II, S. 140ff. u. *GS* VII, S. 785ff.) ausgearbeiteten Sprachphilosophie. Benjamin erwähnt die Überarbeitung von *Über das mimetische Vermögen* in seinen Briefen aus Ibiza an Gretel Karplus vom 25. Juni 1933 und an Gershom Scholem vom 29. Juni. 1933.

Vermögens und sein Verhältnis zur Astrologie in »einer entlegeneren Vergangenheit«.

Man muß grundsätzlich damit rechnen, daß in einer entlegeneren Vergangenheit zu den Vorgängen, die als nachahmbar betrachtet wurden, auch die am Himmel zählten. Im Tanz, in anderen kultischen Veranstaltungen, konnte so eine Nachahmung erzeugt, so eine Ähnlichkeit gehandhabt werden. Wenn aber wirklich das mimetische Genie eine lebensbestimmende Kraft der Alten gewesen ist, dann ist es nicht schwer vorzustellen, daß im Vollbesitz dieser Gabe, insbesondere in vollendeter Anbildung an die kosmische Seinsgestalt, das Neugeborene gedacht wurde.

Den Hinweis auf den astrologischen Bereich mag einen ersten Anhaltspunkt für das gewähren, was unter dem Begriff einer unsinnlichen Ähnlichkeit zu verstehen ist. In unserem Dasein findet sich zwar nicht mehr, was einmal möglich machte, von einer solchen Ähnlichkeit zu sprechen, vor allem: sie hervorzurufen. Jedoch auch wir besitzen einen Kanon, nachdem das, was unsinnliche Ähnlichkeit bedeutet, sich einer Klärung näherführen lässt. Und dieser Kanon ist die Sprache.[338]

Anhand von Astrologie, südlichen Mondnächten, alten Tänzen – wie jene unbekannter Herkunft, denen er auf Ibiza beiwohnte – griff Benjamin schließlich wieder ein altes, ihm am Herzen liegendes Thema auf: die Frage nach der »Sprachentstehung«.[339] Für ihn ist »die Sprache die höchste Stufe des mimetischen Verhaltens und das vollkommenste Archiv der unsinnlichen

---

338 *Über das mimetische Vermögen*, GS II, S. 211.
339 Ebd., S. 212

Ähnlichkeit.«[340] Wenn alle Sprachen »onomatopoetisch« sind und nicht nur ein »verabredetes System von Zeichen«, sei es notwendig, den bestehenden Relationen zwischen Wort und Ding über die Schrift nachzuforschen. An diesem Punkt zieht er die Grafologie zu Rate, eine ihm vertraute Disziplin: »Die Graphologie hat gelehrt, in den Handschriften Bilder zu erkennen, die das Unbewußte des Schreibers darinnen versteckt.«[341] Man könnte auch sagen: Jeder Name umschließt ein großes Geheimnis seit dem Moment, an dem er seine »unsinnliche Ähnlichkeit« vergaß.

Benjamin schien es zu gefallen, seine Theorien bei Gesprächen mit Freunden vorzustellen. Jean Selz erzählt von dieser Angewohnheit, die meist große Ratlosigkeit bei seinen Zuhörern hervorrief. Anlässlich ihrer Übersetzungsarbeit gehörten Wortspiele für Selz und Benjamin zu ihrem täglichen Umgang – diese boten ihnen die Möglichkeit, sich mittels der Sprache tarnen zu können. »Eines Tages überraschte er mich mit der verblüffenden Behauptung«, erzählt Selz in seinem Artikel, »alle Wörter, gleich welcher Sprache, glichen in ihrem Schriftbild dem Ding, das sie bezeichneten.«[342] Auch einige ihrer Reflexionen, die sie unter Opiumeinfluss geteilt hatten, waren nicht weit entfernt vom »mimetischen Vermögen der Sprache«. Die Droge machte auch ein gesteigertes und subtileres Durchdringen der Welt der Sprache möglich.

Diejenigen, die Paul Gauguin auf Ibiza kennenlernten und sich noch an ihn erinnern, schildern ihn als einen schüchternen und liebenswerten jungen Mann, der schweigsam und rücksichtsvoll war. Einer der vielen Einzelgänger, die auf der Suche nach Ruhe

---

340 Ebd., S. 213.
341 Ebd., S. 212.
342 ÜWB, S. 40.

und einer herrlichen Landschaft die Insel damals ausgewählt hatten. Er lebte beinahe zwei Jahre auf Ibiza, in dem kleinen und nahezu unzugänglichen Dorf San Vincente, und trotz seiner außerordentlichen Diskretion und seinem Misstrauen gegenüber anderen Zugereisten half er einem verrückten Flüchtling beim Hausbau und wurde auf besondere, aber unverdächtige Art und Weise eine der Inselbekanntschaften Walter Benjamins. Die Landschaft der Insel – »verschlossen und geheimnisvoll« – konnte auch so etwas hervorbringen.

Den angenehmen Eindruck, den der junge Gauguin bei Benjamin hinterließ, schilderte ein Brief an Gretel Karplus; auch zwei seiner Erzählungen, die er kurz nach dem Brief schrieb, aller Wahrscheinlichkeit nach im Lauf der letzten Monate seines zweiten Aufenthalts in San Antonio, zeichnen ein positives Bild: *Gespräch über dem Corso. Nachklänge vom Nizzaer Karneval* und *Die glückliche Hand. Eine Unterhaltung über das Spiel*.[343]

Der Protagonist beider Erzählungen ist ein dänischer Bildhauer, eine bizarre und attraktive Figur, die auch von dem Äußeren Paul Gauguins inspiriert wurde, der ebenfalls »ein kleiner, hagerer, aber nicht unschöner Mensch [war], dessen gelocktes Haar einen rötlichen Anflug hatte«.[344] Benjamin gab in keiner dieser Erzählungen seiner Figur einen Namen,

---

343 Die erste Erzählung erschien am 24. März 1935 in der *Frankfurter Zeitung*. Die zweite, *Die glückliche Hand* (GS IV, S. 771ff.), wurde zu Lebzeiten Benjamins nicht veröffentlicht. Auf der Rückseite des zweiten Manuskriptblatts ist der Beginn eines Schreibens an die Baronin Goldschmidt-Rothschild erhalten, mit der ihn eine Brieffreundschaft verband. Die Herausgeber von Walter Benjamins Schriften nahmen das Brieffragment zum Anlass, beide Erzählungen, die mit denselben Figuren operieren, den auf Ibiza verfassten Schriften zuzuordnen. Diese Annahme wird durch den Umstand gestützt, dass die Hauptfigur von Paul Gauguin inspiriert wurde, den Benjamin auf der Insel kennenlernte.
344 *Gespräch über dem Corso. Nachklänge vom Nizzaer Karneval*, GS IV, S. 765.

in *Gespräch über dem Corso* gab er ihr jedoch schärfere Konturen. Er erstellte ein knappes Portrait, das nicht nur auf Paul Gauguin zutraf, mit dem er ausgedehnte Wanderungen durch die unberührten, geheimnisvollen Landschaften unternommen hatte und der scheinbar einen Kampf gegen den Einfluss der Bilder seines Großvaters führte, sondern auch auf andere Insulaner, denen er nur dort und zu keinem anderen Zeitpunkt begegnet war: »Er gehört der merkwürdigen Menschenart an, die den größten Teil ihres Lebens auf Inseln zubringt und auf dem Festland nie recht zu Hause ist.«[345]

---

345 Ebd., S. 764.

VIII. Blaupot und die Engelsliebe

Ende Juli 1933 ereignete sich während eines kurzen Besuchs Walter Benjamins bei den Selz' in Ibiza-Stadt ein Vorfall, der auf den ersten Blick unbedeutend erschien, doch für den weiteren Verlauf ihrer Freundschaft weitreichende Folgen haben sollte. Galten bisher Benjamins häufige Aufenthalte ihrer gemeinsamen Übersetzungsarbeit an der *Berliner Kindheit um Neunzehnhundert*, so wurde auch diese jetzt stark in Mitleidenschaft gezogen. Jean Selz schildert in einem zwanzig Jahre später verfassten Artikel sehr detailliert jenen Zwischenfall, dessen Entstehung und daraus folgende Konsequenzen, ohne sich bis dahin erklären zu können, wie und warum der »Einfluß eines bösen Dämons«[346] sich zwischen ihn und Benjamin drängen und sie entzweien konnte. Die unglückliche Episode spielte sich in der Bar Migjorn ab. Am Hafen gelegen, nahe der Anlegestelle für die Schiffe aus Mallorca und vom Festland, wurde sie von Guy Selz betrieben, dem Bruder Jeans. Benjamin verweilte dort oftmals bei seinen Abstechern in die Hauptstadt, weil hier eine ungezwungenere Atmosphäre herrschte, als in den anderen Bars von San Antonio.

Walter Benjamin legte gemeinhin eine große Zurückhaltung an den Tag, »an diesem Abend aber«, so Jean Selz, »fiel es ihm ausnahmsweise einmal ein, beim Barmann Toni einen ›Cocktail noir‹ zu bestellen. Toni machte sich, ohne mit der Wimper zu zucken, an die Arbeit und servierte ihm in einem großen Glas ein schwarzes Getränk, dessen sicher beunruhigende Zusammensetzung mir immer ein Geheimnis geblieben ist. Benjamin trank das Glas kaltblütig aus. Ein wenig später gesellte sich eine Polin, Maria Z., zu uns und fragte uns, ob wir schon von dem berühmten Gin, den das ›Migjorn‹ ausschenke,

---

346 ÜWB, S. 49.

getrunken hätten. Der berüchtigte Gin war ein Gin von 74 Prozent – ich für meinen Teil habe ihn nie hinunterbringen können. Es war ein Höllentrank. Maria Z. bestellte zwei Gläser und trank sie auf einen Zug nacheinander mit vollendeter Meisterschaft aus. Sie lud uns ein, es ihr nachzumachen. Ich lehnte ab, aber Benjamin nahm die Herausforderung an, bestellte zwei Gläser und leerte sie ebenfalls auf einen Zug. Er verzog dabei keine Miene, bald aber erhob er sich und bewegte sich auf den Ausgang zu. Kaum war er an der frischen Luft, brach er auf dem Trottoir zusammen.«[347]

Der verlorene Wettstreit im Trinken und ein unerwarteter Vollrausch, der Benjamin vermeintlich der Lächerlichkeit preisgab, sollte später unverhältnismäßige Folgen haben. »Er wollte heimgehen«, fährt Jean Selz fort, »zu Fuß, stand aber so unsicher auf den Beinen, daß ich mich verpflichtet fühlte, ihn daran zu erinnern, daß San Antonio fünfzehn Kilometer von hier entfernt war. Ich bot ihm an, bei mir zu übernachten. Er nahm die Einladung an, und wir fingen an, den Hang hinaufzusteigen. Bald sah ich die Kühnheit dieses Unterfangens ein. Noch nie war mir mein Heimweg so lang und so steil vorgekommen. Wie dieser Heimweg vor sich ging, will ich nicht erzählen: weder, wie er verlangte, daß ich einerseits drei Schritte vor und andererseits drei Schritte hinter ihm gehe, noch auf welche Weise wir schließlich die Straßen hinter uns brachten, die so steil sind, daß sie manchmal zu richtigen Treppen werden, noch wie er sich am Fuß einer solchen Treppe niedersetzte und in tiefen Schlaf versank ...

Als wir in der Rue de la Conquista ankamen, war der Tag angebrochen und die Morgendämmerung, die in Ibiza nicht vom Himmel, sondern aus dem Innern der alten Mauern herauszukommen scheint, tauchte die weißen Häuser unerwar-

---

347 Ebd., S. 47f.

tet in grünliches, fahles Licht. Die Expedition hatte eine ganze Nacht gedauert, und als ich erwachte, war es fast Mittag. Ich ging in Benjamins Zimmer und wollte nachsehen, wie es ihm gehe. Das Zimmer war leer! Benjamin war verschwunden. Er hatte einen Zettel auf dem Tisch zurückgelassen, auf dem er sich entschuldigte und für die Gastfreundschaft bedankte.«

Als Reaktion auf diese besonderen Vorkommnisse zog sich Benjamin erneut in sein »ganzes Haus [...] für mich ganz allein«[348] in San Antonio zurück. Allem Anschein nach schämte er sich so sehr wegen des Verlusts seines ansonsten tadellosen Auftretens, dass er das Migjorn nie wieder aufsuchte. Er meinte, vor dessen Gästen sein Gesicht verloren zu haben. Jean Selz gegenüber empfand er wohl dasselbe. Bis dahin standen ihre gemeinsamen »bemerkenswerten Zerstreuungen«[349] – der häufige Haschisch- und seltenere Opiumkonsum – immer unter dem strengen Anspruch einer Bewusstseinsanalyse. Möglicherweise war das jedoch auch nur ihre intellektuelle Rechtfertigung. An jenem Abend im Migjorn handelte es sich aber um eine gewöhnliche Volltrunkenheit, die aus einem nichtigen Anlass entstanden war. Der beschwerliche gemeinsame Heimweg von der Bar zu Selz' Haus in der Calle de la Conquista – im berauschten Zustand – machte auch keinen besseren oder seriöseren Eindruck. Jean Selz beschreibt diese Szene mit so großer Rücksichtnahme – vielleicht erzählt er auch nicht jede Einzelheit –, dass die zweifellos vorhandene Komik derselben beinahe verloren geht. Diese nächtlichen Geschehnisse führten zum Ende der französischen Übersetzung von *Berliner Kindheit um Neunzehnhundert* und zum Bruch der Freundschaft zwischen Benjamin und Selz.

---

348 Brief an Gershom Scholem vom 29. Juni 1933, *GB* IV, S. 251.
349 Brief an Jula Radt-Cohn vom 24. Juli 1933, *GB* IV, S. 263.

Ihre Verbindung riss jedoch nicht sofort ab, hin und wieder traf man sich noch, jedoch immer seltener. »Er verzieh es sich nicht«, fährt Selz in seiner Erzählung fort, »daß er sich mir in einer Situation gezeigt hatte, die er offensichtlich als erniedrigend empfand, und er nahm es, so seltsam das klingen mag, mir übel.«[350] Den Aufforderungen von Jean Selz, doch in sein Haus in Ibiza-Stadt zu kommen, um dort ihre Übersetzungsarbeiten fortzuführen, wich Benjamin aus, indem er die brütende Hitze und die mühseligen und steilen Gassen der Altstadt als Hinderungsgründe vorschob.[351] Sie sahen sich dennoch gelegentlich in Ibiza-Stadt oder San Antonio, doch Jean Selz berichtet weiter: »Die Bizarrerien seines Charakters wurden dadurch nicht gemildert und seine Spottsucht wurde immer aufreibender; unsere Umgebung sollte es zu spüren bekommen.«[352]

Benjamin begann sich, von der Insel Ibiza zu verabschieden: Seine Verbindungen zu Felix Noeggerath waren schon abgebrochen; die Beziehungen zu Jean Selz befanden sich bereits in einem Auflösungsprozess. Beide waren für ihn noch einige Monate zuvor die Bezugspunkte gewesen, als er sich entschließen musste, Deutschland zu verlassen. »Einem Winter auf Ibiza jedenfalls«, schreibt er am 31. Juli 1933 an Gershom Scholem, »hätte ich nur mit Grauen entgegensehen können.«[353] Dabei erinnerte er sich möglicherweise nicht nur an den Titel von George Sands Buch *Ein Winter auf Mallorca*, sondern auch an dessen deprimierenden Inhalt. Benjamin bereitete ernsthaft seine Abfahrt nach Paris vor, als jener Brief bei ihm eintraf, »in dem man mir ein unentgeltliches Quartier in einem Hause in Aussicht stellt, das die Baronin Goldschmidt-Rothschild in

---

350 *ÜWB*, S. 49.
351 Vgl. den Brief an Jean Selz von ca. Ende Juli/Anfang August 1933, *GB* IV, S. 271.
352 *ÜWB*, S. 49.
353 *GB* IV, S. 268.

Paris für vertriebene jüdische Intellektuelle einräumt.«[354] Er zog auch weiterhin die Möglichkeit in Betracht, nach Jerusalem zu gehen, was er in seinen Briefen mit Gershom Scholem diskutierte. Dieser hegte jedoch seit geraumer Zeit einige Zweifel daran.[355] Inmitten dieser Überlegungen und Umstände traf Benjamin auf Ibiza vollkommen unerwartet eine umso intensivere Liebe. Vermutlich war es die letzte Liebesgeschichte in seinem Leben.

Anna Maria Blaupot ten Cate, die sich damals Toet ten Cate nannte, war Malerin, in den Niederlanden geboren und dreißig Jahre alt, als sie im Sommer 1933 nach Ibiza kam.[356] Wie viele andere auch faszinierte sie der Mythos der Insel Ibiza, der individuelle Freiheit, einmalige Landschaften und ein Bohemeleben versprach. Im Mai desselben Jahrs hatte sie sich noch zusammen mit dem deutsch-jüdischen Schauspieler und Regisseur Ado von Achenbach in Berlin aufgehalten, wo sie gemeinsam die Bücherverbrennung durch die Nationalsozialisten erleben

---

354 Ebd., S. 267.
355 Auf Ibiza griff Benjamin wieder die Idee einer Palästinareise auf, die er und Scholem schon seit Jahren erörterten. Im Mai 1933, hinsichtlich der düsteren Aussichten Benjamins im Exil, unterbreitete ihm Scholem erneut den Vorschlag. In einem Brief an Scholem vom 16. Juni erwog Benjamin von Neuem seine mögliche Übersiedlung nach Palästina oder zog den Gedanken zumindest als realistisch in Betracht. Doch Gershom Scholem schien in seinem Brief vom 26. Juli 1933 einen Rückzieher zu machen, da er einige Umstände anführte, die dem Projekt im Wege stehen könnten, vorrangig, »daß auf die Dauer hier nur der leben kann, der sich durch alle Problematik und Bedrücktheit hindurch mit dem Lande und der Sache des Judentums völlig verbunden fühlt.« *SB*, S. 87. Dieser Sinneswandel, in Verbindung mit Scholems neuen Argumenten, scheint Benjamins Unmut erregt zu haben, wie seinem Antwortbrief vom 1. September 1933 zu entnehmen ist.
356 Vgl. Garber, Klaus/Rehm, Ludger (Hg.): *Global Benjamin. Internationaler Walter-Benjamin-Kongress 1992*, München 1999, S. 969ff. (im Folgenden: *GloBe*). Vgl. a. van Gerwen, Wil: »Angela Nova. Biografische achtergronden bij Agesilaus Santander«, in: *Benjamin Journaal* 5, 1997.

mussten. Sie verließ daraufhin fluchtartig Deutschland und blieb zuerst mit Achenbach in Italien, um später alleine nach Südfrankreich zu fahren. Ein wenig später, im Juli 1933, entschloss sie sich zur Reise nach Ibiza.

In San Antonio, nahe La Casita und dem von Walter Benjamin bewohnten Rohbau, befand sich ein weiteres kleines Haus, in dem ein niederländisches Ehepaar den Sommer verbrachte und das der Berliner Philosoph in einem seiner damals aufgezeichneten Träume erwähnt hatte.[357] Toet ten Cate hielt sich dort wohl einige Tage auf Einladung des Paars auf, möglicherweise mit dem Gedanken, dort auf Dauer einzuziehen.[358] Es geschah »hinter der Casita«,[359] erinnerte sie sich in einem ein Jahr später an Benjamin gerichteten Brief, wo »von unserem ersten Gespräch ab« eine große Nähe entstand. Wo immer sie sich kennengelernt haben mögen, ob im La Casita in Gesellschaft der »sympathischen jungen Leute«, die in diesem Sommer dort wohnten und wo gelegentlich auch andere Besucher der Insel vorbeischauten, ob im Haus der gastfreundlichen niederländischen Urlauber oder in Benjamins niemals fertiggestelltem Häuschen, kurz nach ihrem »ersten Gespräch« verliebte sich Walter Benjamin in diese unkonventionelle und unabhängige Frau. Glücklicherweise dauerte es nicht lange, bis er entdeckte, dass seine Liebe erwidert wurde.

Toet ten Cates Brief von Mitte Juni 1934 an Benjamin bestätigte, dass auch sie ihn liebte: »Ich freue mich über Ihre Freundschaft und unsre schönen gemeinsamen Erinnerungen. Ich möchte oft gern bei Ihnen sein und so still mit Ihnen reden mit wenigen Worten und auch glaube ich, wir würden jetzt etwas

---

357 Vgl. *GS* IV, S. 429f. Es handelt sich um den ersten der beiden *Traum* betitelten Passagen aus den *Denkbildern*.
358 Zu Blaupot ten Cate und ihre Liebesbeziehung mit Walter Benjamin vgl. Gerwen: »Angela Nova«.
359 *GloBe*, S. 972.

anders zu einander stehen wie früher. [...] Sie sind für mich mehr, weit mehr wie ein guter Freund, das wissen Sie auch wohl. Vielleicht wohl mehr auch wie ein Mann für mich sein konnte bis jetzt.«[360]

Benjamins Korrespondenz lag den gesamten Monat August über brach, er schickte nicht einen Brief an Scholem und nur einen an Gretel Karplus. Zu Jean und Guyet Selz bestand auch keinerlei Kontakt. Alles drehte sich bei ihm um diese eine Liebe. Toet ten Cate und er verbrachten ihre Tage gemeinsam am Strand oder trafen sich im nahen Wald – in dem Benjamin gewöhnlich arbeitete, solange die Handwerker sich in seinem Haus aufhielten. Dort lasen sie oder führten lange Gespräche und zweifellos zeigte ihr Benjamin auch seine damaligen Schriften. Eine davon, *Haschisch in Marseille*, die bereits im Dezember 1932 publiziert wurde, muss eine besondere Rolle gespielt haben, denn Toet ten Cate wurde deren erste Übersetzerin ins Französische.[361]

Beide unternahmen lange Spaziergänge ins Inselinnere. Sie waren gerne allein. Benjamin schien den ganzen August über weniger mit seiner persönlichen Lage und literarischen Unternehmungen beschäftigt gewesen zu sein als jemals zuvor. Das Wenige, das er zu dieser Zeit entwarf, stand in enger Verbindung zu seiner neuen Liebe. »Ich dachte«, schrieb Toet ten Cate im bereits zitierten Brief, »an frühere Geburtstage und an den letzten mit Ihnen, sah den Schacht des Silberbergwerks vor mir und unsre erste Haltestelle wo Sie mir die schönen Geschenke gaben, und dann den Strand, wo ich so lange im Meer mich herumtrieb und die ›Laurier Rose‹ Stelle, das war doch alles sehr schön und werde ich nie vergessen.«

---

360 *GloBe*, S. 972.
361 Erschienen im Januar 1935 in den *Cahiers du Sud* ohne Nennung des Autors.

Eines der »schönen Geschenke«, die Benjamin ihr an ihrem Geburtstag am 13. August 1933 überreicht hatte, war ein kurzer Text mit dem Titel *Agesilaus Santander*, der seit 1972 – als Gershom Scholem ihn zum ersten Mal einer Öffentlichkeit präsentierte – großes Aufsehen und auch Verlegenheit hervorruft.[362]

Agesilaus Santander stellte vor allem ein persönliches Geschenk Walter Benjamins an Toet ten Cate dar. Es kann durchaus angenommen werden, dass er nicht zur Veröffentlichung bestimmt war. In diesem autobiografischen Text tritt – mehr als alles andere – eine jüdische Tradition in ihrem besonderen Verhältnis zur Welt und der Einfluss des Schicksals auf Liebesdinge hervor. Es ist, als ob Walter Benjamin hier eine Antwort auf die Frage: »Wer bist du wirklich?« – eine realistische Frage auf dem Ibiza jener Tage – über seinen sehr persönlichen Text geben wollte. Er kann jedoch auch als eine Art Liebeserklärung gelesen werden. Er beginnt mit: »Als ich geboren wurde« und endet mit dem – vom Schicksal vorherbestimmten – Zusammentreffen mit der Geliebten. Nach Gershom Scholem folgt *Agesilaus Santander* »der jüdischen Tradition vom persönlichen Engel eines jeden Menschen, der sein geheimes Selbst darstellt und dessen Name ihm doch verborgen bleibt«.[363]

Als ich geboren wurde, kam meinen Eltern der Gedanke, ich könnte vielleicht Schriftsteller werden. Dann sei es gut, wenn

---

362 Vgl. *GS* VI, S. 521ff. Es existieren zwei Versionen von *Agesilaus Santander*. Die erste vom 12. August 1933 und die zweite vom 13. August. Die Version, die Benjamin Blaupot schenkte, und die eventuell identisch ist mit der zweiten, ist nicht erhalten. Gershom Scholems Kommentar und Interpretationen dazu vgl. Unseld, Siegfried (Hg.): Zur Aktualität Walter Benjamins. *Aus Anlaß des 80. Geburtstags von Walter Benjamin*, Frankfurt/M. 1972, S. 87ff. (im Folgenden: *ZAWB*).
363 *ZAWB*, S. 108.

nicht gleich jeder merke, daß ich Jude sei. Darum gaben sie mir außer meinem Rufnamen noch zwei weitere, ausgefallene, an denen man weder sehen konnte, daß ein Jude sie trug, noch daß sie ihm als Vornamen gehörten. Weitblickender konnte vor vierzig Jahren ein Elternpaar sich nicht erweisen. Was es nur entfernt für möglich hielt, ist eingetroffen. Nur die Vorkehrungen, mit denen es dem Schicksal hatte begegnen wollen, setzte der, den es betraf, beiseite. Anstatt ihn nämlich mit den Schriften, die er verfaßte, öffentlich zu machen, hielt er es wie die Juden mit dem zusätzlichen ihrer Kinder, der geheim verbleibt. Ja, diesen selber teilen sie ihnen erst mit, wenn sie mannbar werden. Weil sich nun aber dieses Mannbarwerden im Leben mehr als einmal ereignen kann, vielleicht auch der geheime Name gleich und unverwandelt nur dem Frommen bleibt, so kann dem, der es nicht ist, dessen Wandel sich wohl mit einem neuen Mannbarwerden mit einem Schlage offenbaren. So mir. Er bleibt darum nicht minder der Name der die Lebenskräfte in der strengsten Bindung aneinanderschließt und vor den Unberufnen zu hüten ist.

Doch keineswegs ist dieser Name eine Bereicherung dessen, den er nennt. Im Gegenteil, von dessen Bild fällt vieles ab wenn er laut wird. Es verliert [,] vor allem, die Gabe, menschenähnlich zu erscheinen. Im Zimmer, das ich in Berlin bewohnte, hat jener, ehe er aus meinem Namen gerüstet und geschient ans Licht trat, sein Bild an der Wand befestigt: Neuer Engel. Die Kabbala erzählt, daß Gott in jedem Nu eine Unzahl neuer Engel schafft, die jeder nur bestimmt sind, ehe sie ins Nichts zergehen, einen Augenblick das Lob von Gott vor seinem Thron zu singen. Als solchen Engel gab der Neue sich aus ehe er sich nennen wollte. Nur fürchte ich, daß ich ihn ungebührlich lange seiner Hymne entzogen habe. Im übrigen hat er mir das entgolten. Indem er nämlich sich den Umstand zunutze machte, daß ich unterm Saturn zur Welt kam – dem Gestirn der langsamsten Umdrehung, dem Planeten der Umwege und der Verspätungen – schickte er seine weibliche Gestalt der männlichen im Bilde auf dem längsten, verhängnisvollsten Umweg nach, obschon doch beide einmal – nur kannten sie einander nicht, aufs innigste benachbart gewesen waren.[364]

Der Text präsentiert eine Fülle enigmatischer Bilder und Hinweise, die mehr einer verschlüsselten Sprache zweier Liebender angehören als einer universalen Geheimwissenschaft. Schon sein Titel ist geheimnisvoll genug und und lässt sich vielleicht nur in der Vertrautheit und den Sprachspielereien der Verliebten enträtseln. Nach Gershom Scholem bildet *Agesilaus Santander* ein Anagramm von »Angelus Satanas« und fällt in eins mit einer Engelssphäre, die in dem Text wieder erschaffen wird, um die Liebenden zu repräsentieren. Vermutlich erklären weder die Stadt Santander, die Benjamin bei einem Landgang auf der Schiffsreise von Hamburg nach Barcelona besuchte, noch der spartanische König Agesilaos, über den Xenophon, Plutarch und Cornelius Nepos Auskunft geben, die Wahl der titelgebenden Namen. Davon gehen zumindest Gershom Scholem und weitere Interpreten aus.[365]

Es lässt sich jedoch nicht ausschließen, dass sie rein spielerisch eine zärtliche Absicht verfolgten. Möglicherweise stellten sie die »geheimen« Namen des Liebenden Walter Benjamin dar, die nur seine Geliebte Toet ten Cate kannte: Jene »weibliche Gestalt«, die ihm auf dem »längsten, verhängnisvollsten Umweg« nachgeschickt wurde, auf einem durch die jüngsten politischen und sozialen Umwälzungen in Deutschland bestimmten Weg. Andererseits befand sich das Buch *Vitae* des

---

364 *GS* VI, S. 521f.
365 Vgl. Gerwen: »Angela Nova«.

römischen Dichters Cornelius Nepos in der kleinen Bibliothek Felix Noeggeraths, die Benjamin auf Ibiza oft mit Lektüre versorgte.[366] Die Schilderung des Lebens am Hofe des Königs Agesilaos durch Cornelius Nepos unterstrich dessen spartanische Tugenden. Dies hätte dazu beitragen können, jenen Namen auszuwählen, lebte doch auch Benjamin selbst, während seiner Affäre mit Toet ten Cate, unter nicht weniger spartanischen Bedingungen.

Benjamins auf Ibiza erneut aufflammende Leidenschaft für geheime Namen (die eigentlichen Namen, erdachte Namen und nicht zuletzt Anagramme) wurde durch das dort vorgefundene Bedürfnis nach Maskierung und Verschwiegenheit begünstigt. Es wird auch in seinem Text deutlich. Der Titel *Agesilaus Santander* steht beispielhaft für die Komplizenschaft der Liebenden, die in jeder Zeile des Folgenden aufscheint. Außenstehenden erschwert sie einen leichten Zugang. Gershom Scholem interpretierte Benjamins theologische und kabbalistische Umwege aus dessen fundierter Kenntnis der Materie. Diese hinterlassen den Eindruck, als ob Benjamin mittels einer sehr eigenwilligen, jedoch auf jüdischer Tradition basierenden Angelologie – und seiner, zum Teil ähnlich tradierten Leidenschaft für die Bedeutung der Namen – Toet ten Cate seine Liebe erklärt hatte. Der Engel belohnt ihn – für seine große Fähigkeit zu warten, für seine Geduld – mit einem weiblichen Pendant.

Jedes Sich-Verlieben bedeutet ein neues »Mannbarwerden« – wie Benjamin es nennt – und stellt damit auch gleichzeitig eine Neuerfindung und Rückführung dar. So wie die Juden beim Eintritt in die Pubertät ihre geheimen Namen zurückgewin-

---

366 Die Ausgabe der *Vitae* von Cornelius Nepos wurde im Sommer 1936 zusammen mit weiteren Büchern aus der Bibliothek der Noeggeraths in das Haus ihres ibizenkischen Freundes Vicente Torres geschafft.

nen, erhält der Verliebte seine wahre Identität, seine »Lebenskräfte« wieder. Benjamin besaß eigene geheime Namen, die ihm seine Eltern gegeben hatten, als er »geboren wurde«. In seinem Text gab er sie nicht preis und benutzte sie auch niemals in anderen Schriften.[367] Den Namen, den er zu erkennen gibt, ist der des Liebenden *Agesilaus Santander*. Er empfängt ihn in seinem neuen »Mannbarwerden«, seiner erfüllten Liebe. Herrühren könnte er aus einer Wortspielerei mit dem Namen einer Benjamin bekannten spanischen Hafenstadt – über die er vielleicht eine interessante Anekdote erzählen konnte – und dem eines spartanischen Königs, der, wie er selbst, in einem nüchtern ausgestatteten Haus wohnte. Wie Gershom Scholem annahm, könnte es sich jedoch auch um ein Anagramm von »Angelus Satanas« handeln. Die drei Hauptfiguren in *Agesilaus Santander* – die weibliche Gestalt, die männliche und der Engel als Mittler – würden dieser Interpretation zufolge einer gemeinsamen kosmischen Angelologie angehören.

Der Engel – »Neuer Engel« genannt – als Mittler der Begegnung der Liebenden wurde durch ein Bild Paul Klees inspiriert, das Benjamin seit einigen Jahren besaß. Über diesen *Angelus Novus* von Klee entwarf er, einige Jahre nach seinem Aufenthalt auf Ibiza, eines der Fragmente der Thesen: *Über den Begriff der Geschichte*.[368] Benjamin gibt dort folgende Beschreibung: »Ein Engel ist darauf dargestellt, der aussieht, als wäre er im Begriff, sich von etwas zu entfernen, worauf er starrt. Seine Augen sind aufgerissen, sein Mund steht offen und seine Flügel sind ausgespannt.«[369]

---

367 Die »Geheimnamen« Benjamins waren Benedix Schönflies. Benedix war der Vorname seines Großvaters väterlicherseits und Schönflies war der Mädchenname seiner Mutter.
368 *GS* I, S. 693ff. Geschrieben 1940, nicht zu Lebzeiten des Autors publiziert.
369 Ebd., S. 697.

Jahre zuvor hatte Gershom Scholem vom gleichen Bild Paul Klees inspiriert ein Gedicht mit dem Titel *Gruß vom Angelus* verfasst. Seine ersten Verse lauten: »Ich hänge edel an der Wand / Und schaue keinen an / Ich bin vom Himmel her gesandt / Ich bin ein Engelsmann«.[370]

Nachdem Walter Benjamin einen Monat nicht geschrieben hatte, schickte er am 1. September 1933 einen Brief an Gershom Scholem, in dem er um »eine Abschrift Deines Gedichts über den Angelus Novus« bat.[371] Aus dem einfachen Grund: »Ich habe hier eine Frau kennen gelernt, die sein weibliches Gegenstück ist und der ich die schöne Begrüßung, die ihr Bruder durch Dich gefunden hat, nicht vorenthalten möchte.«[372] Zehn Tage darauf wiederholte er erneut seine Bitte, denn sein Gedicht erwarte »hier hohe Ehrung, indem ich es dem einzigen Subjekt zu unterbreiten gedenke, welches ich – in den Jahren seit Erwerbung des Angelus – neu in diesen schmalen, aber mir einzig vertrauten Sektor der Angelologie einzuführen gedenke.«[373]

Der »Neue Engel« wird zu Benjamins zentraler Figur, das zeigt sich auch im *Agesilaus Santander* – und in der Beziehung zwischen den Liebenden. Seine rätselhafte Gestalt in Paul Klees Bild hatte ihn vom ersten Tag an in ihren Bann gezogen. Tritt er einige Jahre später in den Thesen *Über den Begriff der Geschichte* als »Engel der Geschichte« auf, der »eine einzige Katastrophe« aus der Vergangenheit aufscheinen sieht, die »unablässig Trümmer auf Trümmer häuft und sie ihm vor die Füße schleudert«[374], so repräsentiert er jetzt das Symbol jener

---

370 Benjamin, Walter: *Briefe*, hg. v. G. Scholem, Frankfurt/M. 1966, S. 269. Anm. zum Brief an Scholem vom 25. Juli 1921.
371 *GB* IV, S. 287.
372 Ebd.
373 *GB* IV, S. 290f.
374 *GS* I, S. 697.

»Wege in die Zukunft«, die Liebende zurücklegen müssen und die auch eine »Heimkehr« bedeuten.[375] Der »Neue Engel« »weicht« auf demselben Weg in die Zukunft zurück, »auf dem er kam«, und nimmt den mit sich, »den er gewählt hat.« Auf diese Weise erscheint die untrennbare Beziehung zwischen beiden Engelsfiguren: dem »Neuen Engel« und seiner weiblichen Entsprechung (Toet ten Cate). *Agesilaus Santander* zeigt sich von Anfang an auf diese Darstellung hin ausgelegt.

> Er faßt ihn fest ins Auge – lange Zeit, dann weicht er stoßweis, aber unerbittlich zurück. Warum? Um ihn sich nachzuziehen, auf jene[m] Wege in die Zukunft, auf dem er kam und den er so gut kennt, daß er ihn durchmißt ohne sich zu wenden und den, den er gewählt hat, aus dem Blick zu lassen. Er will das Glück: den Widerstreit, in dem die Verzückung des Einmaligen, Neuen, noch Ungelebten mit jener Seligkeit des Nocheinmal, des Wiederhabens, des Gelebten liegt. Darum hat er auf keinem Wege Neues zu hoffen als auf dem der Heimkehr, wenn er einen neuen Menschen mit sich nimmt. So wie ich, kaum daß ich zum ersten Male dich gesehen hatte, mit dir dahin zurückfuhr, woher ich kam.[376]

Agesilaus Santander ist nicht das einzige Werk, das der Berliner Philosoph über seine Liebeserfahrung mit Toet ten Cate verfasste. In jenem August 1933 entwarf er zwei Gedichte, die er mit derselben Widmung versah: »An Blaupot«. In dem ersten, sehr kurzen, assoziiert er die Geliebte mit dem Meer. Jenes Meer, das ihn jeden Morgen weckte, wohnte er doch lediglich »zwanzig Schritte« davon entfernt.

---

375 *Agesilaus Santander*, GS VI, S. 522f.
376 Ebd., S. 523.

morgens weckte der anprall deiner stimme mich
die worte die sie hatte waren muscheln
die von der brandung deiner lippen getragen wurden
in jeder stieß ich auf das rauschen des
noch unbefahrnen meeres das an meine
ufer an schlägt und nicht mehr »seele« heißt[377]

In seinem zweiten Gedicht gibt Walter Benjamin, seinem wiedererlangten Frieden an ihrer Seite Ausdruck. Sie präsentiert ihm ihre Liebe als zweifach Kundige, als »hure und sybille«, und erscheint als das größte Geschenk, dem sich sein eigener Wille letzten Endes ergibt.

dein wort ist für die dauer wie dein leib
dein atem schmeckt nach stein und nach metall
dein blick rollt mir entgegen wie ein ball
das schweigen ist dein bester zeitvertreib

wie war dem ersten mann das erste weib
so standest du vor mir und überall
trifft dich nun meiner bitte widerhall
der tausend zungen hat. sie lautet: bleib

du bist die ungerufene unbekannte
und wohnst in mir im herzen einer stille
in die dich weder traum noch sehnsucht bannte

nichts mehr bewirken vorsatz oder wille
seitdem der erste blick in dir erkannte
die doppelherrin: hure und sybille[378]

---

[377] *GS* VI, S. 810.
[378] Ebd., S. 810f.

Vieles weist darauf hin, dass Benjamin, angeregt durch sein neues Liebesverhältnis, eine neue Folge von Schriften plante. Auf einem Blatt notierte er einen Blaupot gewidmeten Arbeitsplan, mit der Überschrift *Geschichte einer Liebe in drei Stationen*.[379] Unter den im Konzept auftauchenden Titeln befinden sich *Agesilaus Santander* und *Das Licht* gemeinsam mit weiteren, die aber wahrscheinlich nie realisiert wurden. Die Folge kam nicht wie geplant zustande. *Das Licht* wurde in seine Sammlung *Geschichten aus der Einsamkeit* aufgenommen. Alle seine Schriften, die mit seiner glücklichen Liebe zu Toet ten Cate in Verbindung stehen, auch die beiden Gedichte, blieben unveröffentlicht. Möglicherweise hatte er auch nie an eine Publikation gedacht – ihr intimer Charakter spricht dafür.

In seiner Korrespondenz erwähnte Walter Benjamin die Beziehung nie – außer in versteckten Andeutungen in den beiden Briefen an Scholem vom September 1933, als er diesen darum bat, ihm das Gedicht vom Angelus Novus zu senden. Beide Anspielungen lassen den Schluss zu, dass Toet ten Cate sich Anfang September noch auf der Insel aufhielt. In diesen Tagen entstand für Benjamin jedoch ein neues Problem: eine Beinverletzung, die er sich Ende Juli zugezogen hatte, entzündete sich und verursachte starke Schmerzen.

Er übertrieb sicherlich nicht, als er am 1. September 1933 seine Situation Scholem in aller Deutlichkeit darlegte: »Was mich betrifft, so liege ich auch jetzt wieder krank und leide an einer sehr schmerzhaften Entzündung am Bein. [...] Kaum auf den Füßen stehen, dazu die Landessprache kaum sprechen zu können, dazu womöglich noch arbeiten zu müssen, führt manchmal unter so primitiven Lebensverhältnissen dicht an die Grenze des Erträglichen.«[380]

---

379 *GS* VI, S. 815.
380 *GB* IV, S. 285.

Knapp zehn Tage später schrieb Benjamin an denselben Adressaten und beklagte nahezu wortgleich seinen »niederdrückenden Zustand«. Er fügte jedoch noch an: »Begreiflicherweise lese ich in diesem Zustand viel durcheinander. Mangels brauchbarer Kriminalromane sogar Theologie.«[381] Ab dem 15. September 1933 verschlechterte sich sein Zustand. Benjamin musste San Antonio verlassen und nach Ibiza-Stadt ziehen, um sich dort medizinisch behandeln zu lassen. Am 19. September 1933 teilte er Gretel Karplus mit: »In der Tat hat eine fühlbare Besserung schon zwei, drei Tage nach meiner Übersiedlung eingesetzt.«[382]

Seinem Umzug in die Inselhauptstadt sollte keine Rückkehr nach San Antonio mehr folgen. »Mein Logis in San Antonio mußte ich aufgeben«.[383] Seine Gesundheit verbesserte sich auch weiterhin nicht wirklich. Die Entzündung der Beinwunde erwies sich nur als Begleiterscheinung einer weit schwerwiegenderen Malaria-Erkrankung. Benjamin erfuhr davon jedoch erst, als er sich wieder in Paris befand. Toet ten Cate hatte bereits Mitte September 1933 die Insel verlassen. Kurz zuvor, Ende August, war auch sein »Sekretär« Maximilian Verspohl zusammen mit seinen Freunden abgereist, und somit stand *La Casita* leer. Wie schon im Vorjahr zogen Jean und Guyet Selz dort ein, um die letzten Wochen des Sommers dort zu verbringen. Obwohl ihr Verhältnis merklich abgekühlt war und sie sich den August über

---

381 Brief an Gershom Scholem von ca. 10./12. September1933, *GB* IV, S. 289f. Die Bücher von Georges Simenon, die Benjamin zu Beginn seines zweiten Aufenthalts gelesen hatte, gehörten Felix Noeggerath. Nach seinem Auszug aus dem Haus Ende Juni 1933 hatte er keinen Zugriff mehr auf sie. Bei den theologischen Werken handelte es sich laut Scholem um: *Martin Luther* von Lucien Febvre, *Geschichte und Dogma* von Albert Mirgeler und *Der geschichtliche Jesus* von Ditlev Nielsen. Vgl. a. *SB*, Brief Nr. 33, Anm. 3 und 4.
382 *GB* IV, S. 292.
383 Ebd.

so gut wie gar nicht gesehen hatten, nahmen sie für einige Tage – bevor Benjamin wegen der ärztlichen Behandlung nach Ibiza-Stadt ziehen musste – die Arbeit an der Übersetzung der *Berliner Kindheit um Neunzehnhundert* wieder auf.

Am 26. September 1933 verließ Walter Benjamin die Insel Ibiza für immer. Er ging an Bord der Ciudad de Mahón, die ihn nach Barcelona brachte, um von dort aus mit der Bahn nach Paris zu gelangen.

»Ich bin schwerkrank in Paris angekommen«, berichtete er am 16. Oktober 1933 aus der französischen Hauptstadt an Gershom Scholem. »Das will sagen, daß ich auf Ibiza überhaupt nicht mehr gesund gewesen bin und der Tag meiner endlichen Abreise fiel mit dem ersten einer Folge schwerster Fieberanfälle zusammen. Die Reise habe ich unter unvorstellbaren Umständen gemacht. Und hier wurde dann gleich nach meiner Ankunft Malaria festgestellt. Eine energische Chininkur hat mir inzwischen meinen freien Kopf, wenn auch durchaus noch nicht meine Kräfte wiedergegeben. Diese sind überhaupt durch die vielfachen Unbilden – nicht zum wenigsten die trostlose Ernährung – meines ibizenkischen Aufenthalts sehr geschwächt.«[384]

Scholems Angelus-Novus-Gedicht hatte er noch auf Ibiza erhalten und »wieder mit unverminderter Bewunderung gelesen«.[385] Es war leider zu spät eingetroffen, um es – wie gewünscht – Toet ten Cate noch dort vorlesen zu können. In Paris bot sich eine neue Gelegenheit, als die Liebenden sich wiedertrafen. Zweifellos hatte ihre Liebesbeziehung für Benjamin – seine ungewisse Exilsituation vor Augen – eine sehr große Bedeutung. Dank der neuen Verbindung schien er eine schon längst vergessene Balance wiedergefunden zu haben,

---

384 *GB* IV, S. 296.
385 Ebd., S. 297.

die ihm ermöglichte, seinen schwierigen Lebensumständen weiterhin die Stirn zu bieten. Im Herbst 1933 und den ersten Monaten des Folgejahrs sahen sich Benjamin und Toet ten Cate in Paris regelmäßig, doch jedes Mal in größeren Zeitabständen. 1934 zog Toet ten Cate in den Süden Frankreichs, wo sie noch im selben Jahr den Franzosen Louis Sellier heiratete.

In einem Briefentwurf Benjamins, geschrieben Mitte August 1933 in San Antonio, als Toet ten Cate Ibiza noch nicht verlassen hatte, gab der Berliner Philosoph seiner Liebe und seiner innigsten Überzeugung Ausdruck, in ihren »Arm würde das Schicksal für immer aufhören, mir zu begegnen.«

> Liebe, eben bin ich eine ganze Stunde mit den Gedanken an Dich auf der Terrasse allein gewesen. Ich habe nichts gelernt und entdeckt, aber an Vieles gedacht und gemerkt, daß Du die Dunkelheit ganz ausfüllst und wo die Lichter von San Antonio standen, da warst Du auch wieder – von den Sternen wollen wir nicht reden. Wenn ich liebte, so war die Frau, an die ich gebunden war, natürlich die beste, ja, selbst die einzige. Aber wenn ich dann wußte, auf jede andere verzichten zu können – die, die ich liebte, war und blieb die eine. Das ist jetzt anders. Du bist, was ich in einer Frau je habe lieben können: Du hast es nicht, Du bist es vielmehr. Aus Deinen Zügen steigt alles, was die Frau zur Hüterin, zur Mutter, zur Hure macht. Eines verwandelst Du ins andere und jedem gibst Du tausend Gestalten. In Deinem Arm würde das Schicksal für immer aufhören, mir zu begegnen. Mit keinem Schrecken und mit keinem Glück könnte es mich mehr überraschen.[386]

---

386 *GB* IV, S. 278f..

IX. Cohn und die letzten Wege

Krank und verliebt verließ Walter Benjamin Ibiza und musste in Paris ein neues Leben beginnen. Die Aussicht auf eine kostenlose Unterkunft, die die Baronin Goldschmidt-Rothschild jüdischen Intellektuellen bereitstellen wollte, zerschlug sich, »durch eine Reihe von Versehen und Verschiebungen, die darzustellen viel zu umständlich wäre [...]. Außerdem scheint sich herauszustellen, daß sie keineswegs kostenfrei ist.«[387] Aus diesem Grund musste er in ein Hotel ziehen und höhere Ausgaben in Kauf nehmen. Erschwerend kam hinzu, dass seine Chancen, ein Auskommen zu finden, sehr gering waren. »Was ich mir im günstigsten Fall erhoffe, ist eine Möglichkeit, durch bibliographische, bibliothekarische Hilfsarbeit etwas zu verdienen.«[388]

Ibiza war die erste Station seines Exils, doch erst mit der Ankunft in Paris im Herbst 1933 trafen ihn die Auswirkungen des Flüchtlingsdaseins in vollem Ausmaß. Hier sah sich Benjamin mit einer Lebenssituation konfrontiert, in der klar unterschieden wurde zwischen denen, die das Stigma des politischen Flüchtlings trugen, und denen, die es nicht trugen. »Das Leben unter den Emigranten«, schrieb er am 30. Dezember 1933 an Scholem, »ist unerträglich, das einsame nicht erträglicher, eines unter Franzosen nicht herbeizuführen.«[389] In jenen Tagen dachte er auch an einen endgültigen Umzug zu seinem Freund Bertolt Brecht nach Dänemark, da die täglichen Ausgaben dort weitaus geringer waren. Doch entschloss er sich schweren Herzens, in Paris zu bleiben: »Um mich herum ist nichts Ermutigendes zu sehn und den einzigen Menschen, der mich hier angeht, gehe ich weniger an.«[390]

---

387 Brief an Gershom Scholem vom 16. Oktober 1933, *GB* IV, S. 297.
388 Ebd., S. 296.
389 *GB* IV, S. 327.
390 Ebd.

Seine Beziehung zu Toet ten Cate, die den Herbst über auch in Paris wohnte, schien sich nach und nach abzukühlen, obwohl sie sich hin und wieder sahen. Nur sie konnte gemeint sein mit dem »einzigen Menschen, der mich hier angeht«. Möglicherweise gab sie auch den Ausschlag, warum Benjamin nicht nach Dänemark abreiste und weiterhin in Paris blieb. Belegt ist, dass Toet ten Cates endgültige Abfahrt aus der französischen Hauptstadt im Februar 1934 zusammenfällt mit den Vorbereitungen Benjamins, nach Dänemark umzusiedeln. Er traf jedoch erst wenige Monate später, im Frühsommer, mit Brecht in dem skandinavischen Land zusammen und hielt sich dort bis Anfang Herbst 1934 auf. In Dänemark entwarf er weiterhin sehnsüchtige Briefe an Toet ten Cate und lebte in seinen Erinnerungen an den vergangenen ibizenkischen Sommer.

Sie sehen, auch mein Sommer stellt einen bedeutenden Kontrast gegen den letzten dar. Damals konnte ich – wie das meist der Ausdruck eines ganz erfüllten Daseins ist – nicht früh genug aufstehen. Jetzt schlafe ich nicht nur länger sondern die Träume wirken sich auch beharrlicher, oft wiederkehrend, dem Tage ein. [...] Ihre Gegenwart fehlt mir mehr als ich sagen kann – und, was mehr sagt – mehr als ich glauben konnte.

Auch bei mir hat die Zeit und die Entfernung klarer und kräftiger sich erklären lassen, was meine Bindung an Sie bestimmt. Mich erfüllt das Bedürfnis nach Ihrer Nähe, deren Erwartung den Rhythmus meiner Tage und meines Denkens beherrscht, die aber so sich nicht melden könnte, wenn nicht auch ein Stück von Ihnen in ihm lebte. Das ist mir jetzt gewisser als vor einem Jahr.[391]

---

391 Briefentwurf vom 19. August 1934, *GB* IV, S. 482.

Bevor Benjamin zu Beginn des Sommers 1934 nach Dänemark aufbrach, hatte er sich noch einmal mit Jean Selz in Paris getroffen. Das französische Ehepaar hatte Ibiza Ende Dezember 1933 verlassen und sie waren wieder in ihr Pariser Haus gezogen, womit sie ihr Inselabenteuer nach knapp zwei Jahren beendet hatten. Jean Selz verfasste kurz darauf für die Zeitschrift *La Nature* einen Artikel, der Ibiza als Insel der mediterranen Antike vorstellte. In diesem Artikel schildert Selz in bewegenden Worten den Eindruck, der von nahezu allen Besuchern der Insel dieser Jahre geteilt wurde: In die Antike einzutauchen, bedeutete gemeinhin, sich zwischen Ruinen und Steinresten zu bewegen, auf Ibiza hingegen schien sich dem Reisenden eine seltene Ausnahme darzubieten, da die Vergangenheit noch präsent und in der bäuerlichen Lebenswelt auffindbar war. Sein Bericht erschien im April 1934, dem Monat, in dem er zum letzten Mal eine Nachricht von Walter Benjamin erhalten hatte.

Zwischen Februar und April 1934 unterhielten Selz und Benjamin in Paris noch brieflichem Kontakt, sie schrieben sich mindestens fünfmal, es kam jedoch nur bei zwei Gelegenheiten zu einem Treffen. Das erste fand im März in einem Café am Boulevard Saint-Germain statt. Selz beschäftigte sich zu der Zeit noch mit der Übersetzung eines neuen Abschnitts aus der *Berliner Kindheit um Neunzehnhundert* mit dem Titel *Schmetterlingsjagd*. Es sollte das Letzte sein, was er daraus übersetzen konnte. Im April sagte Benjamin ihm zweimal eine verabredete Zusammenkunft ab. »Nicht ohne Bitterkeit«, teilte er am 19. April 1934 Jean Selz mit, »beuge ich mich der unheilvollen Konstellation, die über uns zu schweben scheint. Ich schreibe Ihnen diese Zeilen eine Stunde vor einem überstürzten Aufbruch.«[392] Nach dieser kurzen Entschuldigung traten sie niemals wieder miteinander in Verbindung.

---

392 *ÜWB*, S. 50. Vgl. a. *GB* IV, S. 393.

Als Gershom Scholem Walter Benjamin ein halbes Jahr später in seinem Brief nach der französischen Übersetzung der *Berliner Kindheit um Neunzehnhundert* fragte, antwortete ihm dieser am 15. September 1934, dass die Übertragung abgebrochen wurde, »weil ich mit dem Mitarbeiter mich überworfen habe, aus Umständen die höchst pittoresk aber brieflicher Darstellung nicht zugänglich sind – im übrigen nichts mit dieser Arbeit zu tun haben.«[393] Ist es möglich, dass Benjamin ein Jahr später noch den lächerlichen Zwischenfall im Hafen von Ibiza vor Augen hatte? Allem Anschein nach war dem so.

Als sein Verhältnis zu Jean Selz auseinanderbrach, erreichte den Berliner Philosophen ein Brief von seinem alten Freund Alfred Cohn, den es mit seiner Familie nach Barcelona verschlagen hatte. Zu Alfred Cohn, einem guten alten Freund aus Kinder- und Jugendtagen, brach der Kontakt nie ganz ab. Seine Schwester Jula blieb eine der großen Lieben in Benjamins Leben; wie auch Cohns spätere Frau, Grete Radt, mit der er von 1914 bis 1918 verlobt war. Es gab also vielerlei Verstrickungen und eine gemeinsame Geschichte. In Barcelona machte Alfred Cohn Geschäfte und hatte großes Interesse daran, seine Handelsbeziehungen auch nach Ibiza ausdehnen zu können. Aus diesem Grund wandte er sich Ende April an Benjamin, um ihn zu bitten, einen Kontakt zu dem ihm »bekannten Kreis«[394] auf der Insel zu erleichtern. Benjamin erfüllte ihm die Bitte. Zuerst schrieb er an Hans Jakob Noeggerath in San Antonio und gab daraufhin dessen Adresse an seinen Freund Alfred Cohn weiter. Auf diese Weise wurde der ibizenkische Faden, der unwiederbringlich gerissen schien, von Benjamin erneut geknüpft.

---

393 *GB* IV, S. 498.
394 Brief an Alfred Cohn von Ende November 1934, *GB* IV, S. 535.

Im Lauf des Sommers trat Alfred Cohn mit Hans Jakob Noeggerath in Verbindung. Möglicherweise besuchte er auch auf Einladung der Noeggeraths die Insel. Benjamin befand sich in der Zwischenzeit bereits in Dänemark. Von dort aus kehrte er im Herbst 1934 nicht direkt nach Paris zurück, sondern verbrachte den Winter in San Remo, wo seine Exfrau Dora Kellner sich vor einiger Zeit niedergelassen hatte. An Alfred Cohn schrieb Benjamin Ende November 1934 aus San Remo, um sich nach seinen Geschäften auf Ibiza zu erkundigen. Dieser antwortete umgehend und brachte schlechte Nachrichten: »Ich weiß nicht, ob Dir schon bekannt ist, daß der junge Noeggerath vor etwa zwei Monaten plötzlich am Typhus gestorben ist. Er hatte gerade vor, nach Deutschland zu fahren, um seinen Doctor in Ibizenkisch zu machen. Die ganze Insel habe ihn betrauert.«[395]

Von der traurigen Nachricht aufgewühlt, wandte sich Benjamin erneut an Cohn: »Dazu kommt, daß die so tief in mich eingegrabnen Linien Ibizas in der letzten Zeit in schmerzhaften Konfigurationen sich zusammengezogen haben. Damit meine ich nicht nur und nicht an erster Stelle den Tod von Jean Jacques Noeggerath – weil aber dessen Lebensfaden zufällig durch einen Knoten des meinigen lief, hat mich dieser Tod doch viel mehr betroffen als es nach der Art unseres Umgangs vermutbar gewesen wäre.«[396] Alles deutet darauf hin, dass eine von den mit Ibiza verbundenen »schmerzhaften Konfigurationen«, auf die Benjamin in seinem Brief anspielte, schmerzhafter war als alle anderen. Es konnte nur die – jetzt unglückliche – Liebe zu Toet ten Cate gemeint sein.

Seine Beziehung zu Toet ten Cate war zwar schon beendet, als sie Paris im Februar 1934 verließ, um sich im Süden

---

395 Vgl. Anm. zu Brief Nr. 918, *GB* IV, S. 536.
396 Brief an Alfred Cohn vom 19. Dezember 1934, *GB* IV, S. 541.

Frankreichs mit ihrem Freund und späteren Ehemann Louis Sellier anzusiedeln, doch versuchte Benjamin weiterhin auf brieflichem Wege mit seiner verlorenen Liebe in Verbindung zu sein. In seinen an sie gerichteten Schreiben kamen seine Gefühle zum Ausdruck und seine Widerstände, eine endgültige Trennung zu akzeptieren. In den Jahren 1934 und 1935 machte er immer wieder den Versuch, die Gemeinsamkeiten, die sie aneinander banden, zu beschwören. Der letzte Brief, den er ihr in Paris am 24. November 1935 schrieb, wurde niemals abgeschickt.

[E]s gibt immer noch Tage, an denen es mir nicht in den Sinn will, daß wir nichts mehr von einander wissen sollten. Und heute ist es ein Sonntag, der mich so stur findet und darauf besteht, daß ich Ihnen ein Wort schreibe.

Er würde aber seinen Willen bei mir nicht durchsetzen, wenn ich nur die Frage nach Ihrem Tun und nach Ihrem Ergehen oder nur die Bitte, mich etwas darüber wissen zu lassen an Sie richten könnte. Ich will Ihnen vielmehr sagen, daß es mit mir in der letzten Zeit – und ohne daß sich äußerlich viel bei mir geändert hätte – ziemlich erträglich bestellt gewesen ist.[397]

Während die Liebe sich aus seinem Leben entfernte, nahm er den ibizenkischen Faden über die Korrespondenz mit Alfred Cohn wieder auf. Am 6. Februar 1935 schilderte er ihm: »Immerhin taucht die erste Emigrationszeit in Ibiza je weiter sie zurücktritt in umso farbigern Schimmer.«[398] Alfred Cohn war in Kontakt zu alten Inselbekanntschaften getreten, hatte sie eventuell auch vor Kurzem erst besucht, und wurde dadurch nicht

---

[397] *GB* V, S. 198.
[398] Ebd., S. 36.

nur zum geeigneten Ansprechpartner für seine aufkommende Ibiza-Nostalgie, sondern konnte ihm auch über die berichten, die noch immer auf der Insel lebten. In dem Brief vom Februar 1935 interessierte sich Benjamin vor allem für die Situation der Noeggeraths. Er wollte wissen, ob das Ehepaar – mit dem er ja noch zerstritten war – nach dem Tod von Hans Jakob weiterhin auf Ibiza weilte und ob sie ihr geplantes Haus fertiggestellt hätten. Er fragte auch, wie »es dem Bildhauer Jokisch« gehe und »ob der Guy Selz noch seine Bar am Hafen« habe – jene berühmt-berüchtigte Bar, wo er sich, wie er glaubte, derart lächerlich gemacht hatte.[399]

Die Erkundigungen bei Alfred Cohn über die Bekannten auf Ibiza, annähernd zwei Jahre nach seinem letzten Aufenthalt dort, zeigen, dass Benjamin keine Korrespondenz mit einem der Angesprochenen pflegte. Sie machen jedoch auch deutlich, dass er die kosmopolitische, lockere und unkonventionelle Atmosphäre Ibizas als eine im Gedächtnis bewahrte, in der politischer Flüchtling zu sein, nicht stigmatisierte. In einem weiteren Brief an Alfred Cohn vom 18. Juli 1935 merkte er an: »Es hat seit Ibiza für mich keine eingreifende Bekanntschaft mehr gegeben«.[400] Das Leben auf Ibiza, so eingeschränkt es auch war, hinterließ bei allen seine Spuren. Keiner blieb davon unberührt: weder Jokisch, noch Gauguin, die Selz' oder Noeggeraths, schon gar nicht Blaupot ten Cate oder Raoul Hausmann; aber auch nicht diejenigen, die, wie Benjamin, von dort fliehen mussten, um nicht am Inseldasein zu ersticken. Es war so, als ob sie, nach einem kurzen Atemholen auf dem Festland, die Sehnsucht wieder einholte und ihnen den Wunsch nach einer Rückkehr einflüsterte. Sie konnten ihre Inseleindrücke nicht vergessen. Benjamin sprach davon in sei-

---

399 Ebd., S. 37.
400 *GB* V, S. 130.

nem Brief an Alfred Cohn aus Paris – wir schreiben bereits den 26. Januar 1936: »Meinerseits denke ich immer noch viel an die Insel zurück.«[401]

Der Berliner Schriftsteller und Kritiker erinnerte sich nicht nur immer wieder an seine auf Ibiza verbrachten Tage, er machte auch neue Pläne: »Sehr lange habe ich mit dem Gedanken gespielt, auf eine Zeitlang wieder nach Ibiza zu gehen.«[402] Ende Juni 1936 war der Adressat seiner Überlegungen nochmals sein Freund Alfred Cohn, als er darüber nachdachte, in welchem Land er am besten die Sommermonate verbringen könnte. Letztendlich entschloss sich Benjamin für einen erneuten Aufenthalt in Dänemark und besuchte Bert Brecht. Diese Entscheidung gegen Ibiza als Reiseort rettete ihn davor, dem Beginn des Spanischen Bürgerkriegs beiwohnen zu müssen. Sofort nach Ausbruch des Kriegs verließ Alfred Cohn Barcelona und ging nach Paris, was für Benjamin zur Folge hatte, dass er seinen einzigen Kontakt in Spanien verlor, über den die verbliebenen Fäden des Inselknäuels noch zusammenliefen.

Wie große Teile Spaniens erlebte auch Ibiza 1936 einen blutigen Sommer. Zwischen dem 19. Juli und dem 8. August 1936 befand sich die Insel in den Händen der franquistischen Putschisten. Nach der Landung loyaler Truppen vom Festland stand sie jedoch bis zum 13. September 1936 wieder auf republikanischer Seite, bis sie erneut von Francos Truppen eingenommen wurde. Von da an blieb Ibiza und seine Bevölkerung in deren repressiven Händen. Es muss nicht ausdrücklich darauf hingewiesen werden, dass dieser Krieg auch auf der Insel Hass und Vergeltung auslöste. Eine große Zahl von Ibizenkern fand den Tod oder musste ins Exil gehen. Der Krieg unterbrach

---

401 *GB* V, S. 229.
402 Brief an Alfred Cohn vom 4. Juli 1936, *GB* V, S. 326.

auch den sich erst langsam entwickelnden ökonomischen Aufschwung, den der erst jüngst geschaffene Insel-Mythos mit sich gebracht hatte. In jenem Sommer 1936 sah man dramatische und grauenvolle Szenen, und Ibiza dominierten Chaos und kriegerischer Tumult.[403] Während ihrer heillosen Flucht konnten die fremden Inselbewohner in ihrer Fassungslosigkeit und Angst nur mit Mühe die Tatsache akzeptieren, dass eine äußere Gewalt so vehement und plötzlich auf dieser kleinen Mittelmeerinsel ihren Einzug hielt. Sie hatten Ibiza doch gerade wegen der vermeintlichen Abgeschiedenheit von den Ereignissen, die die Welt unsicher machten, gewählt.

Wenn Walter Benjamin, wie er es sich überlegt hatte, den Sommer 1936 nach Ibiza zurückgekehrt wäre, hätte ihn dasselbe Schicksal wie all die anderen, noch dort Verbliebenen, ereilt. Der Großteil musste noch während des Sommers die Insel – gezwungenermaßen – auf deutschen oder britischen Schiffen verlassen. Als Ibiza von italienischen Truppen, bekannt unter dem Namen Los dragones de la muerte (dt. Die Drachen des Todes) und angeführt von dem Faschisten Arconovaldo Rossi[404], am 20. September 1936 mithilfe der Kompanien der Legión de Mallorca eingenommen wurde, befand sich kaum noch ein Nichteinheimischer dort.

Auch Raoul Hausmann flüchtete Mitte September Hals über Kopf auf einem deutschen Schiff. Ebenso Guy Selz, der Bruder Jeans und Inhaber der Bar Migjorn. Er schiffte sich auf der Fähre Ciudad de Ibiza ein, auf der in der Nacht zum 13. September auch republikanische Milizionäre mit dem Ziel Valencia

---

[403] Im Jahr 1937 schrieb der nordamerikanische Autor Elliot Paul, der die Insel im September 1936 verlassen hatte, über den Beginn des Spanischen Bürgerkriegs einen Roman mit dem Titel *The Life and Death of a Spanish Town*, der sich in den Vereinigten Staaten sehr gut verkaufte.
[404] Vgl. http://fideus.com/dragones_de_la_muerte%20-%20memoria.htm (Stand: 5. April 2008).

flohen, nachdem italienische Flugzeuge Ibiza-Stadt bombardiert hatten. Auch Felix Noeggerath erging es so. Nach einigen Monaten in Barcelona war er kurz vor Ausbruch des Bürgerkriegs nach Ibiza zurückgekehrt.[405] In San Antonio ging er im August 1936 gemeinsam mit seiner Frau Marietta an Bord eines deutschen Schiffs, das geschickt worden war, um deutsche Staatsangehörige zu evakuieren. Sie alle ließen bei ihrer erzwungenen Abreise Wertvolles zurück. Raoul Hausmann schildert auf den letzten Seiten seines Romans *Hyle*, dass sie kaum eine Stunde Zeit hatten, ihre Koffer zu packen, in die sie nur das Allernötigste verstauen konnten. Guy Selz verließ seine Bar überstürzt und konnte außer einem Bild nichts mitnehmen. Felix Noeggerath ließ jedoch sehr viel mehr in San Antonio zurück. Sein Sohn Hans Jakob lag auf dem Dorffriedhof begraben. Seit seinem Tod waren noch keine zwei Jahre vergangen.

Doch nicht alle Ausländer flohen vor dem Krieg. Es gab auch welche, die sich, wie Jokisch, den neuen politischen »Umständen« anzupassen begannen. Vom ersten Moment an setzte der exzentrische Seemann aus Stuttgart auf die nationalistischen franquistischen Kräfte, was er auch die betreffenden Stellen wissen ließ. »Nur dieser Sauertopf, Jost«, schreibt Hausmann in *Hyle* und meint damit Jokisch, »hat eigne Ansicht, die, dass wir Feiglinge. Kommen Italiener dann ist nichts zum lachen. Der möchte uns alle erschossen sehen. Ist für die feinen Leute, wir für den armen Pöbel. Er ist für Franco. War gestern auf Ayuntamiento, sich bestätigen lassen, dass sehr angesehen, sehr gern gesehen in San José, vom reaktionären Alcalde. El Señor Jost darf bleiben. So'n Scheisskerl!«[406]

---

405 Felix Noeggerath verbrachte zwischen 1935 und 1936 einige Monate in Barcelona. Benjamin erfuhr davon über einen gemeinsamen Freund und teilte die Nachricht Alfred Cohn in seinem Brief vom 26. Januar 1936 mit. Er fragte Cohn, ob er Noeggerath treffen wolle – wobei er ihm aber eher davon abriet.
406 Hausmann: *Hyle*, S. 300f.

Tatsächlich blieben Jokisch und seine zwei »Nichten« den gesamten Bürgerkrieg über in San José, obwohl sie schon bald eine unangenehme Überraschung erlebten: Die deutsche Regierung stellte die Überweisung der monatlichen Rente an Jokisch ein. Während des darauffolgenden, drei Jahre dauernden Rechtsstreits lebten sie von dem Wenigen, was er durch Arbeiten jeglicher Art verdienen konnte, und von dem entgegengebrachten Vertrauen seiner Nachbarn, denen er Tag für Tag mehr Geld schuldete. Wie viele seiner einheimischen Nachbarn gehörte auch er zur »falange naval«, die nahezu täglich ihren Küstenschutzposten in einer der Buchten, in Cala d'Hort, einnahm. Jokischs Charakter verlor dadurch jedoch nicht seine Attraktivität als literarische Figur und so tauchte er bald erneut in einem Buch auf, nämlich in *Ismé, Sehnsucht nach Freiheit* der Schweizer Schriftstellerin und Seefahrerin Cilette Ofaire.[407]

Ismé lautete ursprünglich der Name der Jacht der Autorin und wurde nun zum Titel ihres Erinnerungsbuchs. Mit ihrem Dampfsegler landete sie im März 1936 – nach einem ausgedehnten Segeltörn von Cherbourg über La Rochelle, Santander, Lissabon, Malaga und Alicante – auf Ibiza an. Cilette Ofaire ignorierte die Ratschläge, die Insel besser zu verlassen, und verbrachte den gesamten Sommer 1936 auf ihrem Schiff, das im Jachtclub von Ibiza-Stadt vor Anker lag. Das Boot wurde im September 1936 von italienischen Flugzeugen unter Beschuss genommen und Cilette Ofaire musste ins Inselinnere flüchten.

Jemand hatte ihr schon vor geraumer Zeit erzählt, dass ein Seemann aus Deutschland auf der Insel lebe; sie selbst nannte ihn »Prat« und ergänzte in ihren Aufzeichnungen: »Prat war Bildhauer gewesen«.[408] Dieselbe Person hatte ihr auch mitge-

---

407 Ofaire, Cilette: *Ismé, Sehnsucht nach Freiheit*, Zürich 1999.
408 Ebd., S. 369ff. Darin stimmt sie mit Benjamin überein: Jokisch war also unter anderem auch Bildhauer.

teilt: »Wenn du eines Tages nach Ibiza kommst und dir etwas fehlt, suche ihn auf! Du wirst sehen, daß er dir helfen wird, um was immer es sich handelt.« In *Ismé* erhält Jokisch, nachdem er schon zum »O'Brien« in der Benjamin'schen Erzählung *Die Kaktushecke* wurde und als »Jost« im dadaistischen Roman *Hyle* von Raoul Hausmann erschien, den neuen Namen »Prat«. Prat taucht auf, um der Autorin und gleichzeitigen Protagonistin des Buchs zu Hilfe zu eilen: Er besorgt ihr ein Haus im Dorf San José, fern der gefahrvollen Situation in Ibiza-Stadt. Nach Ofaires Beschreibungen kann es sich nur um Can Palerm gehandelt haben, das die Hausmanns erst wenige Tage zuvor verlassen hatten. Dort blieb Cilette Ofaire nur einige Wochen bis zum 25. Oktober 1936, so lange, bis man ihre Jacht wieder repariert und sie sich vom Schrecken des italienischen Bombardements erholt hatte. Die ganze Zeit über wurde sie, ohne es zu wissen, verdächtigt, eine »Spionin« zu sein. Sie unternahm in San José lange Spaziergänge in die Umgebung, las »erstaunliche Bücher«[409] aus der Bibliothek von Jokisch – einige hatte Raoul Hausmann dort zurückgelassen – und trank Tee mit den »Nichten«. So verbrachte sie die erste Zeit im Herbst 1936.

Nach Cilette Ofaire verlief das Leben ihrer literarischen Figur Prat, will heißen Jokisch, folgendermaßen: »Nachdem er die Meere durchstreift und sich schließlich an diesem Orte niedergelassen hatte, wo er seit Jahren von der Jagd auf Eidechsen lebte«, konvertiert er nun zu einem einfachen »Bewohner der Insel«. Sie fährt fort: »Er besaß ihre Ruhe und Bescheidenheit, und obgleich in seiner Erinnerung bisweilen tropische Bilder auftauchten, die zugleich an Conrad und Gauguin denken ließen, war er so sehr Ibizaner geworden, daß er sonst nirgends mehr hätte leben können.«[410]

---

409 Ebd., S. 373.
410 Ebd., S. 371.

Bei Ende des Spanischen Bürgerkriegs wurde Jokisch auf einen Schlag seine gesamte Pension nachgezahlt. Zuerst tilgte er seine aufgelaufenen Schulden und machte sich dann sofort auf in die Stadt, um einen neuen Anzug zu kaufen. Er hatte einen Krieg gewonnen und war wieder zu Geld gekommen. Kurze Zeit darauf, bei Ausbruch des Zweiten Weltkriegs, verließen Jokisch und seine »Nichten« Ibiza und kehrten nach Deutschland zurück.

Walter Benjamin verfolgte von Dänemark aus die Anfänge des Spanischen Bürgerkriegs. In einem Brief vom 11. August 1936 an Werner Kraft bekannte er, ihn habe »ein sonderbares Gefühl« überkommen, als ihn die Nachricht erreichte, »daß auch Ibiza Schauplatz des Bürgerkrieges geworden ist.«[411] Er betonte, dass der Kampf in Spanien von großer Bedeutung sein könnte. Bekanntermaßen stellte sich der Spanische Bürgerkrieg als Auftakt zum Zweiten Weltkrieg heraus. Am genauesten sahen das diejenigen voraus, die sich, wie Walter Benjamin, in einer verzweifelten Situation befanden, ohne festen Wohnsitz und ohne ausreichende finanzielle Mittel. Ihnen war bereits bewusst, dass dieser Krieg zwangsläufig in den nächsten münden musste.

In dem Maße, wie Europa sich unweigerlich in den Abgrund eines zweiten großen kriegerischen Desasters stürzte, sah sich Benjamin in Paris immer mehr von menschenwürdigen Lebensbedingungen abgeschnitten. Nach dem Kriegsausbruch im September 1939 wurde er zunächst als ausgebürgerter Deutscher in einem Sammellager interniert. Bald darauf kam er in das Arbeitslager (Camp des travailleurs volontaires) Clos Saint-Joseph bei Nevers. Als er schließlich nach der Intervention einiger einflussreicher französischer Freunde wieder freikam, unternahm er ernsthafte Versuche, Paris zu ver-

---

411 *GB* V, S. 357.

lassen und in die Vereinigten Staaten auszureisen. Um dahin zu gelangen, musste er zuerst Spanien durchqueren. Wieder einmal bedrohte eine ›unheilvolle Konstellation‹ – wie er das selbst des Öfteren genannt hatte – sein Leben.[412]

Benjamin hatte Spanien in Begleitung von Jean und Guyet Selz zuletzt im April 1933 betreten. Sie kamen damals mit der Eisenbahn aus Paris und fuhren nach Barcelona weiter, um von dort die Fähre nach Ibiza zu nehmen. Nun, sieben Jahre später, lag eine vollkommen andere Situation vor. Der Weg über die Grenze zwischen Frankreich und Spanien konnte für ihn als Staatenlosen nur zu Fuß über die »Route Lister« durch die Pyrenäen erfolgen. Benjamin machte sich am 25. September 1940 von Banyuls-sur-Mer aus auf den Weg, um, geführt von Lisa Fittko und in Begleitung einer kleinen Flüchtlingsgruppe, den Grenzposten Portbou in Spanien zu erreichen. Schon oft wurde berichtet, was nach der langen und mühsamen Wanderung durch die Berge vorfiel. Die spanischen Behörden der neu errichteten Diktatur unter Francisco Franco – jenem General, der am 6. Mai 1933 möglicherweise Benjamins Weg in San Antonio gekreuzt hatte – verlangten unerwarteterweise ein Ausreisevisum aus Frankreich. Da er es nicht vorweisen konnte, verweigerten sie ihm und den anderen Flüchtlingen die Weiterreise nach Lissabon. Angesichts der zwangsweisen Rückkehr nach Frankreich am darauffolgenden Tag und in der Gewissheit, dort an ein deutsches Konzentrationslager ausgeliefert zu werden, beschloss Walter Benjamin noch in derselben Nacht, sich das Leben zu nehmen.

Vielleicht dachte Benjamin in jener Nacht des 25. September 1940, völlig allein in einem Hotelzimmer in Portbou, wenige Minuten bevor er die Morphiumtabletten nahm, die er in seiner Jackentasche bei sich trug, für einen kurzen Moment an den

---

412 Vgl. z. B. den Brief an Jean Selz vom 19. April 1934, *ÜWB*, S. 50.

Sinnspruch unterhalb der Turmuhr der Kathedrale von Ibiza-Stadt. Er gibt in Latein ein schlichtes Ultima Multis wider und verkündet, dass jede neue Stunde für viele auch die letzte ist. In seinem Essay *Der Erzähler* hatte Benjamin ihn 1936 zitiert.

Ehemals kein Haus, kaum ein Zimmer, in dem nicht schon einmal jemand gestorben war. (Das Mittelalter empfand auch räumlich, was als Zeitgefühl jene Inschrift auf einer Sonnenuhr von Ibiza bedeutsam macht: Ultima multis.) Heute sind die Bürger in Räumen, welche rein vom Sterben geblieben sind, Trockenwohner der Ewigkeit, und sie werden, wenn es mit ihnen zu Ende geht, von den Erben in Sanatorien oder in Krankenhäusern verstaut. Nun ist es aber an dem, daß nicht etwa nur das Wissen oder die Weisheit des Menschen sondern vor allem sein gelebtes Leben – und das ist der Stoff, aus dem die Geschichten werden – tradierbare Form am ersten am Sterbenden annimmt.[413]

In den Wirren des Kriegs verlieren sich die Spuren einiger der Hauptfiguren des vorliegenden Buchs. Über den jungen Wortsammler Walther Spelbrink liegen keine weiteren Informationen vor, seit die Universität Hamburg am 23. Juni 1938 seine Dissertation über Ibiza angenommen hatte. Von Jokisch ist kaum mehr bekannt, als dass er 1939 nach Deutschland zurückkehrte, erneut an einem Krieg teilnahm und sich mit denselben Schrecken konfrontiert sah, die er schon zwischen 1914 und 1918 erlebt hatte.[414]

---

413 *GS* II, S. 449.
414 Jokisch erzählte häufig – und Cilette Ofaire greift es in ihrem Buch auf –, dass »die Kommunisten« alle seine Freunde während des Ersten Weltkriegs getötet hätten. Doch der mysteriöse Schleier, der Jokisch umgibt, ist nicht gelüftet; einige behaupten, ihn Ende der 50er-Jahre wieder auf der Insel gesehen zu haben.

Felix Noeggerath, der sich 1937 von seiner Ehefrau Marietta getrennt hatte, sah sich zum Eintritt in die deutsche Wehrmacht gezwungen. Er übernahm dort Aufgaben für das Auswärtige Amt, arbeitete u. a. als Übersetzer und verfasste auch Berichte über internationale Politik, insbesondere über die Beziehungen zwischen Großbritannien, Spanien und Amerika. 1942 und 1943 hielt er sich in Paris auf, um die Verbindungen Frankreichs zur Sowjetunion zu untersuchen. Wie viele andere musste Noeggerath seine Funktion in der Wehrmacht mit seiner unbestrittenen Gegnerschaft zu Hitler in Einklang bringen.

Jean Selz war nahezu den gesamten Krieg in einem deutschen Zwangsarbeiterlager interniert, wo er gezwungen war, als Maurer, Fuhrmann, Drucker und Redakteur zu arbeiten. Während seiner Gefangenschaft verliebte sich seine Frau Guyet in einen anderen Mann und trennte sich von ihm. Erst 1945 gelangte Jean Selz schließlich wieder nach Paris und konnte ein neues Leben beginnen. 1947 wurde er zum Direktor des *L'Album de mode du Figaro*. Sein Leben lang blieb er – als Kurator für internationale Ausstellungen, Kritiker und Essayist – der Welt der Künste eng verbunden.

Paul Gauguin hielt sich während des Kriegs in Frankreich auf. Blaupot ten Cate kehrte, nachdem sie sich 1936 nach zwei Jahren Ehe von Louis Sellier getrennt hatte, in ihre Heimat Holland zurück. Raoul Hausmann verschlug es, nachdem er überstürzt Ibiza verlassen musste, zuerst nach Zürich und kurz darauf nach Stehelceves in der Nähe von Prag. In beiden Städten organisierte er Ausstellungen seiner ibizenkischen Fotos. Die Besetzung der Tschechoslowakei durch die nationalsozialistischen deutschen Truppen zwang ihn 1938 zur Flucht nach Paris. Nach dem Ende des Kriegs ließ Hausmann sich endgültig in Limoges nieder, wo er als Sprachlehrer – auch des auf Ibiza erlernten Spanisch – arbeitete. Er starb 1971.

Von 1936 an bis Mitte der 50er-Jahre versank die Insel Ibiza wieder in ihren jahrhundertelangen Schlaf, in jenes Vergessen, das vormals die Fortdauer einer archaischen Gesellschaft, eine intakte Landschaft, aber auch ihre materielle Armut begünstigt hatte. Wie es Walter Benjamin vorhersah, ging die »ganze Krämer- und Sommerfrischlerherrlichkeit«[415] sang- und klanglos unter. Alles zeigte sich wieder so, wie es schon immer gewesen war: die archaischen Bräuche, die Schönheit der Landschaft und der Bauernhäuser, die kargen Lebensumstände. Da nimmt es nicht Wunder, dass ab den 50er-Jahren die neuen Besucher der Insel den Mythos Ibiza ohne Schwierigkeiten wieder zum Leben erwecken konnten. Jene meist wieder sehr jungen Neuankömmlinge flohen aus den Ruinen, die der Zweite Weltkrieg hinterlassen hatte und suchten etwas, von dem sie schon lange geträumt hatten. Ibiza ermöglichte auch ihnen, diesen Traum zu leben. Wie auch vielen anderen, die später – vor den neuen Kriegen flüchtend – dort ankamen.

Von den hier vorgestellten Personen kehrten Jean Selz – diesmal in Begleitung seines Bruders Guy –, Paul Gauguin und Felix Noeggerath nach Ibiza zurück. Auch Maximilian Verspohl, ehemaliger »Sekretär« Benjamins und früherer SS-Scharführer, war wieder zugegen. 1950 suchte Jean Selz erneut all jene Orte auf, die für ihn eine Bedeutung gehabt hatten. Er machte zahlreiche Fotografien und schrieb, wieder in Paris, einen Artikel mit der Überschrift: *Ibiza, eine Insel bewahrt ihre Traditionen*. Der Essay, in dem er, trotz seines Titels, einen nostalgischen und die Verluste beklagenden Ton anschlug, wurde 1957 in der Zeitschrift der UNESCO veröffentlicht. Zur selben Zeit notierte Selz auch seine Erinnerungen an Walter Benjamin auf Ibiza und brachte die von ihm ins Französische übersetzten Kapitel der *Berliner Kindheit um Neunzehnhundert* heraus. Es

---

415 Brief an Gershom Scholem vom 16. Juni 1933, *GB* IV, S. 236.

macht den Anschein, dass nach den vorangegangenen harten Jahren die Rückkehr zu den einst glücklichen Schauplätzen auf Ibiza für ihn keine angenehme Erfahrung war. Obwohl Jean Selz sehr alt wurde, er starb erst 1997, wollte er nie wieder auf die Insel zurück. Sein Bruder Guy hingegen suchte Ibiza noch einige Sommer lang auf.

Von Paul Gauguin lässt sich berichten, dass auch er sich Ende der 50er-Jahre dort erneut einfand und sie in den 60er- und 70er-Jahren hin und wieder besuchte. Er starb 1976. In der kleinen Ortschaft San Vicente, wo er lange Zeit der einzige Ausländer gewesen war, konnte er den mit ihm befreundeten Bauern erzählen, was ihm vor Kurzem in der französischen Stadt Castres widerfahren war, als er das dortige Museum Jaurès betrat. Im Ausstellungsbereich des Museums fand er eine Fotografie jenes Manns, der 1914 den französischen Sozialistenführer Jean Jaurès ermordet hatte. Zu seiner großen Verblüffung handelte es sich dabei um Raoul Alexandre Villain, jenen Verrückten, dem Gauguin selbst zwischen 1933 und 1935 geholfen hatte, sein Haus in der Cala Vicente zu bauen und der nun unter einem einfachen Holzkreuz auf dem kleinen Dorffriedhof begraben lag.

Auch Maximilian Verspohl überlebte den Zweiten Weltkrieg und kehrte Mitte der 50er-Jahre nach San Antonio zurück, wo er ein neues Haus errichtete, das er ebenfalls La Casita nannte. Dort verbrachte er mit seiner zweiten Frau die Sommer bis zu seinem Tod, der ihn 1983 in San Antonio ereilte. Verspohl gab seine Erinnerungen an Walter Benjamin nie weiter; er beschränkte sich darauf, bei privaten Unterhaltungen lediglich zu erwähnen, dass er ihn 1932 und 1933 gekannt hatte.[416] Auch

---

416 Verspohl konnte nicht wissen, dass Benjamin ihn in einem Brief an Jean Selz namentlich erwähnte. Er konnte auch nicht wissen, dass sich drei seiner Briefe im Archiv des Berliner Philosophen finden und seinen Namen mit Walter Benjamin in Verbindung bringen würden.

er wurde auf dem Friedhof von San Antonio beigesetzt, demselben Friedhof, auf dem fünfzig Jahre zuvor sein Freund Hans Jakob Noeggerath begraben wurde. Ganz in der Nähe seines Grabes lag auch die letzte Ruhestätte José Roselló Cardonas, den Benjamin-Lesern besser bekannt als »Don Rosello«, der 1979 – nur wenige Jahre vor Verspohl – verstorben war.

Felix Noeggerath besuchte in Begleitung seiner vierten Ehefrau Marga Bauer Anfang der 50er-Jahre Ibiza erneut. Dabei hatte er nicht nur Gelegenheit, seine ibizenkischen Freunde wiederzusehen, sondern traf zu seiner Überraschung auf einige der Zugereisten, die er vor mehr als zwanzig Jahren in San Antonio kennengelernt hatte. Noeggerath kam in der Absicht, ein Haus zu kaufen, um dort seinen Lebensabend verbringen zu können. Doch es blieb ihm nicht die nötige Zeit dazu. Er starb 1960 in Deutschland.

Ein Zufall oder eine außergewöhnliche »Konstellation« hatte dazu geführt, dass sich an einem kalten Wintertag im Jahre 1932 Felix Noeggerath und Walter Benjamin, die sich seit vielen Jahren nicht mehr gesehen hatten, in einer Straße Berlins über den Weg liefen. Damals schlug Noeggerath dem krisengeschüttelten Benjamin vor, mit ihm und seiner Familie auf die entlegene und noch weitgehend unbekannte Insel Ibiza zu reisen. Ohne ihr Zusammentreffen vor siebzig Jahren wäre das vorliegende Buch – und die in ihm erzählten Geschichten – niemals zustande gekommen.

Zeittafel

1892

Walter Benjamin wird am 15. Juli in Berlin geboren. Er ist das erste von drei Kindern der Eheleute Emil Benjamin und Pauline Benjamin, geborene Schönflies.

1912–1916

Abitur und Beginn des Studiums der Philosophie in Freiburg und Berlin. Reise nach Italien und Paris. Er lernt seine zukünftige Ehefrau Dora Sophie Kellner kennen. Er lernt auch Gershom Scholem kennen. Vorstand der Freien Studentenschaft. Der Erste Weltkrieg beginnt und sein enger Freund, der junge Dichter Fritz (Christoph Friedrich) Heinle, nimmt sich das Leben. Studium in München, wo er Felix Noeggerath und Rainer Maria Rilke kennenlernt.

1917

Er wird vom Militärdienst ausgemustert. Heirat mit Dora Sophie Kellner. Nach der Heirat ziehen die Eheleute in die Schweiz.

1918

Geburt seines einzigen Sohns Stefan Rafael.

1919

Promotion bei Richard Herbertz mit einer Arbeit über den *Begriff der Kunstkritik in der deutschen Romantik*.

1920

Rückkehr nach Berlin.

1921–1924

Er erwirbt in München Paul Klees Bild *Angelus Novus*. Arbeit an der nie zustande gekommenen Zeitschrift *Angelus Novus*. Bekanntschaft mit Siegfried Kracauer und Theodor Wiesengrund Adorno. Seine Übertragungen der *Tableaux Parisiens* von Charles Baudelaire erscheinen. Mehrmonatige Italienreise; auf Capri lernt er Asja Lacis kennen, in die er sich verliebt. Er beginnt, sich mit dem Marxismus zu beschäftigen.

1925

Rücknahme seines Habilitationsgesuchs an der Universität Frankfurt am Main. Erste Veröffentlichungen in der *Frankfurter Zeitung* und in der *Literarischen Welt*. Benjamin reist von Hamburg aus nach Spanien und lernt Sevilla, Córdoba und Barcelona kennen. Auf den Postkarten an seine Freunde erwähnt er häufig die Malerei von Juan de Valdés Leal.

1926–1927

Tod seines Vaters. Mehrmonatiger Aufenthalt in Moskau, wo er Asja Lacis wiedertrifft und den Kommunismus in der Sowjetunion aus erster Hand kennenlernt. Er schreibt das *Moskauer Tagebuch*. Halbjähriger Parisaufenthalt und Beginn der Arbeit am *Passagen-Werk*. Es erscheint der erste Band der zusammen mit Franz Hessel besorgten Proustübersetzung von *Im Schatten der jungen Mädchen*. Erste Drogenexperimente (Haschisch).

1928

Publikation der *Einbahnstraße* und des Buchs über den *Ursprung des deutschen Trauerspiels* im Berliner Rowohlt Verlag.

1929

Beginn einer intensiven Beziehung zu Bertolt Brecht, den er bereits seit 1924 kannte. Begegnung mit Asja Lacis in Berlin. Beginn der regelmäßigen Mitarbeit beim Südwestdeutschen Rundfunk sowie der Berliner Funkstunde.

1930

Tod der Mutter. Scheidung von Dora Sophie Kellner. Erscheinen des zweiten Bands der Benjamin-Hesselschen-Proustübersetzung *Die Herzogin von Guermantes*. Reise nach Norwegen. Veröffentlichung einiger grundlegender politisch-ästhetischer Essays über Siegfried Kracauer, Alfred

Döblin, Ernst Jünger, Erich Kästner, Bertolt Brecht, Franz Kafka und Karl Kraus, u.a. in der Zeitschrift *Die Gesellschaft*: *Politisierung der Intelligenz*, *Krisis des Romans*, *Theorien des deutschen Faschismus* und *Linke Melancholie*.

1931

Arbeit an einem Buch mit seinen literarischen Essays. Reise nach Südfrankreich mit Brecht, Brentano, Wissing und Speyer. Im August notiert er in seinem Tagebuch Suizidgedanken. Geldsorgen.

1932

April-Juli: Erster Ibizaaufenthalt mit der Familie Noeggerath. Sie wohnen in San Antonio. Arbeit an der *Berliner Chronik* und der *Berliner Kindheit um Neunzehnhundert*. Er schreibt *Spanien 1932*, *In der Sonne*, *Ibizenkische Folge*, einen Aufsatz *Über Astrologie* und weitere kurze Texte wie *Kurze Schatten (II)*, *Selbstbildnisse des Träumenden* und *Denkbilder*. Dank der Promotionsarbeit des jungen Noeggerath arbeitet er wieder an seiner Theorie über die Kunst des Erzählens. Benjamin schreibt Erzählungen über seine Reiseerlebnisse, mit seinen jüngsten Reisebekanntschaften als Protagonisten: *Die Fahrt der Mascotte*, *Das Taschentuch*, *Der Reiseabend* und *Die Kaktushecke*. Olga Parem, die er über Franz Hessel kennengelernt hatte, besucht Ende Juni Ibiza und wohnt auch im Haus der Noeggeraths. Benjamin macht ihr einen Heiratsantrag, den sie abweist. Er lernt Jean Selz und Maximilian Verspohl kennen, mit denen er bei seiner zweiten Ibizareise häufig zusammenkommt. Mitte Juli Reise nach Nizza, wo er in einem Hotelzimmer mit dem Gedanken spielt, sich das Leben zu nehmen und sein Testament verfasst. Reise nach Italien zu dem Schriftsteller Wilhelm Speyer, mit dem er den Herbst verbringt. Er schreibt an den Kapiteln zur *Berliner Kindheit um Neunzehnhundert*.

1933

Im Januar wird Hitler zum Reichskanzler ernannt. Im März beginnt Benjamins Exil und er wählt Ibiza als seinen ersten Ort. Er wohnt wieder bei den Noeggeraths in San Antonio. Finanzielle Schwierigkeiten. Er beginnt für das Institut für Sozialforschung von Max Horkheimer zu arbeiten und veröffentlicht dort den ersten Essay *Zum gegenwärtigen gesellschaftlichen Standort des französischen Schriftstellers.* Am 6. Mai trifft General Francisco Franco als neuer Oberbefehlshaber der Balearen zu einem offiziellen Besuch in San Antonio ein. Benjamin nimmt zusammen mit Jean Selz die französische Übersetzung der *Berliner Kindheit um Neunzehnhundert* in Angriff, der er neue Kapitel hinzufügt. Drogenexperimente mit Haschisch und Opium. Bruch mit Felix Noeggerath. Zwischen dem 1. und 10. Juli Aufenthalt auf Mallorca. Auf dem Konsulat erhält er einen neuen Pass und besucht die deutsche Schriftstellerkolonie in Cala Ratjada. Er beginnt unter Pseudonym zu publizieren. Auf Ibiza lernt er Paul Gauguin, den Enkel des berühmten Malers, sowie vermutlich Pierre Drieu La Rochelle kennen. Raoul Hausmann hält sich ebenfalls auf Ibiza auf. Während der Monate Juli und August verfügt Benjamin über einen »Sekretär«. Der vierundzwanzigjährige Maximilian Verspohl wird kurz darauf SS-Scharführer in Hamburg. Im August Liebesverhältnis mit der niederländischen Malerin Anna Maria Blaupot ten Cate, die sich selbst Toet ten Cate nennt. Für sie schreibt er *Agesilaus Santander*. Bei seinem zweiten Aufenthalt auf Ibiza schreibt er zwei seiner bedeutendsten Essays: *Erfahrung und Armut* und *Über das mimetische Vermögen*, die drei Texte der *Geschichten aus der Einsamkeit* sowie Buchrezensionen für die *Frankfurter Zeitung.* Er verfasst auch die Erzählungen *Gespräch über dem Corso* und *Die glückliche Hand. Eine Unterhaltung über das Spiel.*

Er verlässt am 26. September an Malaria erkrankt die Insel und lässt sich in Paris nieder. Begegnung mit Toet ten Cate und Versuch, die Beziehung mit ihr fortzuführen.

1934–1935
Weiterführung der Arbeit am *Passagen-Werk*. Sechs Monate in Dänemark bei Brecht. Besuch bei seiner geschiedenen Ehefrau Dora Sophie Kellner in San Remo.

1936–1938
Publikation des Essays *Das Kunstwerk im Zeitalter seiner technischen Reproduzierbarkeit* in französischer Übersetzung. Es erscheinen *Der Erzähler* und *Eduard Fuchs, der Sammler und der Historiker* sowie sein Buch *Deutsche Menschen* (im Luzerner Vita Nova Verlag). Er besucht weitere zwei Mal Brecht in Dänemark. Arbeit am *Baudelaire*.

1939
Ausbürgerung. Beginn des Zweiten Weltkriegs und vorübergehende Internierung im französischen Vernuche, in der Nähe von Nevers. Es erscheint *Über einige Motive bei Baudelaire*.

1940
Niederschrift der Thesen *Über den Begriff der Geschichte*. Im Juni Flucht nach Lourdes. Im August erhält er, dank der Bemühungen von Max Horkheimer und Theodor W. Adorno sein Visum für die USA. Am 26. September versucht er vergeblich, über die französisch-spanische Grenze zu gelangen. An diesem Tag nimmt er sich in einem Hotel in Portbou das Leben.

Siglenverzeichnis

WALTER BENJAMIN

GS: Gesammelte Schriften, unter Mitwirkung v. Theodor W. Adorno u. Gershom Scholem hg. v. Rolf Tiedemann und Hermann Schweppenhäuser, 7 Bde u. 3 Supplementbände, Frankfurt/M. 1974ff.

GB: Gesammelte Briefe, hg. vom Theodor W. Adorno Archiv u. v. Christoph Gödde u. Henri Lonitz, 6 Bde, Frankfurt/M. 1995ff.

BRIEFWECHSEL

SB: Benjamin, Walter/ Scholem, Gershom: *Briefwechsel 1933–1940*, hg. v. Gershom Scholem, Frankfurt/M. 1980.

SEKUNDÄRLITERATUR

WBE: Scholem, Gershom: *Walter Benjamin und sein Engel*, Frankfurt/M. 1992.

SF: Scholem, Gershom: *Walter Benjamin – die Geschichte einer Freundschaft*, Frankfurt/M. 1975.

ÜWB: Über Walter Benjamin. Mit Beiträgen von Theodor W. Adorno, Ernst Bloch, Max Rychner, Gershom Scholem, Jean Selz, Hans Heinz Holz und Ernst Fischer, Frankfurt/M. 1968.

ZAWB: Unseld, Siegfried (Hg.): *Zur Aktualität Walter Benjamins. Aus Anlaß des 80. Geburtstags von Walter Benjamin*, Frankfurt/M. 1972.

GloBe: Garber, Klaus/Rehm, Ludger (Hg.): *Global Benjamin, Internationaler Walter-Benjamin-Kongress* 1992, München 1999.

Zu Ibiza

Spel: Walther Spelbrink: »Die Mittelmeerinseln Eivissa und Formentera: eine kulturgeschichtliche und lexigraphische Darstellung«, in: *Butlletí de Dialectologia Catalana*, 1936 u. 1937.

Personenregister

Achenbach, Ado von 181f.
Adorno, Theodor Wiesengrund 37, 112, 136, 215, 219
Alberti, Rafael 81
Baeschlin, Alfredo 21, 31
Bauer, Marga 214
Benjamin, Georg 118f.
Benjamin, Stefan Rafael 18, 215
Bennet, Arnold 163
Berl, Emmanuel 164
Blasco Ibáñez, Vicente 14
Blaupot ten Cate, Anna Maria 150, 157, 177, 181ff., 190, 192ff., 196, 199, 202, 211, 218f.
Blei, Franz 151f.
Bloch, Ernst 39, 103, 220
Brecht, Bertolt 103, 164, 196f, 203, 216f., 219
Brod, Fritta 152
Broïdo, Vera 105, 128f.
Broner, Erwin 22f.
Buber, Martin 61, 68
Bucovich, Mario von 13
Burschell, Friedrich 57, 152
Camus, Albert 64, 81f.
Carner, Josep 58
Céline, Louis-Ferdinand 114, 116, 164,
Chopin, Frédéric 152
Cohn, Alfred 199ff.
Conrad 156, 207
Croce, Benedetto 49
Des Molí, Joan 94f.
Des Molí, María 94
D'Este, Margaret 14
Drieu La Rochelle, Pierre 130, 146, 205, 218
Echagüe, José Ortiz 13
Ferst, María 145
Feuerbach, Anselm 159f.
Fittko, Lisa 161, 209
Fontane, Theodor 91
Franco, Francisco 115f., 146, 203, 209, 218
»Frasquito«, *siehe* Tomás Varó
Gamillscheg, Ernst 34

Gauguin, Paul 154f.
Gauguin, Paul René 155ff, 168ff., 174ff., 202, 207, 211ff., 218
Gauguin, Pola 155
George, Stefan 162ff.
Gide, André 91
Giordano, Alberto 69
Goethe, Johann Wolfgang von 38
Goldschmidt-Rothschild, Baronesse 175, 180, 196
Gracián, Baltasar 78, 91, 164
Green, Julien 28, 30, 91
Griera, Antoni 12, 15, 32f.
Hausmann, Raoul 23, 31, 94, 103, 105ff, 111, 124ff., 133, 154, 156, 202, 204f, 207, 211, 218
Heizmann, Wilhelm 77
Hessel, Franz 98, 216f
Hitler, Adolf 94, 103, 154, 168, 211, 218
Hofmannsthal, Hugo von 36, 64f, 161
Horkheimer, Max 112f., 218f.
Illescas, Sixto 21
Jaurés, Jean 154, 169, 213
Jean Jacques, *siehe* Hans Jakob Noeggerath
Jokisch, W. 51, 83ff., 92ff., 97, 101, 108f., 124, 154, 156, 202, 205ff., 208, 210
Karplus, Gretel 26, 51, 60, 79, 111, 113f., 123, 132, 135, 142f., 152, 155, 157, 162, 164, 175, 183, 193
Kellner, Dora Sophie 18, 49, 118, 200, 215f., 219
Klee, Paul 188f., 215
Koeller, Otto 13
Kracauer, Siegfried 103, 148, 215f.
Kraft, Werner 208
Kühner, Lola 57
Le Corbusier, Charles-Édouard Jeanneret 21, 30f
León, María Teresa 81
Lukács, György 163
Macabich, Isidoro 15, 33, 53
Musil, Robert 163

Navarro, Víctor 14
Neruda, Pablo 22
Noeggerath, Felix 33f., 37f., 49ff., 54ff., 77, 82, 97, 104, 123f., 180, 187, 193, 205, 211f, 214, 215, 218
Noeggerath, Hans Jakob 33, 36, 50ff., 57, 95, 117, 120ff., 156, 199f., 214
Noeggerath, Jaime, *siehe* Hans Jakob Noeggerath
Noeggerath, Johann Jakob 52
Noeggerath, Marietta 33, 56f., 82, 121, 123, 205, 211
Ocampo, Victoria 146
Ofaire, Cilette 206f., 210
Ola, *siehe* Olga Parem
Papen, Franz von 100
Parem, Olga 98f., 150, 217
Paul, Elliot 130, 204
»el payés alemán«, *siehe* Hans Jakob Noeggerath
Prat de La Riba, Enrique 33
Prévert, Jaques 81
Proust, Marcel 91, 134
Puget, Narcís 145
Radt, Grete 199
Radt-Cohn, Jula 124, 132f.
Ray, Man 128
Rilke, Rainer Maria 34, 215
Rodríguez Arias, Germán 20f.
Roselló Cardona, José 75f., 214
Rossi, Arconovaldo 204
Roure-Torent, Josep 57f.
Rusiñol, Santiago 14, 67
Rychner, Max 164
Sand, George 152, 180
Schädel, B. 33
Scheerbart, Paul 29
Scholem, Gershom 12, 23, 33, 38, 40, 49, 51f., 61, 68f., 90f., 95ff., 100, 103, 106, 112, 118ff., 122f 131ff., 140, 144, 151, 154f., 157, 163f., 166, 180f., 183f., 186ff., 192ff., 196, 198, 215, 220
Schreitmüller, Wilhelm 13
Schulten, Adolph 13
Schulze, Wolfgang 81
Sellier, Louis 194, 201, 211
Selz, Dorothée 130

Selz, Guy 145, 177, 202, 204f.
Selz, Guyet 107, 110, 122, 130, 146, 183, 193, 209
Selz, Jean 39, 65, 87, 95, 97, 104, 107, 110, 129ff., 139ff., 145ff., 155f., 161, 165, 167, 169, 174, 177ff., 197ff., 211ff., 217f.
Sert, Josep Lluís 21f.
Simenon, George 164, 193
Size, Hazen 127
Sontag, Susan 44
Spelbrink, Walther 11f., 14ff., 20, 23, 32ff., 53, 62, 71, 74, 83f., 109, 153, 210
Speyer, Wilhelm 18, 99f., 103, 217
Stegemeyer, Elfriede 128
Stendhal 72f., 90
Toet ten Cate, *siehe* Anna Maria Blaupot ten Cate
Torres Clavé, Josep 21,
Torres, Vincente 187
Varó, María 94f., 97
Varó, Tomás 94ff., 99, 160
Verburgh, Médard 22
Verspohl, Helga 166
Verspohl, Maximilian 123, 165ff., 193, 212ff., 217
Vicente, Esteban 81
Villain, Raoul Alexandre 154, 168ff., 212
Viñets, Domingo 148
Vuillier, Gaston 14
Walser, Robert 63f.
Weisgerber, Leo 12, 164
Wieland, Christoph Martin 164
Wilder, Thornton 91
Wissing, Egon 96, 217
Wols, *siehe* Wolfgang Schulze